DENYS COCHIN

LE MONDE EXTÉRIEUR

PARIS

G. MASSON, ÉDITEUR

LIBRAIRE DE L'ACADÉMIE DE MÉDECINE

120, BOULEVARD SAINT-GERMAIN

1895

LE
MONDE EXTÉRIEUR

DU MÊME AUTEUR

L'Évolution et la vie. 3ᵉ édition, entièrement remaniée et précédée d'un rapport de M. Caro à l'Académie des sciences morales et politiques. *Ouvrage couronné par l'Académie française.* 1 vol. in-18 jésus. . . . . . . 3 fr.

DENYS COCHIN

LE MONDE EXTÉRIEUR

PARIS

G. MASSON, ÉDITEUR

LIBRAIRE DE L'ACADÉMIE DE MÉDECINE

120, BOULEVARD SAINT-GERMAIN

1895

LE
MONDE EXTÉRIEUR

LE PROBLÈME

Il y a deux manières d'être philosophe : celle des moralistes et celle des métaphysiciens. Elles sont tout à fait différentes. Pour les premiers, le monde où nous vivons est, ou peut être parfaitement connu. Ils le prennent pour ce qu'il paraît être et déclarent qu'il n'y a pas de secret pour la science. Malgré cela, le plus souvent, ils s'apitoyent sur le sort des hommes, et ce n'est pas sans raison.

Nous sommes un assez petit nombre d'êtres raisonnables, habitant sur la surface d'une sphère qu'une force mystérieuse emporte à travers un espace sans limites. Des millions d'autres sphères sont entrevues par nous, à d'immenses distances.

La grandeur, l'éloignement de ces autres mondes confondent notre imagination; nos étonnements ne naissent d'ailleurs que de la manie de comparer les objets célestes à nos corps et aux objets existants autour de nous. Car, dans l'espace infini, tout l'univers visible n'est ni grand ni petit.

Nous ne savons pas s'il existe, dans les autres mondes, d'autres êtres comparables à nous. En celui-ci, la plupart vivent mal, et tous vivent peu; les colons de la terre se succèdent rapidement sur leur sphère mobile; et quand elle a accompli quelques voyages autour du soleil, le soleil n'éclaire plus les mêmes visages.

Ces réflexion sont banales et tristes. Quand les moralistes ont réussi à les exprimer sous une forme nouvelle, leur tâche est achevée; ils ont posé le problème de notre origine et de nos destinées. Suivant leur tempérament, ils proposent des solutions différentes; mais leurs raisonnements sont toujours marqués du même caractère : ils admettent comme réelles les données du problème telles qu'elles se présentent à nous pendant la vie. Obscurité du passé et de l'avenir ; certitude et clarté du présent ; tel est le résumé des opinions ordinaires. Prenez des hommes au sortir d'une église où était célébré un service funèbre : ils demeurent un instant confondus devant le mystère de la mort. Mais quand les chants se taisent et quand les lumières s'éteignent, leurs méditations cessent; l'air, les rues de la ville natale, les arbres, le fleuve, les objets familiers offerts à leurs sens les ramènent à ce qu'ils croient être la certitude et la réalité. Qui sait l'avenir? Aujourd'hui, du moins, ils savent qu'une terre les porte, et qu'un soleil les éclaire. Le monde extérieur, comme disent les philosophes, devient pour eux l'exemple d'un objet parfaitement connu et le garant d'une complète sécurité.

Il nous semble que ce courant des réflexions ordinaires cesse et que la tâche des métaphysiciens commence au moment précis où cette dernière sécurité est ébranlée. A ce moment, l'homme s'aperçoit que sa prétendue connaissance du monde extérieur n'est qu'une habitude de voir les choses à la même place; habitude qui lui met un bandeau sur les yeux et l'empêche de s'informer de la vérité.

En effet, le problème de la métaphysique est aussi bien le problème du présent que celui de l'avenir; il porte aussi bien sur notre vie actuelle que sur nos origines ou nos espérances. Nous nous sommes habitués à regarder la mort comme un saut dans l'inconnu: la métaphysique nous prouve que l'inconnu est déjà de ce monde. Elle fait évanouir devant nous même la rassurante réalité que nous trouvions dans les pierres, les arbres, les montagnes, le soleil ; et pour nous convaincre de l'existence objective de toutes ces choses, il ne suffit plus d'aspirer l'air dans nos poumons et de frapper la terre du talon. Pour le bon sens ignorant, le mystère ne commence qu'à la mort, et à ce passage, l'ombre terrible succède brusquement à l'imparfaite lumière dont on se contentait ; pour le philosophe, le mystère commence dès cette vie ; et les obscurités que le présent lui oppose, aussi bien que les rayons d'espérance dont sa raison a su éclairer l'avenir, rendent le contraste moins brutal entre ce présent et cet avenir. Là est peut-être une cause de la sérénité de son esprit : il considère le présent avec plus de doutes, mais l'avenir avec moins d'épouvante ; il n'a pas une aveugle confiance en les apparences matérielles qui frappent ses sens, mais il a foi en des vérités que possède sa raison. Pour lui, le jour qui luit est peut-être plus brumeux ; mais aussi la nuit qui vient est moins sombre.

A notre avis le commencement de la métaphysique est donc l'étude du monde extérieur tel qu'il se présente actuellement à nous ; ou, pour parler plus simplement, de la matière.

On croit volontiers que les philosophes s'ap-

pliquent à douter de tout, parce qu'on les entend
disserter sur les objets les plus vulgaires, l'espace,
le temps, la matière, la perception. Au contraire,
ils montrent la confiance la plus hardie en les ressources que nous possédons, et en notre faculté
de nous instruire. Il est beaucoup moins audacieux
de vouloir mesurer la distance de la terre au
soleil que de demander ce que sont la terre et le
soleil. Tous, gens du monde, hommes d'affaires
et même savants, nous vivons au milieu d'un univers factice et nous contentons de conventions.
Comme nous appelons grandes ou petites les
choses par rapport à notre propre grandeur; nous
les appelons rouges, bleues, vertes suivant certaines sensations éprouvées devant elles : sensations qui n'existent qu'en notre esprit. Étant
donné : ces deux mots précèdent toute démonstration et les raisonnements des savants partent
toujours d'une vérité supposée connue. Mais aux
philosophes rien n'est donné; rien, si ce n'est leur
propre existence. De ce fait directement connu,
Descartes tire la notion de Dieu et la notion du
monde. Mais la simple perception du monde extérieur ne suffit, certes pas, à elle seule pour en
démontrer la réalité ; et ce sont des raisonnements *a posteriori*, qui nous donneront cette démonstration.

Descartes a posé le problème en quelques phrases admirables. « Quelles étaient donc ces « choses-là? C'étaient la terre, le ciel, les arbres « et toutes les autres choses que j'apercevais par « l'entremise de mes sens. Or, qu'est-ce que je « concevais clairement et distinctement en elles? « Certes, rien autre chose, sinon que les idées ou « les pensées de ces choses-là se présentaient à « mon esprit. Et encore, à présent, je ne nie pas « que ces idées ne se rencontrent en moi. — Mais « il y avait encore une autre chose que j'assurais, « et qu'à cause de l'habitude que j'avais à la croire, « je pensais apercevoir très clairement, quoique « véritablement je ne l'aperçusse point, à savoir « qu'il y avait des choses hors de moi d'où procé- « daient ces idées, et auxquelles elles étaient tout « à fait semblables, et c'était en cela que je me « trompais; ou si peut-être je jugeais selon la « vérité, ce n'était aucune connaissance que j'eusse « qui fût cause de la vérité de mon jugement[1]. »

Ce problème, presque tous les philosophes l'ont résolu dans le sens de l'idéalisme. Nous n'oublions pas que ce mot désigne une théorie bien définie, celle de Berkeley, disciple de Locke, sensualiste qui nie l'existence de l'objet de la sensation. Mais

---

1. Méditation III au début.

par d'autres moyens, la critique allemande arrive à nier aussi décidément la réalité du monde extérieur. Ce que nous entendions dire, c'est que parmi les penseurs qui ont étudié l'esprit et le monde, la plupart, et de beaucoup, ont reconnu en l'esprit l'être par excellence ; et que le scepticisme, par lequel toute philosophie commence, est arrêté non en présence des forces de la nature physique, mais en présence de la conscience et de la raison. « Je pense, je suis », est le fondement de presque tous les systèmes. Être, ce n'est pas gronder comme la mer, ni briller comme le soleil, ni rouler dans l'espace comme les astres ; être, c'est sentir et c'est penser.

Les hommes se sont vite aperçu que, sans parler des mystères de la naissance et de la mort, même au plein de la vie, ils voyaient et comprenaient peu, et n'avaient point de ferme raison de croire à la réalité de ce qui les entoure, ne trouvant qu'en eux-mêmes, en leur être propre, l'exemple d'une certaine et incontestable existence. Dès qu'ils ont raisonné, ils ont vu qu'ils ne connaissaient directement du monde que leurs propres sensations et beaucoup ont dit comme Schopenhauer : le monde est ma représentation.

Platon avait dit que nous ressemblons à des prisonniers enchaînés prenant des ombres pour des réalités : l'idéalisme, en effet, nous fait prisonniers en nous-mêmes ; nous ne voyons rien hors notre esprit. Notre langage même confirme ce système, quand, au lieu de dire « voici un arbre ou voici le tonnerre », nous disons : *je* vois un arbre, *j'entends* le tonnerre ; *je* suis atteint de telle ou telle sensation. Tout est rapporté au sujet, et les émotions du sujet sont les seules réalités dont il ait droit d'affirmer l'existence.

La plupart des philosophes, satisfaits des certitudes que la raison leur montrait, se sont, pour ainsi parler, retirés d'un univers qui leur a semblé désormais formé d'apparences. Du lieu où ils sont montés, la perspective change ; la réalité ne se manifeste plus essentiellement par la vision ou le toucher. L'être par excellence est pour eux l'être pensant ; les véritables événements sont les éclosions d'idées, de volontés, de sentiments. Et toute la nature avec ses richesses renaissantes, sa parure admirable, ses invariables lois leur semble n'avoir d'existence que dans notre âme éblouie. La matière, dit Berkeley n'existe pas sans être perçue : pour elle *esse est percipi*.

Après avoir parcouru quelques livres des philosophes anciens ou modernes, nous avons voulu d'abord conter brièvement ici, ce dont ils ont douté et ce qu'ils ont cru au sujet du monde extérieur ; puis exposer certaines raisons de croire, non point nouvelles certainement. Peu d'esprits créent ou inventent ; mais tous peuvent choisir, adopter et, par là, s'approprier un peu les vérités qui sont pour eux les plus claires et les plus convaincantes. Ils détachent, de l'antique et commun arsenal, leurs armes favorites. Contre l'idéalisme, le sens commun possède une provision de massues ; mais le subtil adversaire en élude souvent les coups.

Dans l'Inde, dans la Grèce, dans la Sicile, dans les contrées où le soleil est le plus brillant, et où la terre et la mer sont revêtues des plus vives couleurs, des génies primitifs, ignorant nos subtilités, ont accepté cette étrange idée que le monde magnifique au sein duquel ils vivaient pouvait bien n'être qu'un fantôme et l'objet d'une hallucination durant autant que la vie.

Les vieux sages de l'École d'Élée se sont même acharnés contre la réalité sensible : non contents de déclarer la nature une vaine apparence, ils ont voulu lui ôter toute chance d'être vraie, et prouver que cette apparence était irrationnelle, absurde ; c'est pour cela que Zénon démontrait l'impossibilité du mouvement.

Il est même, assure-t-on, des penseurs qui après avoir douté du monde extérieur, ont nié aussi l'existence des autres hommes et sont arrivés à cette folie de se croire tout seuls : « Car, disent-ils, je n'ai connaissance d'un de mes semblables, comme de tout autre objet extérieur, que par mes sensations qui me sont personnelles. Le monde, c'est moi ; c'est le microcosme composé de tout ce qui se passe en moi. Au moins ne pourra-t-on jamais me prouver le contraire. » La prison de Platon se resserre ; et à travers ses murailles d'ombre, la voix de nos semblables ne pénètre plus.

Mais ici, à défaut d'argument métaphysique, une simple réflexion morale nous rassure, et nous fait sortir de cette solitude quasi divine, et si effrayante. Les autres hommes, à la différence des objets extérieurs qui frappent nos yeux ou nos oreilles, non seulement provoquent en nous des sensations, mais nous communiquent des pensées. Or, les sensations sont à nous ; mais les pensées sont à eux. Ces pensées à la vérité sont souvent indifférentes, banales, déjà connues de nous ; et en ce cas-là, le philosophe solitaire triomphera. Les paroles qui ne nous apportent rien, ni enseignement, ni admiration, ni amour, pourraient n'être que des échos faussement attribués à des êtres imaginaires. Tels et tels personnages qu'on pourrait nommer existent-ils vraiment ? J'aurais pu tirer de mes vieux souvenirs ce qu'ils me disent, et je rêve peut-être tandis qu'ils me parlent.

Mais très souvent, il n'en est pas ainsi. Très souvent, la conversation des hommes nous apprend quelque chose: ils sont plus instruits, ou plus sensibles, ou plus clairvoyants, ou plus vaillants, ou plus saints que nous. A moins d'avoir l'esprit très borné, un homme avoue qu'il rencontre chaque jour des êtres plus grands, plus forts, meilleurs que lui. Seul, l'être infini peut se complaire en lui-même. Les êtres finis tendent vers le bien et le vrai, et se montrent la route les uns aux autres. A l'aspect d'idées que nous ne possédions pas, de sentiments que nous n'éprouvions pas, d'actions dont nous n'étions pas capables, et que d'autres âmes nous suggèrent, il faut bien reconnaître l'existence propre et distincte de ces autres âmes. S'il est vrai que les mots: je vois, je sens, j'entends rapportent tout à moi, ne laissent subsister que ma sensation, et anéantissent le monde matériel extérieur; il est d'autres mots, aussi naturellement formés, qui supposent de toute nécessité un monde moral extérieur à moi, mots tels que : j'ignorais, je n'ose, je ne puis. Ils suffisent à prouver que nous ne sommes pas seuls, qu'il y a une science, une bonté, une puissance, hors de nous. Et sans remonter jusqu'à l'absolu, nous devons penser qu'il y a d'autres esprits, semblables au nôtre, meilleurs que le nôtre, toutes les fois que ces biens nous apparaissent plus vivants et plus féconds ailleurs qu'en nous. L'admiration, l'amour, supposent, de toute nécessité, la présence d'êtres différents de nous, meilleurs que nous, et dont l'univers ne coïncide pas avec le nôtre, car il est plus grand. Il n'est qu'un Dieu. L'homme est trop petit pour être seul.

Revenons donc au monde matériel, au monde appelé extérieur en tant qu'extérieur à tous les esprits. Là est la vraie difficulté.

Esprit, matière : ces deux principes ne se définissent que par opposition l'un à l'autre. Et les hommes par la tendance naturelle qui les porte à généraliser, à unifier, ont cherché à supprimer tantôt l'un, tantôt l'autre. Tous deux existent réellement ; mais souvent on a pris de pures impressions de l'esprit pour des qualités appartenant à la matière ; et on a donné par là l'occasion de faciles triomphes à l'idéalisme. Au milieu de mille folies, Cyrano de Bergerac a dit bien justement : « La sensation est de mon côté ».

Il faut donc entreprendre une critique de la matière pour séparer ce qui lui appartient en propre. En effet, ce sont nos sensations qui revêtent le monde de ses vives couleurs et le peuplent de sons; les tableaux, les harmonies, les parfums, les saveurs appartiennent à l'homme; et ce spectacle cesserait faute de spectateur.

La critique de la matière n'est pas sans quelque analogie avec celle que Kant a donnée de la raison.

Il appelle notion pure, celle qui n'a rien emprunté à l'expérience, rien reçu de l'extérieur et qui appartient tout à la raison de l'homme. On pourrait appeler réalité matérielle pure, celle qui n'est pas mêlée de sensation, qui ne tient rien de l'homme, qui l'a précédé et qui lui survivra. C'est la critique de Kant renversée; l'étude du monde extérieur séparé de l'idée, comme il étudiait l'idée séparée du monde.

Il a commencé son œuvre en nous montrant le concept pur de l'espace, antérieur à la première expérience.

Le concept de l'espace est inséparable de celui du mouvement; car on voit aussitôt un point occupant successivement plusieurs places dans l'espace. Inséparable aussi de celui du temps sans lequel l'idée de mouvement ne peut être. Enfin la notion de l'espace suppose encore celle de portions dans l'espace, et de portions fermées, impénétrables, occupées, à côté de portions libres et vacantes, la notion, en un mot, du vide et du plein, c'est-à-dire de la matière.

Espace, mouvement, temps, matière sont les éléments d'un univers où la sensation n'est pour rien. Mais cet univers est-il réel ? Berkeley le nie et Kant, pour des raisons tout autres, le nie également.

Suivant Kant, l'espace est une intuition pure, précédant toute expérience[1]. Cela veut-il dire que nous ayons réellement pu concevoir une chose existant hors de l'esprit ? Nullement ; le temps, l'espace ne sont que des conditions subjectives de notre sensibilité, des formes de notre esprit[2]. Toujours l'esprit. S'il n'apporte rien avec lui et s'il a été créé seulement apte à recevoir des impressions par le moyen des sens ; il est vrai de dire qu'il ne connaît rien et ne peut rien concevoir, sauf ces impressions. S'il a en lui l'idée de l'espace et du temps, l'espace et le temps ne sont que les conditions de son être, la forme générale de ses sensations; et l'esprit ainsi bâti demeure encore la seule réalité.

Il faudrait donc démontrer, d'abord, l'existence réelle de l'espace et de la matière; empruntant à Kant son procédé de critique et non ses conclu-

---

1. ....What remains is the pure intuition wihch we call space. (*Critique de la Raison pure*, trad. Max Müller, p. 24.)
2. Space is nothing but the form of the phenomena of all external senses; it is a subjective condition of our sensibility. (*Id.*, p. 23.)

sions. Ensuite, examinant les systèmes conçus par les savants (par exemple la théorie chimique des atomes) il faudrait chercher s'ils expriment exactement la réalité; ou bien ne sont adoptés que comme forme de langage pour le commode énoncé des faits. Puis, dans l'univers réel, dégagé des sens, il faudrait savoir reconnaître ce qui présente un caractère de nécessité. Rien, dira-t-on; car l'univers lui-même n'était pas nécessaire. Il pouvait ne pas exister. Il pourrait aussi être fait autrement. Cela est vrai. Mais il est possible encore, qu'étant donnés l'espace et la matière, tous les phénomènes observés par nous se produisent nécessairement. Quand nous disons qu'ils sont arbitraires, c'est peut-être parce que nous n'en voyons pas les causes; pour affirmer qu'ils sont arbitraires, il faudrait être sûr d'avoir tout vu.

Il y a probablement une propriété de la matière de laquelle découlent toutes les autres; propriété telle qu'un mathématicien qui la connaîtrait, reconstruirait *à priori* toute la physique. Beaucoup de fragments de ce travail sont déjà achevés. Peut-être une seule expérience est obligée et les faits établis par toutes les autres, en sont les conséquences nécessaires. Cela est possible : les transformations de l'énergie nous portent à le croire. Cependant, la force physique ne se transforme pas en force vitale; étant donnés l'espace et la matière, la vie n'était pas obligée; tous les phénomènes physiques auraient pu découler de la loi physique, sans qu'un être vivant apparût; avec le premier germe, une nouvelle évolution commence.

Le principal objet de la critique se présente maintenant tout naturellement à l'esprit: que serait le monde matériel sans vivants? et quelle est la part que nos sensations ajoutent aux phénomènes? A cette question, suivant nous, ce sont les sciences physiques qui répondent. Oui, connaître l'univers tel qu'il est, en son essence et en ses lois, le débarrasser des apparences sensibles, telle est proprement la recherche des physiciens.

Nous apportons avec nous, avant la première expérience, l'idée de l'espace, du mouvement, de la matière, objets que nous pouvons dégager de tout ce que nos sensations y mêlent. Cette opération philosophique qui ensuite découvre la loi, et devine la réalité, en faisant abstraction des sensations humaines est bien l'œuvre de la science physique. Que font, en effet, les physiciens, quand par le mouvement, ils expliquent le son, la lumière et la chaleur: que font-ils, sinon séparer la réalité extérieure à l'homme, des impressions produites en son âme? Le monde mécanique que la science édifie, ne ressemble guère à celui que nos sens nous révèlent; celui qu'elle fait concevoir à notre raison diffère de celui que je vois, je touche et j'entends. Il y a un monde réel qui est espace, mouvement, matière; et un monde qui est lumière, couleur, chaleur, harmonie : celui-là peut s'appeler monde humain. Il y a une réalité extérieure : seulement nous ne voyons pas la matière isolée, mais un produit de la matière et de l'esprit.

On peut dire que la physique est la critique de la matière pure, en conservant au mot pur le sens que lui donnait Kant. Il appelait notion pure, celle où l'expérience sensible n'entrait pour rien. C'était l'idée sans mélange de matière. Il existe aussi une matière sans mélange d'idée : nous la concevons, nous ne la voyons pas. Nous savons qu'elle n'a ni chaleur, ni couleur, ni son, ni goût, ni odeur, mais qu'elle est seulement apte à provoquer ces sensations dans les âmes faites pour les éprouver. Il faut donc appeler monde humain, le monde que nous voyons, parce qu'il est fait des sensations que la réalité extérieure provoque en l'âme humaine. En une autre âme sensible pourvue d'autres sens, naîtrait, en présence de la même matière, un autre monde. A une autre âme, la nature parlerait un autre langage. L'univers créé comme nous, existe aussi bien que nous. Mais cette sombre machine ne s'éclaire que pour nous et par nous ; notre âme porte avec elle sa lumière.

Ce système nous paraît heureusement défini par un nom que Stuart Mill a choisi : *Cosmothetic Idealism*, l'idéalisme qui pose cependant en principe l'existence d'un univers extérieur à nous. La critique montre que cet univers existe. Elle montre aussi, qu'une très petite partie des faits matériels étant perceptible, la réalité matérielle dégagée de la sensation, dépasse, sans cesse, le monde de nos sensations, et s'étend dans des régions où celles-ci s'éteignent.

Avant de commencer cette étude critique de la matière, nous avons essayé de montrer comment les hommes, en cherchant l'unité, ont été portés à nier tantôt la matière et tantôt l'esprit.

I

HISTOIRE

« Le caractère de la philosophie antique, est d'être naïvement objective..., a dit le professeur Ludwig Noiré, dans son introduction historique à la *Critique de la Raison pure* de Kant[1]. Même l'œuvre la plus haute de cette philosophie, l'idéalisme platonicien n'est point exempt de ce reproche : il conçoit l'âme capable d'apercevoir les idées dans leur pureté; mais il attribue aux idées une réalité objective. »

« Dans ses commencements enfantins, ajoute un peu plus loin le même auteur, la philosophie des Grecs revêtit toutes les formes du naturalisme : les principes de l'univers furent cherchés dans l'eau, l'air ou le feu... Enfin, les Éléates furent les premiers qui s'efforcèrent de placer l'unité au sommet d'une théorie de l'univers. »

[1]. Noiré. Traduction de Max Muller, p. 9.

D'autre part, nous trouvons dans la savante et éloquente étude de M. Barthélemy-Saint-Hilaire sur les *Origines de la philosophie grecque*[1], le passage suivant :

« Le premier coup d'œil jeté sur la nature au milieu de laquelle nous vivons, nous en montre tout d'abord l'unité : ce n'est que plus tard et par l'effort de l'analyse, que nous distinguons des parties diverses dar .t ensemble et dans cette totalité dont la splendeur nous éblouit, et dont l'étendue nous frappe et nous déconcerte. L'Inde soit antérieure, soit postérieure à la philosophie grecque, n'a jamais pu sortir de cette impression accablante de l'unité ; elle s'y est absorbée tout entière et la science proprement dite lui est demeurée absolument étrangère, durant toute son existence. Des théories plus ou moins hardies, des intuitions plus ou moins raisonnables sur le principe universel des choses, jamais d'études spéciales et positives sur les phénomènes naturels, tel est l'écueil et la grandeur du génie indien. On ne trouve rien de plus dans les Védas, les Brahmanas, les Oupanishads, les épopées, les codes, et même dans les Darçanas philosophiques.

« Mais, pour le génie grec, il a su éviter cette

---

1. P. CLXI.

fascination et ce péril. S'il s'est appliqué un instant à l'idée de l'unité, par bonheur, il a su bientôt s'en détacher... »

Lequel, de ces deux auteurs, a dit vrai? D'après M. Barthélemy-Saint-Hilaire, les Hindous seraient tout de suite parvenus à l'idée de l'unité. Et cette idée naîtrait la première dans l'esprit des hommes.

D'après M. Noiré, les premiers philosophes ont toujours été livrés à un objectivisme naïf, et après de longs efforts seulement, arriveraient à la conception de l'unité : Ἓ ἀντὶ πάντων.

Si l'on considère la marche des idées d'un homme et leur point de départ le plus naturel, il semblera que l'historien allemand a raison.

L'opinion naturelle, naïve, due à la première impression, non corrigée par le raisonnement, est en faveur de la pluralité des êtres.

Le premier coup d'œil jeté sur la nature, ne fera pas naître en l'esprit l'idée de l'unité.

En effet, chaque individu de l'espèce humaine se sent isolé, séparé de ses semblables, avec lesquels il ne converse que par les signes convenus et insuffisants du langage ; séparé des animaux en lesquels, souvent, il a cru voir des dieux ; seul au milieu des arbres et des montagnes, tremblant au bruit des rivières et des vents ; êtres redoutables, auxquels il a été conduit à prêter une volonté, ayant à lutter tous les jours contre leurs coups. Il était naturel qu'il crût en sa propre personnalité distincte, et en celle de chacun des animaux; il était naturel aussi, dans sa primitive ignorance, qu'il attribuât les mouvements de la matière, les tempêtes de l'air et de l'eau, aux passions d'êtres vivants séparés de lui. L'incertitude de son destin, la succession brusque et imprévue des misères aux joies, les contradictions entre ses propres penchants, devaient le porter à se croire le jouet de puissances diverses. Les changements du ciel et des saisons, la mort, la naissance de milliers d'êtres, les aspects toujours nouveaux du monde, le nombre infini des étoiles et leurs révolutions, l'éclat du soleil opposé aux froides lueurs de la lune, la multitude et la diversité des plantes et des animaux, en un mot, l'infinie variété des objets visibles, devaient détourner son esprit de l'idée de l'unité.

Non, cette idée ne naît pas du premier coup d'œil jeté sur la nature. Elle est le fruit des recherches des physiciens, dont tout l'effort, loin de multiplier les causes et les êtres, a pour effet de relier nos conceptions et de les unir en des conceptions plus générales.

L'idée de l'unité naît aussi du raisonnement

métaphysique ; soit des raisonnements abstraits comme en faisaient les Éléates et Spinoza, ce véritable disciple de Parménide, né au xvii° siècle ; soit des dernières conséquences du sensualisme. On l'a vue proclamée et par d'Holbach au profit de la matière, et par Berkeley au profit de l'esprit, et par Hume, qui ne croit ni à l'une ni à l'autre. Et aussi par Herbert Spencer, qui, suivant l'exemple de Thalès et des antiques naturalistes de la Grèce, mais riche de toutes les ressources de nos sciences modernes, a inventé à son tour une cosmogonie ; par Herbert Spencer qui, aussi résolument que Hume, déclare la substance inconnaissable ; et qui, néanmoins, la déclare unique et partout identique à elle-même ; et qui enfin affirme comme un dogme, l'unité de ce qu'il nous est interdit de connaître, suivant son propre aveu. L'idée de l'unité vient tard ; elle est le produit d'une science physique ou métaphysique avancée. Elle s'impose alors aussi impérieusement que s'imposait l'idée de la pluralité des êtres, au premier coup d'œil jeté sur la nature ; et c'est l'homme cultivé qui doit se défendre contre ce que M. Barthélemy-Saint-Hilaire appelle très justement cette fascination.

Si les Hindous ont possédé l'idée de l'unité, ils l'ont due à leurs philosophes seulement, car ils n'ont jamais eu de physiciens. Mais l'ont-ils possédée depuis l'origine? Il paraît bien que dans les plus antiques Écoles de l'Inde, tous les principaux systèmes de l'Occident ont été professés. Or les plus anciennement connus n'étaient rien moins qu'unitaires.

Le Sankhya de Kapila, livre qui depuis vingt-cinq siècles, est le plus révéré des Brahmes, enseigne que notre connaissance vient de trois sources, la perception, l'induction, le témoignage, et qu'elle porte sur vingt-cinq objets : la nature, principe universel de la matière et de la vie, les cinq particules subtiles, lumière, son, saveur, odeur, tangibilité ; les cinq éléments grossiers, eau, terre, feu, air, éther ; les onze sens, dont cinq perçoivent, cinq agissent[1], et dont le onzième, le *manas*, transmet à la conscience les informations des premiers, et transmet les ordres de la conscience aux seconds. Voici vingt-deux objets : restent l'intelligence, la conscience (le mot sanscrit est *ahankara*, ou ce qui produit le moi) et l'âme.

La nature englobe les vingt et un premiers éléments, et l'âme les trois derniers. Deux principes sont ainsi définis et partout on les trouve opposés. — L'âme est faite pour connaître et la nature est aveugle ; l'âme a besoin de la nature

---

1. Les cinq sens ou organes d'action sont les mains, les pieds, la voix, les génitoires et les excrétoires.

pour s'élever au-dessus d'elle, en pénétrant ses lois, et devenir ainsi digne de son bonheur éternel.

Les vingt-deux éléments secondaires, appartenant à la nature, sont créés et mortels; leur ensemble forme notre monde, lequel est contingent et périra pour renaître sous d'autres apparences. Mais la nature, substance permanente sous ces aspects variables, est éternelle; l'âme est éternelle aussi. Ces deux principes distincts, qui s'allient passagèrement au moyen d'intermédiaires périssables, sont coéternels.

Le dualisme, la séparation absolue entre la substance pensante et la substance matérielle, ne peut être plus complètement affirmé. Seulement Kapila accorde à l'une et à l'autre substance l'éternité, oubliant que l'une est périssable, parce qu'en elle tout est contingent. Et notre raison ne peut croire à l'éternel, que lorsqu'elle a reconnu le nécessaire.

A cette philosophie imparfaite, Patandjali ajoute une notion plus claire et plus présente de la Divinité. Car, chose très étrange, et très rare, en l'œuvre spiritualiste de Kapila, le nom de Dieu n'est pas prononcé; il y est parlé partout de l'âme, jamais de Dieu.

Le livre de Kapila a été quelquefois appelé le Sankhya athée, injustement, car si le nom est omis, l'idée de Dieu est présente : qu'est-ce que l'âme éternelle du monde, si ce n'est Dieu? Peut-être Kapila a préféré ce dernier nom, l'âme, parce qu'il supposait une seconde substance éternelle, et que cette coéternité n'était point conciliable avec la vraie conception de Dieu. Patandjali n'est pas arrêté par cet argument : pour lui, l'âme universelle est Dieu et l'âme humaine voit les choses en Dieu.

Gautama est le logicien de l'École, le scolastique ; et Colebrooke prétend trouver dans ses écrits le syllogisme d'Aristote, ce qui est contesté par d'autres auteurs.

Kanada est, dans l'Inde, le fondateur de la doctrine des atomes. Regardez, dit-il, les atomes matériels qui dansent dans un rayon de soleil : ce n'est là qu'une comparaison, les vrais atomes sont beaucoup plus petits. Ils sont éternels ; en se combinant, ils ont formé cinq substances : la terre, l'eau, l'air, l'éther, la lumière. Mais il existe quatre autres substances, lesquelles ne doivent rien aux atomes : ce sont le temps, l'espace, l'âme et son *manas*, sens intime, intermédiaire entre elle et la matière. Voici donc, comme dans le Sankhya de Kapila, deux groupes de substances séparés : ceux de l'esprit, ceux de la matière, plus le temps et l'espace qui ne sont plus seulement des formes de cet univers périssable, mais d'éternelles réalités.

Kanada a imaginé les atomes avant Leucippe, ou au moins vers le même temps. Il a aussi, avant Aristote, eu l'idée des catégories : il appelle Padarthas (objet de preuve)[1], la substance, la qualité, l'action, le commun, la différence et la relation intime ou agrégation.

A côté de ces Écoles que Colebrooke appelle orthodoxes, il y eut, dit-il, des sectes hérétiques : Les Digambaras ou vêtus de l'air, ces sophistes qu'Alexandre trouva, vivant tout nus, dans les forêts de l'Inde ; les tcharvakas, les pantcharatras, sectateurs de Wichnou, les mahisvaras adorateurs de Siva.

Parmi eux, on trouve des matérialistes, professant que la substance tangible est la seule réelle, que l'âme et le corps ne font qu'un, que toutes nos connaissances viennent de la sensation. Mais on a vu que le dualisme était le fondement des doctrines enseignées par les grands fondateurs de la philosophie des Brahmanes.

Le bouddhisme vint-il ensuite enseigner une philosophie idéaliste et unitaire ? C'est, je crois, une opinion généralement répandue. M. Che-

---

1. *Dictionnaire des sciences philos.*, art. de M. B. St. H.

vrillon, l'a confirmée dans le charmant récit qu'il écrivait il y a peu d'années de sa visite à Ceylan.

Il était allé dans la montagne, à Kandy, la vieille capitale des rois et des prêtres, converser avec le sage supérieur d'un couvent de moines mendiants bouddhistes.

« Je crois comprendre, dit M. Chevrillon, cette morale et cette religion. »

Il les résume ainsi[1] : « Rien n'est, tout devient. L'univers n'est qu'un flux d'apparitions éphémères ; rien de stable en lui, rien de permanent, sinon le changement lui-même..... Qu'est-ce que l'homme ? Un être pensant, mais un être comme les autres, c'est-à-dire un ensemble de forces réunies pour quelque temps, mais condamnées à se dissoudre, un système de facultés et de tendances, une série d'images, d'idées, de velléités de volontés, de sentiments... L'illusion du moi substance est, disent les bouddhistes, la plus dangereuse de toutes, le principal piège que nous dresse Mara le tentateur ; car elle est le bien qui nous attache aux choses, le grand mirage qui nous arrache à l'immobilité et à l'indifférence, pour nous jeter dans l'action et nous pousser en avant. Le bouddhisme l'appelle hérésie, hérésie de l'indi-

---

[1]. André Chevrillon. *Revue des Deux-Mondes*, 1er janvier 1891, pp. 106 et 109.

vidualité (sakkaya ditthi)..... Celui, disent-ils, qui dompte cette misérable soif d'être, la souffrance le quitte comme les gouttes d'eau glissent de la feuille du lotus. »

Ce serait un état d'esprit assez semblable à celui de Hume : une opinion tardive et découragée, dégoûtée en apparence des excès des autres, au fond s'inspirant de tous ces excès. Quand les uns ont proclamé le néant de l'esprit et les autres le néant de la matière, elle proclame le néant de ces deux substances et de la substance en général, et n'admet plus rien en l'univers, que des phénomènes. Nous ne savons rien, nous ne sommes rien. Seulement, pour Bouddha, le vide n'est point effrayant ni lugubre. Il éprouve l'attrait, le vertige du vide ; il goûte un singulier plaisir à s'annihiler, et le nirwana, le néant est son paradis.

Est-ce bien là le bouddhisme? Une pareille opinion peut convenir à des esprits raffinés et subtils, rebutés par les objections que toutes les théories rencontrent. Mais, a-t-elle pu pénétrer parmi les esprits simples, conquérir les masses innombrables, et s'emparer enfin des trois cents millions de sectateurs de Bouddha ?

Ce n'est pas probable. Et en effet, les tendances les plus opposées se sont manifestées, à travers tant de siècles, et au milieu d'adeptes si nombreux.

Au nom du même Bouddha, tous les systèmes ont été enseignés. — Peut-être le phénoménalisme, la négation de la substance et de la personne a été la doctrine originelle : Colebrooke et l'orientaliste Pauthier, son traducteur, prétendent que l'on trouve dans les *Soutras* originales de Bouddha, cet axiome : tout est vide. Mais bientôt des disciples subtils arrivèrent à distinguer dix-huit sortes de vide. Bouddha lui-même, aurait, en mourant, parlé comme il suit : « Tout m'attriste, et je désire entrer dans le nirwana, c'est-à-dire dans l'existence dépouillée de tout attribut corporel, et considérée comme la suprême et éternelle béatitude. » Il alla ensuite sur le bord d'une rivière où, après s'être couché sur le côté droit, et avoir étendu les pieds entre deux arbres, il expira.

Ainsi compris, le nirwana n'est rien moins que le néant : c'est l'existence réservée à l'âme séparée du corps, et peut-être la connaissance des choses, dégagée de la sensation.

A côté des bouddhistes, qui prétendent que tout est vide, d'autres, dit M. Pauthier[1], « exceptent du vide la sensation interne ou l'intelligence qui perçoit ».

Une troisième secte affirme l'existence réelle

---

1. Art. Bouddha. *Dictionnaire philosophique de Franck.*

des objets extérieurs, non moins que celle des sensations internes.

D'autres soutiennent que nous avons la perception directe des objets extérieurs. Suivant d'autres encore, nous avons la perception médiate de ces mêmes objets par le moyen d'images ou formes ressemblantes présentées à l'intelligence.

La deuxième secte est idéaliste et diffère autant de la première que Berkeley de Hume : elle est unitaire. La troisième est dualiste et spiritualiste : celle-ci paraît être fort nombreuse, car dans la plupart des écoles bouddhistes, on enseigne la division des êtres en deux grandes classes : celle des êtres externes, comprenant les éléments (bhauta)[1] et tout ce qui en provient (bhautika); celles des êtres internes, comprenant l'intelligence (tchitta) et tout ce qui en dépend (tchaïtta). Cet enseignement est si contraire à celui de l'École phénoménaliste qu'on se demande si celle-ci n'appartient en propre à quelques initiés, au rang élevé et à l'âme découragée.

Enfin, dans la quatrième secte, on dispute sur la nature des idées, à peu près comme on faisait dans l'Université de Paris, au moyen âge.

---

1. Les bouddhistes n'admettent que quatre éléments : eau, air, terre et feu. Chose remarquable, ils ne parlent jamais de l'éther (Akasa) lequel figure dans les cosmogonies des Brahmanes.

Et il y a d'autres formes encore du bouddhisme. M. Hodgson, résident anglais au Népaul, a découvert des textes très anciens, et consulté les plus savants bouddhistes. D'après lui, il existerait aussi quatre grandes doctrines, mais différentes de celles que Colebrooke a exposées. L'une est matérialiste : la matière, unique substance, est suivant elle, soit en activité, soit en repos (nirwitti) et le but de l'homme, dont les facultés peuvent se développer indéfiniment, serait, après les avoir portées au suprême degré d'activité, à l'unisson de la nature active, de les voir entrer enfin dans le repos de la nature inerte.

Une seconde doctrine est théiste, mais n'admet point la Providence ; une troisième est religieuse, et permet d'espérer l'intervention bienfaisante de Dieu dans les affaires humaines, en récompense des bonnes actions. Enfin, une doctrine mystique a conduit les fakirs à s'infliger les plus cruelles austérités.

Ainsi donc, quand on cherche les traces du monisme, du système de l'unité de substance, on ne les trouve pas dans la primitive École des Brahmes. Bouddha paraît : il n'apporte point au monde une lumière, une espérance, un renouveau ; ses idées sont celles d'un philosophe découragé, et ne gardant des longues controverses que le souvenir des négations. Comme Hume devant l'âme et devant l'univers, il dit : « Il y a des phénomènes. » Ce n'est pas là proposer une solution des problèmes, mais renoncer à les aborder.

Sa tristesse et sa lassitude ne viennent pas de voir la vérité méconnue, mais de croire qu'elle est inaccessible. Quand Bouddha est mort, les commentateurs s'emparent de ses paroles, et les sectes se forment et se séparent. Nous voyons paraître des sensualistes, des matérialistes, des idéalistes, des mystiques. Il y a même des athées, car on trouve ces mots dans le Ramayana : « Comme un voleur, ainsi est apparu Bouddha ; sache que c'est de lui que l'athéisme est venu [1]. » Cependant d'autres sectes s'imposent toutes les privations et les austérités pour complaire à la divinité.

Ces prétendus systèmes religieux de l'Inde embrassent donc tout le domaine de la philosophie d'une extrémité à l'autre et jusqu'aux plus lointaines limites.

Le couvent de Kandy, dont nous parlions, est situé à quelques heures de l'Oriental Hôtel de Colombo : un chemin de fer y conduit ; le supérieur reçoit la visite des voyageurs de marque pendant le temps d'escale des paquebots anglais; il cor-

---

1. Pauthier. *Bouddhisme.*

respond probablement avec M. Herbert Spencer ; il est honoré de l'amitié du prince de Galles. On pourrait voir en tout ceci des raisons pour que cet homme éclairé se fût attaché de préférence à celle des doctrines bouddhistes qui s'accorde le mieux avec les idées de Hume. Cependant, le moine de Kandy est peut-être aussi le plus orthodoxe et le plus fidèle dépositaire des pensées dernières de Bouddha, lorsque celui-ci mourut au bord de la rivière, entre les deux arbres, dont les fleurs tombaient sur ses membres épuisés, la tête appuyée sur son manteau, l'esprit fatigué de ses inutiles efforts pour percer les apparences et chercher au delà la vérité ; résigné enfin, de guerre lasse, à déclarer l'univers vide et à retomber lui-même dans le néant.

Les plus anciens auteurs grecs semblent moins encore que les Indiens, avoir éprouvé ce que M. Barthélemy Saint-Hilaire appelle l'impression accablante de l'unité. Les poèmes d'Homère sont tout inspirés de la croyance en la diversité des dieux; êtres distincts, présidant aux forces de la matière et personnifiant les passions des hommes. Des commentateurs venus de longs siècles plus tard, Métrodore de Lampsaque, disciple d'Anaxagore, Stesimbrote de Thasos, Théagène ont prétendu que les dieux d'Homère étaient des symboles, non des personnes. Le combat des dieux au XX° chant de l'*Iliade*, n'aurait plus été que la lutte des éléments ou bien celle des vertus ou des vices. Apollon et Neptune auraient représenté le feu et l'eau, Minerve et Mars, la sagesse et la folie guerrière. Junon était la terre opposée à Diane, la lune. D'après Métrodore, même les héros mortels, Achille et Hector, n'étaient que des images allégoriques des éléments; Agamemnon était le symbole de l'air.

Mais la lecture de l'*Iliade* montre, à n'en point douter, que les dieux avec leurs attributs et leurs royaumes respectifs, sont comme les héros, des personnes vivantes, des seigneurs puissants qui interviennent sans cesse dans les affaires du peuple humain, par l'entremise des forces de la nature, dont ils disposent. On les craint, on les révère; on les maudit quelquefois; on leur paye un tribut, s'ils se montrent bons princes. Neptune se rend un jour en Afrique, parce que l'on rôtissait pour lui, ce jour-là, les cuisses de cent taureaux. Nous ne savions, raconte Nestor à Télémaque, s'il nous fallait passer à droite ou à gauche de l'île de Scyros: nous demandâmes au dieu un signe: il nous le donna.

Dans l'*Enéide*, bien plus que dans l'*Iliade* et l'*Odyssée*, les dieux sont soumis au destin. Il intervient bien plus souvent, et ses arrêts sont irrévocables.

Jupiter voudrait être favorable à Énée, et docile aux prières de Vénus : il ne le peut que dans la mesure où le destin l'a permis. Junon, reine des dieux, sœur et femme de Jupiter, plie devant le Destin [1]. Les dieux d'Homère sont plus libres et le succès de leurs querelles dépend de leurs forces respectives, non du destin.

Est-ce parce que l'idée de l'unité dans l'univers est née entre les temps d'Homère et de Virgile ? Et Virgile, qui, au VIe livre de l'*Énéide*, se montre fidèle disciple de Pythagore, a-t-il subi l'influence de cette idée ?

Empédocle nous paraît avoir été, plutôt qu'un philosophe, le dernier des poètes païens, qui précédèrent les grandes écoles de la philosophie grecque.

Il florissait vers l'an 444 avant notre ère : Xénophane, de Colophon, le fondateur de l'école d'Élée, était déjà mort, et Parménide avait déjà porté le nom des Éléates au plus haut degré de gloire. Mais Agrigente, où habitait le riche seigneur Méton, père d'Empédocle, était loin de la grande Grèce, à l'autre bout de la Sicile, et les

---

1. *Quippe vetor fatis.*

écrits des Eléates y étaient peut-être peu connus. Puis, quelle contrée pouvait mieux inspirer des poèmes et une philosophie tirées de l'amour de la nature? Aucune plus fidèlement que la Sicile n'a conservé jusqu'à nos jours les traces de l'antique mythologie. Il nous souviendra toujours, qu'un soir, étant assis avec un ami, dans le cirque de Syracuse, nous vîmes un berger, suivi de ses chèvres, descendre à grands pas, pour abréger le retour vers la ville, les hauts gradins du cirque taillés à même dans les rochers d'une colline. Le berger s'arrêta, engagea avec nous la conversation; du bout de son bâton, il nous montra, au delà de la baie, la plaine arrosée par le fleuve Anapus où Proserpine fut enlevée par Pluton, et nous conta l'aventure. Il nous dit aussi comment Denys le Tyran, devenu aveugle, avait reconquis l'amour du peuple en venant se défendre devant lui, dans ce même cirque, amené sur un char attelé de quatre chevaux blancs. Il nous décrivit, non sans orgueil, les victoires des Syracusains sur les Grecs : le tout avec une mémoire bien plus présente, que ne l'aurait eue un paysan de Brie de la dernière victoire de Napoléon à Mormant. A Girgenti le port Empédocle a gardé un nom encore cher aux habitants du pays.

Les chants d'Empédocle, ses travaux d'ingénieur, ses guérisons merveilleuses avaient inspiré à ses concitoyens une crainte et une admiration superstitieuse.

De longs siècles plus tard, Lucrèce décrivait la Sicile en vers splendides, et il ajoutait : « Cette terre si opulente en biens de toute sorte, mère de tant de fils vigoureux, n'a jamais possédé en elle-même rien de plus illustre que cet homme, rien de plus saint ni de plus admirable, rien de plus cher. On redit encore les chants sortis de sa poitrine divine ; on célèbre encore ses découvertes : et c'est à peine s'il peut sembler issu de la race humaine. »

Puissance, richesse, amour de poète pour les campagnes siciliennes, avaient dû faire d'Empédocle un philosophe plus occupé de la terre que de l'esprit. On comprend que l'idéalisme naisse en le cerveau de quelque modeste savant, fils de pasteur protestant, au fond de la pâle et triste Écosse ; comment dans ces temps et dans ces contrées mythologiques, se serait-il emparé de l'esprit de ce prince païen ? Le monde visible attira toutes ses pensées.

« C'est, disait-il, une sphère, faite de quatre éléments, l'air, la terre, l'eau et le feu. » Ces quatre éléments, il les croit vivants et d'essence divine. Jupiter est le feu ; Junon, qui donne la vie, est l'air ; Nestis est la déesse des eaux, et Pluton le dieu de la terre. — Ces quatre divinités sont soumises à deux forces : la haine (νεῖκος) ou l'amitié (φιλία) en lesquelles des commentateurs ont voulu reconnaître Mars et Vénus. Au commencement, l'amitié régnant, la sphère de l'univers formait un ensemble parfait et immobile. Mais les éléments se séparèrent sous l'influence de la haine. Le rôle de cette dernière est utile : elle provoque des changements ; sans elle les choses resteraient éternellement invariables.

Les éléments séparés se confondirent de nouveau, mais pêle-mêle ; ce fut le chaos, ou ce qu'Aristote appelle le mélange (μίγμα) d'Empédocle. Après cette guerre des éléments, cette lutte de la terre et de l'air, de l'eau et du feu, l'amitié reprit le dessus ; car le règne de la haine ne devait avoir qu'un temps. Vénus s'assit au centre du tourbillon, et Mars s'envola vers la sphère extérieure, dont certaines parties lui sont encore soumises. Les atomes de même nature se rapprochèrent et formèrent des corps. L'univers se divisa en quatre grandes sphères concentriques; l'extérieure est celle du feu, celle de Mars, où sont les astres. Tous les astres ne sont pas de feu : la lune est un globe d'air congelé qui sert de miroir au soleil. La seconde sphère est celle des nuées ou des eaux : les feux du soleil la percent et vont à travers la sphère de l'air, échauffer celle de la terre. La sphère ignée nous donne les chaleurs de l'été ; la sphère humide les frimas de l'hiver ; toutes les deux tournent autour de la terre, qui est immobile ; et de la contrariété de leurs mouvements naissent les vents.

La terre, dès le début du règne de Vénus, s'est mise à vivre comme un grand animal ; les plantes et les arbres en sont les poils et les plumes : les eaux salées de l'Océan en sont les sueurs qui coulent sous les feux trop ardents du soleil. Elle a produit d'abord des êtres rudimentaires aux membres informes, sans visages : Vénus a achevé ces ébauches sorties du sein de la terre, et en a fait les hommes et les animaux. Ces êtres formés par l'association passagère des éléments, retournent ensuite au trésor commun : à la vérité, ils ne naissent ni ne meurent. « Il n'y a, disait Empédocle, que mélange ou séparation de parties (μίξις τε διάλλαξίς το μιγέντων), et voilà ce qu'on appelle nature. »

Telle est la cosmogonie imaginée par Empédocle. L'éternité de la matière et sa fécondité infinie en sont les traits principaux. L'amour ou la haine gouvernent les éléments ; et quand ils ont été brouillés par la haine et réconciliés, remis en harmonie par l'amour, ils forment les sphères distinctes et concentriques des terres, des nuées et du feu. Ne croyons-nous pas apercevoir ces sphères, dans l'ordre décrit par Empédocle, au moment d'un beau coucher de soleil; la dernière enveloppe montrant ses flammes à travers les déchirures de la sphère des eaux?

L'amour, et la haine aussi, donnent naissance aux êtres vivants d'abord informes, puis perfectionnés au bout de longues séries de générations. — Ueberweg prétend que Schelling ne renierait pas les idées d'Empédocle sur la haine et l'amour; et que Lamarck et Darwin le reconnaîtraient pour leur ancêtre. — Lange, l'historien allemand, hésite un peu à lui donner une place dans son panthéon du matérialisme. Empédocle s'en remet de toutes choses au hasard et ne reconnaît aucune cause finale; mais, d'autre part, il a personnifié les éléments, il en a fait des divinités. Bien plus, le sage d'Agrigente a parlé d'une puissance supérieure gouvernant les combats de l'amour et de la haine et présidant aux destinées du monde : il l'a appelée le Verbe (λόγος). Seulement, l'action de cette puissance était mal définie, et sa place mal déterminée dans le système d'Empédocle : Aristote le raille d'avoir inventé cette puissance mystérieuse et de ne lui avoir attribué aucun rôle. Empédocle est un païen; mais les dieux païens n'ont dû être à ses yeux que des sortes de magiciens sages et puissants. Il avait fini par se déifier lui-même. « Accourez, disait-il, en l'un de ses poèmes, accourez, habitants d'Agrigente et des campagnes que baigne l'Acragas. Venez m'adorer : Je suis un dieu. »

Dans la Grèce antique, les premiers philosophes furent des naturalistes. Ils prennent place entre le règne du paganisme et celui de la psychologie et de la métaphysique. Ce sont de demi-païens, adorateurs de la nature ; mais cessant de personnifier les vents, le tonnerre et les eaux, et d'imaginer un monde vivant et plein de démons [1].

Ils vinrent en leur temps. La psychologie est le fruit d'une culture plus avancée.

En ces siècles primitifs, les hommes s'inquiétaient moins d'eux-mêmes, que du monde ; ils ne considéraient pas, au moyen de la conscience, le dedans de leur âme, mais ouvraient les yeux sur le dehors. Quel est ce monde ? Quels en sont les éléments ? Comment ces éléments se sont-ils combinés ? Telles étaient les questions auxquelles les anciens sages essayaient de répondre. L'homme les intéressait moins que la terre, l'océan et le

---

1. κόσμον ἔμψυχον καὶ δαιμόνων πλήρη. Mot attribué à Thalès.

ciel; ils s'occupaient peu de cet être chétif, accident passager dans le cours de la grande nature.

Leur imagination créait des cosmogonies, et ils donnaient, quant à l'origine des choses, leur préférence tantôt à l'un, tantôt à l'autre des quatre éléments.

Thalès de Milet, assis au bord d'une source, et méditant au bruit des eaux tombantes, voyait à l'entour la terre fécondée, l'herbe verte et drue, des platanes et des peupliers, des roseaux, des fleurs aquatiques, des insectes de mille couleurs. — plantes et bêtes paraissant toutes nées de l'onde. Et Thalès de Milet pensait que l'eau était l'origine de toutes choses. Il en donnait trois preuves. La semence de tous les animaux est humide. Si les animaux naissent de l'humidité, pourquoi n'en serait-il pas ainsi de l'univers entier? Les plantes périssent quand elles se dessèchent; elles poussent, elles se nourrissent, grâce à l'humidité, semblables en cela aux animaux. Enfin les grands foyers de la chaleur céleste, le soleil, les astres paraissent eux-mêmes se nourrir de la vapeur des eaux : vous la voyez s'élever au-dessus de nous, et vos regards la suivent, montant vers les astres, en nuages épais que leurs feux embrasent et dévorent. Puis Thalès voyait la mer s'étendre à l'infini autour des terres habitées. Comme il n'avait point l'idée de la rotondité de la terre, il devait la croire portée sur l'eau comme les plateaux de glace du pôle; l'Océan lui semblait n'avoir point de rivages ni de fonds. Et les terres habitées que connaissait Thalès, promontoires de la Grèce, de l'Asie Mineure ou de la Sicile, Cyclades de la mer Égée, îles de la Crète et de Rhodes, émergeaient de la mer infinie, chargées d'arbres et de moissons, d'animaux et d'hommes, comme de grandes plantes marines, ou d'immenses fruits des eaux.

Anaximène et son disciple, Diogène d'Apollonie, tenaient pour l'air. Ce Diogène naquit presque deux cents ans après Thalès, et resta un naturaliste, un de ces grands rêveurs matérialistes, sur l'âme desquels la splendeur de la nature, au sein de laquelle ils vivaient, semble avoir exercé un suprême empire.

Cependant il était contemporain du psychologue Anaxagore, le premier qui sut en Grèce séparer nettement le concept de la matière de celui de l'esprit. La matière même, suivant Anaxagore, ne procédait pas toute entière du même principe; la substance, la couleur, la forme étaient des principes différents, qu'il appelait homéoméries, et qui se combinaient dans les objets matériels. Mais Anaxagore, ami et conseiller intime de Périclès, familier des rhéteurs, des légistes et des hommes politiques d'Athènes, devenu citoyen de la ville la plus civilisée de son siècle, avait eu l'âme probablement moins absorbée par la nature extérieure et plus adonnée aux choses de l'esprit. Imaginons l'existence que pouvait mener en l'île de Crète, Diogène d'Apollonie. Qu'était-ce qu'Apollonie? Une bourgade, au penchant d'une colline, près d'un bois d'oliviers, sous l'éclatant ciel de la Crète. On ne saurait mieux se représenter ces petites villes antiques qu'en lisant le traité d'Hippocrate, *Des airs, des eaux et des lieux*, où le grand médecin de l'île de Cos décrit une cité salubre, abritée des vents, protégée contre l'ardeur du soleil, pourvue d'eaux abondantes; on aperçoit un calme paysage de Poussin, avec ces constructions d'un style classique que les anciens historiens de l'art appelaient des *fabriques*.

A Apollonie, nous ne pensons point qu'il y eût de place publique où résonnât l'éloquence des orateurs populaires, ni de jardins d'Académus où les philosophes eussent coutume de promener leurs discussions. Le Sage y passait ses jours en compagnie de quelques paysans qui le prenaient pour un demi-dieu, et en présence de la seule nature : ciel, terre féconde, mer entourant son île natale et s'étendant à l'infini; air pur, délicieux, confondu à l'horizon avec les eaux, doucement remué à travers l'espace et ranimant d'un souffle les corps fatigués par la chaleur : tels étaient ses maîtres. A cette nature aimée et envahissante, il ne pensa jamais que quelque chose, l'âme, l'esprit, pût être supérieur ou même étranger. Aussi sa philosophie n'est point l'examen des faits de conscience; mais la contemplation de l'univers.

Il rejeta bien loin le dualisme d'Anaxagore et ses homéoméries :

« L'univers, disait-il, ne peut ressortir que d'un seul principe, car entre principes divers, toute influence réciproque, toute relation véritable seraient impossibles.

« Puisque l'univers est un être vivant et organisé, il s'ensuit qu'il ne peut être né de principes divers. »

Ainsi trouvera-t-on toujours des esprits qui s'enferment en eux-mêmes et s'observent; et d'autres qui se lancent à travers le monde, jouissant de ses merveilles ou pénétrant ses lois, les uns psychologues, les autres physiciens ou inventeurs de systèmes; disciples il y a deux mille ans, soit d'Anaxagore, soit d'Épicure; et suivant aujourd'hui soit un Maine de Biran, soit un Auguste Comte.

Anaximène, le maître de Diogène d'Apollonie,

pensait aussi que l'air était le principe de toutes choses. Cicéron[1] dit que ce dernier philosophe en avait fait un dieu, le dieu unique et universel : « *Anaximenes aera deum statuit*[2] ». Olympiodore d'Alexandrie prétend qu'il fut porté à considérer cet élément comme l'origine de toutes choses « parce qu'il est voisin de l'incorporel ». Il croyait l'air infini comme l'espace, et sans cesse en mouvement. Cicéron dit encore : « *Statuit aera esse immensum et infinitum, et semper in motu.* »

L'air était l'origine des quatre éléments, ou plutôt les quatre éléments n'étaient que quatre formes de cet élément primordial. Raréfié, il devenait le feu ; condensé, il se changeait en nuages, en eau ; plus condensé encore, en terre et en pierres.

Ainsi l'air épaissi et solide porterait nos pas. Nous nous remuons, nous vivons dans de la terre volatilisée ! Nous la respirons ; elle remplit l'espace.

La matière qui échappe à nos sens, la matière qui ne se voit, ne se sent, ni ne se touche, est, suivant Anaximène et Diogène, la matière véritable, origine de toutes les autres.

Pour Diogène d'Apollonie, l'air devint en même temps l'intelligence : une sorte de dieu ami qui remplit l'espace et murmure à notre oreille :

---

1. *De natura Deorum*, l. I, chap. x.
2. Cité par Berthelot. *Histoire de l'alchimie*, p. 238.

« Il est grand, disait-il, il est fort; il est éternel et impérissable, et il est plein d'idées[1].

« Il produit tout, pénètre partout, dispose toutes choses, est dans toutes choses, et il n'y a rien qui ne participe à sa nature. Tout change car il est lui-même variable. Chaud ou froid, sec ou ruisselant, serein ou tourmenté par la tempête, lumineux ou sombre, jamais il ne produit sur nos sens les mêmes effets. Telle notre pensée change à l'infini et passe par tous les contraires. »

Voici les rêveries que Diogène d'Apollonie ajoutait au système d'Anaximène; croyant, d'ailleurs, comme son maître, que la terre n'était que de l'air refroidi et condensé; que la terre en se refroidissant avait repoussé loin d'elle les parties légères devenues soleil, étoiles et tous les feux du ciel; enfin que l'air est le principe des corps vivants et la source de leur vie. La semence animale, le sang sont écumeux : ils contiennent de l'air. L'âme des bêtes n'est qu'un peu d'air chaud ; l'âme des hommes un peu d'air plus chaud ; et l'abîme intellectuel qui sépare un homme d'un autre n'est qu'une différence de température. Un objet physique agit-il sur nos organes? Il ébranle

---

1. Πολλὰ εἰδός ἐστι.

l'air qu'ils contiennent et une perception a lieu. La pensée n'est que le rapide souffle de l'air à travers le sang. Elle naît dans le cœur, qui en est le véritable siège.

Ainsi les naturalistes ont fait tantôt de l'air, tantôt de l'eau le principe universel.

Héraclite, dit saint Thomas, tenait pour le feu; Personne n'a pensé à la terre, *propter ejus grossitiem*[1].

Bien des siècles se sont écoulés entre le temps où vivaient ces physiciens primitifs. Les noms des choses ont changé : on ne parle plus des trois éléments : air, eau, et terre ; mais on enseigne maintenant que tous les corps passent par les trois états : gazeux, liquide et solide. Il n'y a point, à la vérité, d'état qui réponde au quatrième élément, le feu; la science a renoncé à cette idée fausse, qui l'a longtemps gênée et retardée.

Des opinions qui ont eu cours parmi les physiciens de l'antiquité sont aujourd'hui fort en faveur. Nous voulons parler de l'atomisme de Leucippe Démocrite, et Epicure. Et nous n'en voulons dire ici que quelques mots, devant essayer de ce système, dans un chapitre ultérieur, une étude un peu plus complète.

---

1. Saint Thomas. Lect. II.

Cette nouvelle cosmogonie offre moins d'attraits à l'imagination que celle d'Empédocle.

Plus de sphère transparente des eaux, plus de sphère éclatante du feu enveloppant la terre, et tournant autour d'elle d'un mouvement réglé par l'amour. Mais des atomes tombant à travers l'espace sans limites, pendant l'infinité du temps. Plus de puissances morales ; mais de simples lois mécaniques, inhérentes à la matière éternelle.

D'où vient le mouvement dont cette matière est animée? Leucippe, Démocrite répudient le divin moteur auquel croyait Anaxagore. Mais comme les matérialistes qui les ont suivis, ils s'expliquaient peu volontiers, à propos des causes premières.

Ils s'occupaient seulement de répondre aux objections des mécaniciens. Si la chute des atomes avait ressemblé à celle des gouttes de pluie que nous voyons souvent rayer le ciel en lignes parallèles, ces atomes ne se seraient jamais rencontrés; et l'Univers en puissance, mais irréalisable, aurait continué pendant l'éternité à tomber comme une buée imperceptible à travers l'espace sans bornes.

Démocrite suppose que tous les atomes n'étaient pas de même taille. Il y en avait de grands et de petits. On voit qu'il ne s'agit pas ici d'atomes sans dimensions, tels que peut les concevoir un philosophe, croyant à l'infinie divisibilité de la matière; mais bien d'atomes tels que les entendent les chimistes de nos jours. Ce sont de très petits volumes de matière, beaucoup trop petits pour être perçus par nos sens, mais ayant une certaine grandeur définie.

Démocrite attribuait aux atomes des formes différentes, de même que des dimensions différentes. Leur nombre était infini, l'étendue de l'espace vide l'étant aussi. Ces atomes, de grandeur et de formes variées, devaient se croiser et se choquer. Ce n'était plus une pluie, aux lignes parallèles : c'était la danse capricieuse des flocons de neige. Démocrite distinguait trois mouvements : mouvement en ligne droite, mouvement oscillatoire ou de va-et-vient ; mouvement circulaire et tourbillons.

A ce système adopté dans son entier, Épicure ajouta la notion du poids des atomes, pensant, bien à tort, que ce poids des atomes suffirait à expliquer l'origine première du mouvement!

Ce qui semble nouveau dans l'atomisme, c'est l'idée de séparer les particules de la matière ; c'est l'idée du plein et du vide. Les vieux naturalistes, Thalès, Anaximandre, Diogène d'Apollonie croyaient l'Univers plein de matière subtile : les astres étaient, à leurs yeux, des globes de substance ignée, non isolés dans l'espace, mais formés et suspendus dans l'éther.

Les philosophes brahmanes comptent en général l'éther, qui remplit les vides de l'univers, au nombre des éléments. Les Bouddhistes, venus plus tard, n'en parlent point. Avaient-ils renoncé à l'hypothèse d'un univers entièrement plein [1] ?

Cette hypothèse est très étrange, contraire à nos premières sensations; car nous voyons tous les objets, les arbres et les rochers de la terre, les astres du ciel se dessiner dans le vide. Un objet n'a pour nous une forme, que par opposition au vide qui semble régner autour de lui. Cependant l'antiquité de cette opinion est constante. Anaxagore crut avoir prouvé que l'univers était plein, en se tenant debout sur une outre gonflée, ce qui ne prouvait que la résistance et la matérialité de l'air.

Avec les atomes séparés par des vides, Leu-

---

[1]. On dit que le brahmane Kanada était atomiste comme Leucippe. Il est donc probable qu'il ne croyait pas l'univers plein. Cependant on peut croire l'univers plein d'une matière qui ne frappe pas nos sens, en laquelle existent des particules, des concrétions devenues sensibles pour nous. — L'atomisme comporte généralement l'idée du vide, mais ce n'est pas nécessaire. V. plus loin *Chimie*.

cippe Démocrite et Epicure proposaient donc une nouvelle conception du monde. Leur système a été célébré par Lucrèce, poète de la toute-puissante nature et de la matière féconde. A ce système, les matérialistes ne se sont pas seuls attachés dans la suite. Gassendi qui entendait rester bon chrétien, tout en étant atomiste, déclarait les atomes créés, et leur nombre fini. Ils seraient apparus un jour, suspendus dans l'espace comme un essaim dans l'air... Mais, comme nous le disions, il faut ajourner cet exposé. On verra plus loin comment le système a été repris de nos jours, développé, mais non modifié dans ses principes; et quelle prodigieuse fortune il a trouvé auprès des chimistes et des physiciens, en peine d'expliquer les combinaisons des corps, suivant des relations constantes de poids et de volume.

On verra aussi comment l'atomisme est conciliable avec l'idée de l'univers plein.

Ici, où nous n'avons garde d'entreprendre une histoire de la philosophie, nous avons voulu, pour l'objet qui nous intéresse, le monde extérieur, donner un aperçu des opinions des philosophes naturalistes de l'antiquité; et placer maintenant en regard deux ou trois exemples des systèmes conçus par les métaphysiciens. L'état d'esprit des uns et des autres est fort différent. Les premiers en sont restés à ce que M. Ludwig Noiré appelait l'objectivisme naïf. Brusquement, les seconds font abstraction du témoignage des sens, et renoncent aux opinions ordinaires. Ils cherchent la vérité dans le raisonnement : lui seul les dirige, et ils ne s'effraient jamais, même s'il les conduit à affirmer l'unité de la substance, ou à nier le mouvement. Ils suivent hardiment le cours des déductions, quelle que soit l'extrémité où le raisonnement les entraîne.

Pour eux, la terre, l'air, l'eau, le feu ne sont point des éléments, mais des formes sensibles : l'univers entier n'est qu'un ensemble d'apparences trompeuses, et la substance cachée sous ces apparences est une et immobile. Ils aboutissent quelquefois aussi à une conclusion tout opposée. « Les Éléates, dit M. Boutroux[1], ont soutenu que l'être est effectivement identique et exempt de contradiction ; mais à un tel système l'histoire de la philosophie oppose celui de Hegel pour qui la nature intime des choses est, au contraire, la contradiction et la lutte inévitable. »

Quoi qu'il en soit, nous avons voulu, en regard des païens et des naturalistes, citer des penseurs, Pythagore, Parménide, Spinoza. Pythagore, le

---

1. Boutroux. *Loi naturelle*, p. 17.

Géomètre, tient le milieu entre Thalès et Parménide, entre l'objectivisme et le raisonnement abstrait, entre le naturalisme et la métaphysique. L'eau, la terre, le feu ne sont plus pour lui des principes universels : il ne considère plus, dans les objets matériels, que les proportions, les rapports numériques existant entre eux. — La matière tangible s'évanouit : la loi géométrique demeure. Penser ainsi, c'est s'avancer du côté des abstractions, tout en conservant encore quelque chose de la réalité extérieure.

La doctrine de Pythagore passe pour avoir été purement reproduite dans les vers superbes du VI° livre de l'*Enéide*, où Anchise, retrouvé par Énée dans les Champs-Elysées, explique à son fils les secrets de la nature et lui découvre la grandeur future de Rome.

Si elle est exposée dans le VI° livre, ce n'est pas cependant lorsque Virgile nous donne sa fameuse description des enfers; car l'enfer de Virgile n'est qu'un autre monde semblable au nôtre. La terre qui nous porte, devient dans son récit une voûte assez peu épaisse : au-dessous sont des abîmes aussi profonds que l'abîme des cieux.

Le royaume de Pluton est l'envers de notre monde ; il est aussi vaste ; sa profondeur égale la hauteur de notre ciel. Nous n'en sommes séparés que par un mince rempart ; il y tombe chaque jour des milliers des nôtres que la mort a touchés : la descente est facile et le retour n'est accordé qu'aux fils des dieux.

Les âmes en reviennent cependant ; mais, oublieuses de leur ancienne existence, et attachées à des corps nouveaux. Cela arrive au bout de milliers d'années, quand elles commencent

in corpora velle reverti.

Alors elles vont chercher l'oubli, avant de rentrer dans notre monde, en se plongeant dans le fleuve Léthé.

Ce sont là des légendes où l'on reconnaît le goût que l'homme eut de tous les temps pour prêter aux idées, aux esprits, à Dieu même, des formes sensibles et corporelles, semblables à celles qui frappent ses yeux.

Des enfers, monde des âmes, Virgile fait une province du monde des corps, où l'on pénètre après avoir traversé un peu de ténèbres et de fumées dans la grotte d'Averne, et bravé quelques fantômes embusqués à la porte. On y retrouve les siens, j'entends ceux qui furent vertueux, habitant un beau pays, ayant leur soleil et leurs étoiles ; conduisant leurs chars ou poussant leurs chiens de chasse, si les chevaux et les chiens ont amusé leur vie ; d'autres promènent à travers des bosquets leurs conversations philosophiques. A la vérité le royaume de Pluton est peuplé d'ombres; mais elles ressemblent tant à des corps vivants, qu'Enée s'y laisse tromper.

Non, ce n'est pas là qu'il faut chercher la doctrine de Pythagore ; mais c'est dans la conversation entre Enée et Anchise aux Champs-Elysées ; dans le passage qui commence par ces vers célèbres :

Principio, cœlum ac terras camposque liquentes
Lucentemque globum lunæ, Titaniaque astra
Spiritus intus alit, totamque infusa per artus
Mens agitat molem et magno se corpore miscet.

Mais pour expliquer ce que signifient ces mots *Mens* et *Spiritus*, et essayer de nous mettre dans l'état d'esprit des disciples de Pythagore, il faut parler d'abord de Pythagore géomètre.

Avec la géométrie, l'idée de l'espace infini devient précise et mathématique. D'abord épouvantée, en apercevant qu'elle est incapable, d'une part, d'assigner des limites à l'espace, et incapable, néanmoins, de concevoir l'infini, notre raison se remet vite de son premier embarras. Elle constate, en effet, par l'étude mathématique, que l'idée de l'infini lui est nécessaire en tous ses moindres travaux, et lui est familière sans qu'elle s'en fût doutée. La géométrie a opéré ce miracle ; car tout en elle repose sur la conception de l'infini.

La ligne est un point multiplié par l'infini ; la surface, une ligne multipliée par l'infini ; le volume, une surface multipliée par l'infini ; c'est le fondement de la géométrie élémentaire. Mais, quoique les points, les lignes, les surfaces, les volumes soient tout l'univers de Pythagore, son système n'est pas fondé sur la multiplication par l'infini.

En effet, multipliant le point et la ligne par l'infini, nous formons d'abord des lignes, et ensuite des surfaces continues.

Or, précisément, Pythagore ne suppose pas la continuité ; il n'en a pas l'idée : il admet des vides, des intervalles ; c'est qu'il entend par διαστηματα.

Suivant lui, les points répétés ne donneront pas une ligne, ni les lignes juxtaposées une surface, ni les surfaces accumulées un volume, étant, les unes dépourvues de largeur, les autres d'épaisseur. Rien n'existera, rien n'aura un corps et des dimensions, s'il n'y a des intervalles entre les points, des intervalles entre les lignes, des intervalles entre les surfaces : supprimez les vides, et volumes, surfaces, lignes, rentreront les uns dans les autres. Il ne restera qu'un point.

Les vides deviennent la condition de l'être étendu et matériel. Il ne conçoit pas la continuité, qui est, on peut le dire, la multiplication du néant par l'infini. Son système est, en quelque sorte, l'atomisme transporté dans la géométrie. Rien n'est continu. Il y a des vides entre les points comme il y a des vides entre les atomes.

Il croyait d'ailleurs à l'infinité de l'espace, mais non du monde matériel. Il disait l'espace rempli d'un souffle ou esprit, Πνεῦμα, et ce souffle pénétrait aussi dans les vides du monde matériel : il y était aspiré, absorbé et divisé. A cet esprit, aucun obstacle n'était opposé, puisque tout l'univers n'était fait que de formes géométriques sans épaisseur, et se résolvait, en somme, en un point.

La raison dernière des formes, c'était le nombre, et en ce sens, les nombres, dans le système pythagoricien, étaient l'essence même de tous les phénomènes matériels. Tout l'univers était pénétré de l'esprit : il respirait le souffle de l'espace infini; le mot est d'Aristote. « Les Pythagoriciens, a dit Aristote[1], admettent l'existence du vide; ils disent qu'il pénètre dans le ciel, en tant que celui-ci respire le souffle infini, et que c'est ce vide qui délimite les choses. »

---

1. Cité par Tannery, p. 121.

La géométrie ne connaît point les corps; elle opère sur des lignes sans largeur, des surfaces sans épaisseur, sur des êtres de raison. Avec des points et des vides, et avec l'aide des nombres, elle va reconstruire l'univers.

La musique s'empare de l'esprit des disciples de Pythagore; parce que dans la musique, les nombres semblent enfanter directement des réalités sensibles. Les accords sont des rapports de nombres : ce sont des points séparés par des intervalles, et reliés suivant les lois numériques.

Si les disciples de Pythagore avaient connu la géométrie analytique, et su mettre les courbes en équation, n'auraient-ils pas cherché là une application de leur système, et prétendu trouver le nombre dans la forme, comme ils l'avaient trouvé dans l'harmonie? Et s'ils avaient connu enfin les équivalences de poids et de volumes, d'après lesquelles la chimie de notre temps a créé un nouvel atomisme, ils auraient pu dire aussi que tous les phénomènes observés dans la matière pondérable, ne consistaient qu'en des rapports de nombres.

Ils avaient eu, à propos de la musique, cette belle pensée que Cicéron développe dans le songe de Scipion: les astres, en courant à travers le ciel, produisent des sons ; les notes sont différentes suivant les distances et les vitesses ; et elles sont en parfaite harmonie. Si nous n'entendons rien de ce concert céleste, c'est que nous vivons comme les ouvriers d'une forge, devenus sourds aux bruits auxquels ils sont accoutumés.

Or, toute cette doctrine de Pythagore est bien celle que les vers immortels de la fin du discours d'Anchise, aux Champs-Élysées, nous ont exposée.

Le ciel, la terre, les plaines liquides, la lune et le soleil, astres de Titan, sont pénétrés par un esprit. C'est bien ainsi que l'univers de Pythagore absorbe dans ses parties vides, l'Esprit le Πνεῦμα qui, autour et au delà de l'univers, remplit l'espace infini.

L'expression « magno se corpore miscet » est particulièrement remarquable. Si Virgile avait écrit *cum* ou *in*, *avec* ou *dans*, on pourrait croire à l'alliance de l'esprit avec un grand corps existant déjà de son côté. Mais non. L'esprit s'est modifié, lui-même est devenu corps, en remplissant le vide des figures idéales. Tel est le sens, et les mots n'ont pas été ainsi choisis seulement pour les besoins du vers. Virgile a traduit exactement le Πνεῦμα de Pythagore par *spiritus*. Est-ce un éther, un air léger, ou bien une âme ? Le vers suivant ne laisse point de doute ; le mot *mens* ne répond qu'à un sens. Une âme, une intelligence, agite la matière, pénètre ce grand corps. Il y a ici une confusion entre les forces de la matière et cet esprit divin. Une confusion plus naturelle règne aussi entre l'esprit et la force vitale.

Car, Anchise continue : « De là vient la race des hommes et des bêtes ; de là, la vie des oiseaux et de tous ces monstres qu'on aperçoit sous la voûte de verre de l'océan. Tous ces germes possèdent une vigueur de feu, et révèlent leur céleste origine; autant du moins que le permettent les corps maudits qui les étouffent, les organes d'argile qui les embarrassent, et les membres voués à la mort. Crainte et désir, joie et douleur leur appartiennent. Mais, enfermés dans les ténèbres et l'obscure prison du corps, ils ont perdu de vue le ciel d'où ils viennent. »

Troisième confusion, comme on le voit, entre la force vitale et l'âme. Suivant Pythagore, l'être qui remplit l'espace infini, et qui comble les vides de l'univers matériel, est à la fois la force physique, la force vitale, et l'âme capable de penser et de sentir. C'est Dieu, mais c'est le dieu de Spinoza, et Pythagore est un panthéiste. En effet, que nous a-t-il montré? L'espace infini rempli de cet Être, et notre petit univers tout pénétré par lui. Encore, que reste-t-il de notre univers? Cet Être vit dans les animaux ; il craint ou il espère, il jouit ou il souffre dans l'humanité. Et quant à la matière, il en comble tous les vides : mais que sont donc les pleins ? Des points sans dimension, ou plutôt un seul point mathématique, le néant.

L'esprit comble les vides de la matière, et devient étendue. La matière s'est dissipée. L'espace a cessé d'être une réalité objective. Il ne reste plus, de l'univers que l'esprit infini, et le nombre abstrait.

Est-on sûr que de nos systèmes modernes, il demeure autre chose, quand nous essayons d'évoquer et de construire une image conforme à ces systèmes ; quand par exemple nous disons que les phénomènes matériels sont liés entre eux par des rapports numériques ; que la physique se réduit à des formules géométriques ; que la chimie réglant, comme une gamme musicale, l'ordre des relations des corps, a fixé les conditions, soit des accords parfaits, soit des harmonies qui doivent se résoudre en d'autres? On répondra qu'en tout ceci, nous donnons des valeurs numériques à des forces, à des vibrations, ou bien à des atomes; que nous comptons des vitesses, des volumes et des poids ; mais que ce qui existe réellement, ce ne sont pas les nombres, êtres abstraits, mais bien les choses pesées, mesurées, comptées. C'est entre ces choses qu'il y a rapport numérique. Sans doute : mais que sont donc ces choses ? Ce que je vois de plus clair en chimie, ce sont des rapports de nombres. Quand je veux imaginer les choses, dessiner sur le papier le schéma d'une molécule (et l'on sait qu'aujourd'hui ce schéma peut être rendu par une figure de la géométrie dans l'espace[1]), je ne trouve que des points pour représenter des atomes et des lignes pour représenter des forces. Mon schéma rappelle tout à fait les conceptions de Pythagore; et son univers, grande figure de géométrie, ressemblait en effet au schéma d'une molécule.

Dans l'école d'Elée, paraissent enfin les métaphysiciens. Le fondateur de l'école fut Xénophane: le grand maître en fut Parménide, et Zénon le soldat d'avant-garde qui livra les combats les plus hardis. On ne connaît pas très bien la vie de Xénophane, de Colophon. Et on ne connaît de ses œuvres que les citations faites par d'autres philosophes et historiens. On sait seulement qu'il était poète, né dans l'Ionie, près de Milet, peu après Thalès et vers le même temps qu'Anaximandre ; et que, déjà vieux, il fut chassé

---

[1]. Van t'Hoff. *Stéréochimie.*

de Colophon, sa patrie. On ignore les causes de sa disgrâce. Il alla à Zante, puis en Sicile, à Catane, enfin à Elée dans la grande Grèce, où il vécut pauvre et mourut plus que centenaire.

Pythagore était devenu alors plus qu'un maître révéré, une sorte de chef religieux. Ses disciples dédaignaient les discussions, et ne rompaient le silence obligé que pour laisser tomber devant leurs contradicteurs ces mots : « αὐτὸς ἔφα. » Lui-même l'a dit. Il leur imposait, paraît-il, la vie commune, avec les austérités du cloître, et fondait de vraies lamaseries, comme Confucius. Et la secte fut riche et puissante dès le début et pendant plusieurs siècles, car elle comptait de grands personnages : Arésas, disciple de Pythagore lui-même, Philolaüs, qui rédigea les leçons d'Arésas et vendit son livre pour cent mines à Platon ; Archytas, qui fut sept fois stratège de Tarente, sa patrie.

Exilé, pauvre et vieux, chassé d'une patrie qui avait eu son temps de gloire, mais était tombée sous le joug des Lydiens, Xénophane exerça sa verve contre toutes les orthodoxies et attaqua l'école officielle de Pythagore. Il avait maltraité aussi l'idolâtrie officielle et le culte des dieux à figure humaine. Il disait (le passage a été recueilli dans les *Stromates* de Clément d'Alexandrie) : « Les dieux thraces ont les cheveux rouges et les yeux bleus. Les dieux éthiopiens ont le nez camus et le teint noir..... Si les chevaux et les bœufs savaient peindre, ils auraient peint des dieux, bœufs ou chevaux. »

Sa prétention d'être un homme de sens, remettant chaque chose à sa place, le conduisit à de singulières erreurs. Il rejetait bien loin l'idée d'une terre sphérique: pour lui, la terre était plate : sous nos pieds, ses racines descendaient à l'infini, de même que l'air montait à l'infini sur nos têtes.

Les fragments qui restent de Xénophane, les débris de son poème sur la nature, (περὶ φύσεως), écrit à quatre-vingt-douze ans, prouvent qu'il adora un être unique, éternel : être unique, parce que la toute-puissance, l'excellence absolue ne peuvent être partagées; être éternel, parce qu'il est unique et n'a pu avoir été engendré par un autre.

L'être unique, l'unité : telle est la conception qui caractérise l'école d'Élée. Oui, disaient les Éléates à Pythagore, tous les volumes se résolvent en surfaces, toutes les surfaces en lignes, toutes les lignes en un point : mais alors ce point seul existe; ce point unique c'est l'univers. De même, il n'y a qu'un nombre, l'unité. Tous les nombres premiers et tous les multiples d'autres nombres ne sont que des répétitions du nombre un, qui seul existe.

Un idéalisme absolu satisfait à la conception unitaire des Éléates : ils ne peuvent admettre les deux éléments esprit et matière, et l'univers ne consiste pour eux que dans l'élément esprit.

Ainsi raisonne Parménide : « Ce qui n'est pas devant les yeux, dit-il, contemple-le pourtant comme sûrement présent à ton esprit... Ce qui est ne peut être séparé de ce qui est [1].

« C'est une même chose, le penser et ce dont est la pensée [2].

« Tu ne peux avoir connaissance de ce qui n'est pas. Tu ne peux le saisir, ni l'exprimer, car le penser et l'être sont une même chose [3]. »

L'âme n'est plus placée en face des objets extérieurs ; elle se confond avec eux. Et elle perd toute individualité.

Dans la sphère idéale de l'univers, les âmes sont comme des points de la surface, parties imperceptibles de l'ensemble, également bien placées pour le voir, c'est-à-dire pour se voir elles-mêmes ; et sans distinction entre elles.

---

1. Tannery, *La science hellène*, p. 245.
2 *Ibid.*, p. 245.
3. *Ibid.*, p. 244.

Le principe entrevu par Pythagore, l'unité, est adopté et appliqué avec une rigueur que Pythagore n'a point connue. L'être est un. Ces vides que Pythagore et Philolaüs appellent διαστήματά ne sauraient être ; car le vide, c'est le néant, et Parménide dit à son disciple : « Tu ne peux avoir connaissance de ce qui n'est pas. »

L'être est immobile parce qu'il est un.

On ne conçoit le mouvement d'un être que par rapport à un autre être, serait-ce par rapport à une place déterminée de l'espace vide ; et l'idée de l'espace vide n'entre pas en l'esprit de Parménide. « Rien n'est ni ne sera, dit-il, outre ce qui est : la destinée l'a enchaîné pour être universel et immobile ; son nom est tout.

« En ce tout immobile rentrent les objets divers que les mortels croient être, en vérité, ce qu'ils font naître et périr, être et ne pas être, changer de lieu, muer de couleur[1]. »

S'il est démontré que toutes les notions fournies par les sens sont fausses, qu'il n'y a ni pluralité ni mouvement, toute observation de la nature devient illusoire et inutile. Parménide en convient ; mais aussitôt il établit la séparation entre l'opinion commune fondée sur les données des sens et

---

1. Tannery, *loc. cit.*, p. 245.

la vérité absolue poursuivie par la seule raison. Il y a là quelque chose du système de Kant et de sa distinction entre la raison pratique et la raison pure. Seulement, Kant fait de la raison pure une sorte de conscience psychologique : ce que nous connaissons sans les sens, et sans l'expérience extérieure, ce ne sont pas des réalités extérieures, c'est nous-mêmes. L'espace, le temps, dit Kant, ne sont que des formes de notre sensibilité. Ces intuitions de la raison pure ne peuvent donc pas nous sauver du scepticisme ; on espérait, on comptait pénétrer, débarrassé des erreurs des sens, dans une région sereine, où la raison découvrirait la vérité nécessaire ; on se trouve dans un second compartiment de l'esprit aussi obscur que le premier. On le voit lui-même, tel qu'il est avant toute perception et expérience; on apprend à discerner dans ses opérations, ce qui lui appartient à lui-même, et ce qui provient des impressions reçues. Mais on n'a pas trouvé le point de départ d'une recherche métaphysique destinée à conduire à la connaissance d'une réalité extérieure.

Parménide est plus confiant. Il doute des sens et de l'opinion vulgaire, mais il croit que la vérité se découvre à la raison pure. « Je vais te montrer, dit-il à son disciple, quelles sont les voies ouvertes à l'intelligence ; je vais te conduire dans le chemin de la certitude et de la vérité. » Et il célèbre sa découverte avec un grand luxe d'images poétiques. Des cavales traînent son char et le mènent au galop vers le palais de la divinité. Les vierges, filles du soleil, volent devant lui et sont ses guides; elles sont sorties de la nuit, elles ont jeté leurs voiles, offrant leurs fronts à la lumière. A leur prière, les portes du jour se sont ouvertes, et le char et les cavales ont passé. Il arrive devant la déesse, et alors son récit nous fait penser à cette charmante fresque attribuée à Lorenzo di Credi, qui est en haut de l'escalier du Louvre; le poëte, conduit par une jeune Muse, s'avance timidement devant le trône élevé où la Sagesse est assise, environnée de toutes les divinités dont il vient solliciter les dons. Tel s'avance Parménide, et la bonne déesse le rassure et lui donne la main. « Soyez le bienvenu, dit-elle, enfant que nos cavales ont traîné vers ma demeure, et à qui des Immortelles ont servi de guides. La loi et la justice, et non quelque mauvais destin, vous ont ouvert cette route inconnue des hommes. Vous apprendrez toutes choses : d'une part, les opinions des hommes qui sont incertaines et indignes de toute confiance; mais qu'il faut connaître, quelles qu'elles soient; et d'autre part, l'immuable vérité qui s'impose à l'esprit[1]. »

La séparation est nettement indiquée entre les deux domaines de la connaissance. Au sujet du premier, il y a peu à dire de Parménide. Il fut astronome fort inférieur à Pythagore et compléta seulement quelques-unes de ses découvertes. Il reconnut, le matin, le retour de l'étoile du soir; et il les désigna toutes deux par le même nom. Pythagore avait déjà découvert la révolution de la sphère céleste.

Il eut l'idée de la rotondité de la terre, ou du moins, il la défendit, car Pythagore paraît bien l'avoir eue avant lui. En cela, il abandonna le barbare système de son maître Xénophane, qui croyait la terre plate, prolongeant ses fondations à une profondeur indéfinie, de sorte que l'espace était coupé en deux parties, l'une solide et l'autre aérienne. Parménide enseigna même à reconnaître sur la sphère terrestre des zones et des climats différents. Puis, il se lança dans les hypothèses cosmologiques. L'univers était une vaste sphère, formée d'anneaux concentriques, les uns obscurs, les autres ignés et lumineux, comme dans le système d'Empédocle.

1. D'après les fragments publiés par M. Tannery, p. 243, 244.

Mais, si nous le suivons dans le domaine de la vérité métaphysique, Parménide se montrera plus dogmatique que son maître Xénophane, lequel disait : « Il n'y a jamais eu, il n'y aura jamais personne qui ait une claire connaissance des dieux ni de tout ce dont je parle. Celui qui pourrait s'exprimer là-dessus de la façon la plus accomplie, celui-là même n'en sait rien ; il n'y a partout que des opinions [1]. »

La déesse a promis à Parménide de lui découvrir la vérité ; il a une confiance absolue dans les vues de sa raison. Il se laisse guider par elle, même quand elle le conduit à nier tout ce que nos yeux et nos mains nous désignaient comme la réalité.

Cette confiance en le raisonnement abstrait, Zénon, d'Élée l'a exagérée lorsque, pour appuyer la doctrine de ses maîtres, Xénophane et Parménide, il a voulu démontrer par quatre arguments restés célèbres, que le mouvement n'existe pas.

De Mélissus, qui naquit un peu plus tard, on possède quelques fragments : les idées de Mélissus ont été admirablement résumées par M. Barthélemy Saint-Hilaire dans ses *Origines de la Philosophie grecque*. Voici le passage [2] :

---

1. Fragment traduit par M. Tannery, p. 144.
2. Barthélemy Saint-Hilaire, *Origines de la Philosophie grecque*, p. 166.

« L'Être ne peut venir de l'Être ; car alors il se précéderait lui-même, ce qui est contradictoire. Ce qui ne le serait pas moins, c'est qu'il pût venir du néant... L'Être est donc éternel. Il ne peut pas davantage être détruit, ni finir ; car, où il se changerait en néant, ce qui est impossible ; ou il se changerait en un autre être, ce qui n'est plus périr. L'Être a donc toujours été et sera toujours. S'il n'a pas été produit, il n'a pas de commencement. S'il ne peut être anéanti, il n'a pas de fin. Or, sans fin et sans commencement, il est précisément infini. S'il est infini, il est un ; car l'infinitude exclut la pluralité... Éternel, un, infini, l'Être est par conséquent immobile et immuable ; car en quel lieu pourrait-il se mouvoir, autre que lui-même ?...

« L'Être, éternel, infini, un, ne peut avoir de corps ; il ne peut être matériel, car alors il aurait des parties distinctes et c'en serait fait de son unité, de son infinité, de son éternité. Il n'y a que l'Être qui existe réellement : toutes les choses dont nos sens nous affirment l'existence, ne sont que des apparences plus ou moins trompeuses ou fugitives ; elles ne sont pas, à proprement parler, puisqu'elles changent et qu'elles périssent, après être nées... Il n'y a que l'unité qui existe ; et la pluralité n'existe point. »

Si nous voulons trouver une doctrine presque

semblable, laissons passer vingt siècles; et, des cités de la Grande-Grèce et de la Sicile, transportons nous à la Haye, après la conquête de Louis XIV, dans la maison du bourgeois Van der Spyck, où nous découvrirons la boutique d'un polisseur de verres de lunettes. Cette humble boutique a reçu, dit-on, la visite du grand Condé, et l'artisan qui y travaille, s'appelle Baruch Spinoza. Dans le silence et la retraite, dans l'oubli du monde extérieur, des opinions des hommes, et du témoignage des sens, comme s'il ne connaissait rien de la nature, pâle et effacée sous le ciel gris et sur les plats rivages de la Hollande, Spinoza a créé un monstre tout pareil à celui qui était sorti de l'école d'Élée; un être infini, unique, immobile, insensible, muet, en lequel tous les êtres sont confondus.

Entre tous les penseurs qui ont rapproché l'univers moral de l'univers matériel, réuni la pensée et la matière en un seul élément, et tous les êtres en un seul être, il nous paraît le plus puissant, et le plus embarrassant. Son livre l'*Éthique* est composé de théorèmes comme un traité de géométrie, et commence par des définitions.

Spinoza appelle substance ce qui est en soi et se conçoit par soi-même. C'est-à-dire ce que nous concevons, sans avoir besoin, pour aider à former notre conception, de concevoir quelque autre chose. L'attribut appartient en propre à la substance, contrairement aux modes qu'elle peut présenter, aux affections qui peuvent survenir en elle : affections et modes étrangers, postérieurs à la substance.

Cette définition de la substance, donnée au début de l'*Éthique* de Spinoza, permet de prévoir où ce penseur solitaire veut nous conduire.

D'après le sens ordinaire du mot, d'après son étymologie, nous appelons substance ce que les Grecs appelaient τὸ ὑποκείμενον : c'est ce qui dure pendant que les phénomènes se succèdent, un esprit, siège permanent de nos pensées, un corps, cause permanente de nos sensations. C'est, bien entendu, l'esprit ou le corps, considérés en dehors des pensées conçues, des sensations provoquées ou perçues. La substance, ainsi entendue, est précisément ce dont Berkeley et Hume se sont efforcés de nier la réalité ; Berkeley, réduisant la matière à n'être que la série des phénomènes sensibles, et Hume ne voulant voir aussi dans l'esprit qu'une suite de phénomènes, sans cause et sans lien.

Spinoza, aurait parlé probablement comme Berkeley du monde matériel, et comme Hume, de nos âmes. Et, en effet, ces corps, qui se limitent les uns les autres, qui pourraient ne pas être, et que nous pouvons supprimer par la pensée, ne sont-ils pas des accidents, des phénomènes? Et n'en peut-on dire autant de nos esprits qui pourraient ne point exister, et hier n'existaient pas?

Mais Spinoza se sépare de Hume et de bien loin; car, s'il ne voit dans les esprits et les âmes que des phénomènes, ou suivant son langage, des modes, des affections, il aperçoit une substance sous ces phénomènes. Seulement il est déjà évident que cette substance est unique, et qu'elle est infinie.

En effet, que pouvons-nous concevoir directement et uniquement, sans avoir besoin d'une autre conception venant au secours de la première, sinon l'infini? La conception de tout objet fini suppose celle d'un autre objet fini qui la limite : notre seule idée simple est celle de l'infini. Dès lors et d'après ces définitions, les raisonnements que Spinoza a déduits précédemment et en nous faisant avancer pas à pas, nous conduisent à un résultat prévu.

Voici quelques-unes de ses propositions. Par définition, une chose est finie quand elle est limitée par une autre chose de même nature : un corps par un corps, une pensée par une pensée. Mais on ne limite pas un corps par une pensée, une pensée par un corps.

Dans tout l'univers ne peuvent exister deux substances ayant même attribut : car elles se confondent.

Une substance ne peut être produite par une autre ; car elles devraient avoir des attributs différents, et de deux choses qui n'ont rien de commun, l'une ne peut être la cause de l'autre.

La substance est donc sa propre cause ; elle ne peut être produite par une autre. Son essence implique nécessairement l'existence ; il est de sa nature d'exister.

Elle est infinie. En effet, il est de sa nature d'exister ou comme finie, ou comme infinie : mais non comme finie, car alors, si nous rappelons la première définition, elle serait limitée par une substance de même nature, existant, elle aussi, nécessairement. Il y aurait deux substances du même attribut, ce qui est absurde. Donc la substance est infinie.

On arrive ainsi à la onzième proposition : Dieu, c'est-à-dire d'une substance constituée par une infinité d'attributs dont chacun exprime une essence éternelle et infinie, existe nécessairement.

« Si tu le nies, dit Spinoza, conçois, si faire se peut, que Dieu n'existe pas. » D'après l'axiome VII, son essence alors n'impliquerait pas l'existence.

Or, d'après la proposition VII cela est absurde. Donc Dieu existe nécessairement.

Ceci rappelle de loin la preuve de saint Anselme. Pourtant, l'esprit des deux philosophes est bien différent. Anselme ne comprend pas que l'existence manque à l'être parfait que son âme a conçu : sa perfection, sa supériorité sur les autres êtres implique l'existence. Mais Spinoza ne connaît point d'autre être que Dieu : pour lui, ou Dieu existe, ou rien n'existe.

Il entonne aussitôt une sorte de cantique panthéiste, où l'enthousiasme perce à travers les formes géométriques dont il a revêtu sa pensée. Aucune substance ne peut ni exister, ni être conçue, hormis Dieu[1].

Tout ce qui est, est en Dieu, et ne peut être ni même être conçu, sans Dieu[2] ; car il est l'unique substance, et les modes ne se conçoivent point sans substance; or, substance et modes sont tout l'univers.

Dieu n'agit que par les seules lois de sa nature, et sans que rien l'oblige[3]. Il est la cause immanente des choses[4]. Tous ses attributs sont éter-

---

[1]. Prop. XIV.
[2]. Prop. XV.
[3]. Prop. XVII.
[4]. Prop. XVIII.

nels[1]. En Dieu, l'essence et l'existence ne sont qu'un[2]; et on nous fait observer[3] qu'il en est autrement des créatures : cela n'est vrai que de l'être qui est sa propre cause et existe en vertu des lois nécessaires de sa propre nature.

Ces propositions que Spinoza déduit patiemment les unes des autres sont toutes contenues dans la définition de la substance. Les esprits et les corps étant réduits par Hume et Berkeley à n'être que des collections de phénomènes, sans substance propre, Spinoza a jeté sous tous ces phénomènes une substance; mais une substance unique, existant de toute nécessité, éternelle et cause d'elle-même, parce qu'il n'en peut exister d'autre. Cette substance, qui est Dieu, est à la fois *res cogitans* et *res extensa* ; elle est une et rien ne peut se concevoir, hors d'elle, en l'univers.

Spinoza termine son livre *de Deo*, par une amère dissertation sur les illusions de l'homme. Son Dieu est seul et toutes choses sont en lui. L'homme cependant a prétendu que Dieu agissait, à la façon humaine, en vue d'une fin et que cette fin était l'homme lui-même : Dieu aurait fait la nature pour

1. Prop. XIX.
2. Prop. XX.
3. Prop. XXIV.

l'homme, et l'homme pour adorer Dieu. De là nos préjugés sur le bien et le mal, le mérite et le péché, la louange et le blâme, l'ordre et la confusion, la beauté et la laideur. Nous nous croyons libres : nous naissons seulement conscients des passions et des appétits qui nous entraînent, et ignorants des causes de ces passions et de ces appétits. Ce que nous appelons une volition est un fait dont nous oublions la cause.

Nous voyons en nous-mêmes des intermédiaires qui nous servent, des dents pour manger, des mains pour prendre, des yeux pour voir. Et nous nous figurons que tous les objets de la nature ont aussi pour fin notre utilité et que les dieux les ont ainsi disposés pour nous attacher à eux. La nature, disons-nous, n'a rien fait en vain ; c'est-à-dire qu'elle n'a rien fait que pour nous.

Mais quoi ! La nature, les dieux et les hommes ont-ils été à la fois en délire ? Ne voit-on, pas au milieu de tant de créations utiles à l'homme, encore plus de fléaux, tels que les tempêtes, les pestes, les tremblements de terre ? Châtiments du ciel, ont dit nos pères, sans voir ce que tant d'exemples prouvent : c'est que le fidèle et l'impie sont frappés également.

Les plus habiles ont dit que les jugements de Dieu dépassaient de beaucoup notre intelligence.

Mieux valait démolir tout cet échafaudage et en bâtir un autre[1].

Non, la nature n'agit en vue d'aucune fin. Si Dieu agissait en vue d'une fin, il serait imparfait, il désirerait une chose : cette chose lui manquerait. Ce sont là des fictions humaines.

Persuadés que la nature est faite pour nous, nous avons appelé bien et mal ce qui nous est utile ou contraire. De même les mouvements transmis par les nerfs, suivant que notre santé s'en trouve bien ou mal[2], nous amènent à déclarer les objets beaux ou laids, odorants ou fétides, savoureux ou insipides, durs ou moelleux, rugueux ou lisses, et s'il s'agit d'un phénomène perçu par nos oreilles, à dire que le son est ou n'est pas harmonieux. Notre folie à ce sujet est si grande que nous avons quelquefois prétendu que l'harmonie réjouissait Dieu lui-même : des philosophes ont soutenu que du mouvement des astres dans le ciel, résultait un sublime concert.

L'ordre ou le désordre, d'après nous, c'est ce que nous pouvons aisément, non pas comprendre, car nous ne comprenons pas les choses, mais imaginer. Nous sommes tout prêts à prêter à Dieu

1. P. 73.
2. P. 74.

une imagination comme la nôtre; ou bien, nous nous figurons peut-être qu'il a pris soin de tout disposer pour la commodité de notre imagination. Et c'est en vain qu'on nous objecte l'infini qui nous dépasse et tant de choses qui confondent notre faiblesse.

Toutes les explications que le vulgaire donne de la nature ne sont que des effets de notre imagination. Elles ne font connaître l'essence d'aucune chose; mais seulement la constitution de cette faculté d'imaginer.

Il n'existe donc qu'un seul Être. Être invariable et immobile puisque agir, poursuivre un but, choisir un moyen supposent l'inachevé, l'incomplet; et que, dans la substance infinie, tout est parfait et nécessaire.

A ce système, que de raisons tirées de la morale et de la conscience humaines peuvent être très valablement opposées! Mieux valait, a dit dédaigneusement Spinoza, renverser l'échafaudage de la philosophie vulgaire, et en construire un autre. Il a réussi à édifier le sien, mais à l'aide de raisonnements abstraits.

Spinoza, les sages d'Élée sont des métaphysiciens : ils arrivent au même point, l'unité. Leur méthode diffère beaucoup de celle des sensualistes. Ils peuvent les rencontrer, chemin faisant;

mais ils les dépassent, et leur système est appuyé sur de plus larges fondements. Berkeley refuse une substance au monde matériel, et les formes, les couleurs, les sonorités, les odeurs ne sont pour lui que des modes de notre âme. Hume n'aperçoit pas de substance sous les sensations; et de même que pour Berkeley une rose n'est qu'une collection de sensations de l'odorat, de la vue et du toucher; une âme aussi n'est qu'une série de phénomènes.

Parménide, Spinoza ne s'occupent même point de toutes ces apparences extérieures: la raison leur fait connaître qu'il y a une substance et qu'elle est unique. L'espace, les mondes, les hommes, ne sont que des phénomènes, c'est-à-dire des modes ou affections de cette substance, éternelle, infinie, à la fois étendue et pensante.

Le Dieu universel de Spinoza fait penser à cet inconnu qui se cache derrière tous les phénomènes ou physiques ou intellectuels; et duquel Auguste Comte, Littré, Herbert Spencer affirment qu'ils ne veulent et ne doivent rien savoir, si ce n'est pourtant qu'il est partout le même, de sorte que les pierres, les cellules vivantes et les âmes sont des formes successives du même être, et obéissent à la même loi.

Il y a une rupture dans la chaîne de l'évolution

de Spencer, quand apparaît la vie. Il y a aussi, au moins nous croyons le voir, une rupture dans la chaîne des déductions de Spinoza. Et c'est au moment même où il démontre l'unité de la substance.

La proposition cinquième de l'*Éthique* est ainsi conçue[1] :

« Dans l'ensemble des choses, il ne peut exister deux substances de même nature ou de même attribut. En effet, elles se confondraient. »

Ne nous laissons pas tromper ici par des exemples mal appropriés, comme le serait celui de deux objets matériels identiques, différant seulement par la place qu'ils occupent dans l'espace. Rappelons-nous que la substance se conçoit en elle-même, sans le secours d'aucun objet extérieur à elle. La cinquième proposition de Spinoza est inattaquable.

La huitième proposition[2] est ainsi conçue : « Toute substance est infinie. » Pourquoi? On nous renvoie à la deuxième définition qui est la suivante : toute chose est dite finie quand elle est limitée par une chose de même nature : un corps par un corps, une pensée par une autre pen-

1. Première partie.
2. *Ibid.*

sée. Mais, un corps ne peut servir de limite à une pensée, ni une pensée à un corps[1].

Ceci posé, une substance ne peut être limitée que par une substance de même attribut. Mais il n'y a pas deux substances de même attribut. Donc la substance n'est point limitée.

Ces raisonnements apportent avec eux la conviction. Seulement on ne voit pas, et on peut vainement chercher dans l'*Éthique*, pour quelle raison deux substances d'attribut différent ne pourraient coexister.

Pourquoi *res extensa* et *res cogitans* ne sont-elles qu'une et même substance? L'une et l'autre se conçoit en elle-même; la connaissance de l'une n'a pas besoin de la connaissance de l'autre. Ce sont des substances; elles ne se confondent point, n'ayant point le même attribut; elles ne se limitent point non plus, et peuvent, par conséquent, exister l'une et l'autre.

D'ailleurs, les raisonnements même régulièrement conduits, nous égarent, si de temps en temps, nous ne jetons un regard en arrière, et ne relisons avec soin les données premières des problèmes.

Quelles sont ces données? C'est le moi, la per-

---

1. Première partie.

sonnalité de chaque âme humaine, sa liberté, sa faculté de choisir avec désintéressement, entre les actes que blâme ou qu'approuve la conscience ; sa recherche laborieuse du beau et du vrai, son plaisir à l'apparition de l'un, sa confiance absolue en la découverte de l'autre. Et, comme l'âme libre et intelligente domine de haut la nature, c'est la nécessité, quand nous concevons l'être parfait, de le concevoir intelligent et libre, même si ces qualités telles que nous les voyons en l'homme, paraissent s'accorder mal avec la définition abstraite de la perfection. On nous oppose des raisonnements, nous opposons des faits. Malgré le problème du mal, malgré la théorie de la perfection idéale, notre foi en un Dieu libre, intelligent et bon, est raisonnable ; et le Dieu insensible de Spinoza, ne diffère que par le nom de l'univers mécanique des matérialistes.

II

SENSUALISME. — IDÉES.

Ainsi le monisme, doctrine de l'unité de la substance, a été le fondement, dans l'antiquité, des cosmogonies naturalistes, puis des conceptions métaphysiques des Éléates, et enfin, dans les temps modernes, du panthéisme de Spinoza.

Cet étrange effort pour rapprocher deux termes irréductibles : l'âme pensante et la matière, s'est manifesté sous d'autres formes.

Les exemples que nous avons cités appartiennent à ce qu'on pourrait appeler : le monisme ontologique.

On définit la substance, on croit à un être réel et durable persistant sous la variété des phénomènes. Mais aussitôt, cet être grandit démesurément, il est seul, il est infini, il est la substance unique. C'est le Dieu de Spinoza.

Il y a aussi un monisme sensualiste ; ou plutôt, il en existe deux.

Le sensualisme, en effet, conduit par deux voies opposées à la négation soit de l'esprit, soit de la matière. Locke est le maître du matérialiste d'Holbach aussi bien que de l'idéaliste Berkeley.

Comment est né le sensualisme? D'après la prétention constante des sensualistes, cette philosophie signifie le retour au sens commun, au respect des faits, au culte de la vérité et de la nature. Dans les écrits de Locke, de Condillac, du baron d'Holbach, de Thomas Reid, nous trouvons le même langage. Au xviiie siècle, la métaphysique est traitée de rêverie. On la croit morte, victime de quelques plaisanteries de Voltaire.

Dans l'histoire de l'humanité, ces sortes d'appel au sens commun ont des apparitions périodiques. De temps en temps, les hommes se fatiguent des édifices qu'ils ont péniblement construits ; ils rejettent d'un bloc tout un enseignement, comme il arriva de l'enseignement scolastique au moment de la Renaissance. Ils sont, en philosophie, ce que fut en politique Jean-Jacques Rousseau ; ils protestent contre les mœurs et les usages d'une société formée et civilisée à travers de longs siècles ; ou même ils renversent toutes les lois de cette société. Ces révolutions philosophiques ou sociales ont toujours pour prétexte un retour à la nature, au bon sens primitif, à l'équité native ; et l'homme éprouve un besoin de se débarrasser des opinions, des usages, des lois que d'autres hommes lui ont transmis, et de traiter de conventions pures tout ce qu'il n'a pas personnellement inventé.

Mais ces appels au sens commun ne sauraient rien prouver, et de bonnes démonstrations valent mieux que de faciles invectives. Ainsi que le disait Berkeley, quand il fallut admettre que la terre tournait autour du soleil, l'opinion vulgaire fut choquée. Et pourtant la terre tournait.

Il faut se fier à la raison plutôt qu'à ce qu'on appelle aujourd'hui le sens commun. Comment les impressions éprouvées par nos sens, comment même les quelques relations aperçues par la science expérimentale, seraient-elles le dernier mot des recherches humaines et fourniraient-elles les plus profondes vérités accessibles à notre esprit? Mis en présence de beaucoup de problèmes, le simple bon sens les dédaigne ou les fuit. Ou bien il déclare ne pas s'en soucier, ou bien il les proclame insolubles. La métaphysique est à la fois plus modeste et plus audacieuse.

La philosophie de Locke vint, en Angleterre, compléter celle de Bacon. Nous citons Bacon, parce qu'il est convenu que ce Chancelier fut le créateur de la méthode expérimentale. D'autres en parlaient avant lui, par exemple, Léonard de Vinci, mécanicien, hydraulicien, constructeur de forteresses, en même temps que sculpteur et le maître de tous les peintres. Il disait qu'il n'y a pas de vérités, hors celles qui pénètrent en nous par l'un des cinq sens, ni de bon raisonnement dont l'un des termes ne se fonde sur de telles vérités.

On était las de la savante logique du moyen âge, et de ces syllogismes dont la scolastique avait fourni les ingénieuses règles, mais dont elle oubliait d'appuyer les prémisses sur l'observation des faits. On abandonnait saint Thomas d'Aquin au profit de l'autre saint Thomas, celui qui voulait voir et toucher, avant de croire.

Lorsque Bacon eut professé, en Angleterre, la méthode expérimentale, Locke y enseigna le sensualisme.

Cette philosophie, suivant laquelle l'âme n'apporte rien en elle-même et n'est instruite que par les sens, convenait très bien à la nouvelle méthode scientifique. Nous n'apprenons rien, sinon en observant la nature au moyen de nos yeux, de nos oreilles et de nos mains ; et, par suite, quand nous sommes instruits, nous n'avons rien en nous que des sensations, soit actuelles, soit anciennes, et ravivées par le souvenir. Locke venait compléter Bacon, et en quelque sorte, le justifier philosophiquement.

Suivant Locke, suivant Condillac, nous naissons ignorants, mais sensibles ; notre esprit ne contient aucune idée préconçue, n'est soumis à aucune règle de conduite. C'est une table rase. Par les sens, il est en rapport avec le monde. De ses sensations conservées par la mémoire, rapprochées, coordonnées par la raison, proviennent toutes ses connaissances. Il faut donc se représenter, en face l'un de l'autre, l'esprit acquérant toutes ses idées par l'entremise des sens, et le monde extérieur, unique source des dites idées.

Mais les philosophes amis du sens commun, et dédaigneux des abstractions métaphysiques, arrivent, immédiatement, à une impasse. L'esprit est une table rase, et l'homme s'instruit par la vue de la nature, soit ; le malheur est qu'il ne voit pas la nature : il ne voit que ses idées, et ce sont les fondateurs même du sensualisme qui nous l'affirment.

« Soit que nous nous élevions jusqu'aux cieux, dit Condillac, soit que nous descendions jusque dans les abîmes, nous ne sortons jamais de nous-même, et ce n'est que notre propre pensée que nous apercevons. »

Locke, en termes moins pompeux, a exprimé la même idée au début du quatrième livre de l'*Essay on Human Understanding*. « Puisque l'esprit, dit-il, dans toutes ses pensées et dans tous ses raisonnements, n'a jamais d'autre objet que ses propres idées, seul objet qu'il contemple, ou puisse contempler, il est évident que notre connaissance ne peut porter que sur elles[1]. »

C'est en ce même sens que, dans l'antiquité, Protagoras, le sophiste, disait : « L'homme est la mesure des choses » et qu'un autre sophiste de nos jours, Schopenhauer a dit : « Le monde est ma représentation. »

Ceci posé, qu'appelle-t-on idées ?

Le monde matériel et l'esprit sont en présence.

Elles appartiennent certainement au second, et cela est vrai de celles-là même que Descartes appelle « nos idées des choses extérieures », et qu'il nous importe, d'abord, de bien définir ici, puisque ce sont précisément les choses exté-

---

[1]. Since the mind, in all its thoughts and reasonings, hath no immediate object but its own ideas, which it alone does or can contemplate, it is evident that our knowledge is only conversant about' em. (Book IV, ch. I.)

rieures qui vont nous occuper. Il est facile de les bien séparer des autres.

D'après les traités de philosophie[1] : « L'idée est le fait de l'intelligence par lequel les choses se rendent présentes à notre esprit. »

Dans l'intérieur de votre âme se succèdent des sentiments de plaisir ou de peine, des penchants, des volitions, puis des phénomènes tout différents, les idées. « C'est pour ainsi parler, dit M. Franck, l'image des choses tracées au fond de notre âme par les choses elles-mêmes. »

Image n'est pas une expression juste, puisque beaucoup d'idées sont des idées de choses abstraites ou de choses invisibles. L'idée du temps n'est pas une image ; mais comment dire mieux pour exprimer la prise de possession d'une chose par notre âme ?

Il y a des idées nécessaires et des idées relatives.

Les premières sont celles dont nous ne pouvons concevoir le contraire. Les secondes ont pour objet des choses qui pourraient ne pas exister ou exister autrement : objets moraux ou matériels. C'est de cette dernière catégorie, celle des idées relatives, et de plus ayant pour objet la matière, que nous avons à nous occuper.

1. *Dictionnaire* de M. Adolphe Franck.

Celles-ci sont bien des images. Encore faut-il, entre elles, faire une distinction.

Il y a des images types, et des images individuelles. J'ai dans l'esprit l'image du cheval en général, qui n'est pas celle de tel cheval gris ou de telle jument noire. Puis, j'ai l'idée du cheval gris, ou de la jument noire que je connais bien et que je ne confondrai jamais avec d'autres. Enfin, je sors et vais les voir. Ces animaux s'offrent à ma vue. La première image, est une idée générale. La seconde, est un souvenir. La troisième, est une sensation. Les trois phénomènes sont des idées : oui, la sensation aussi est une idée, si les deux déclarations citées plus haut, de Locke et de Condillac, sont vraies : et comment ne le seraient-elles pas ?

La sensation est aussi la prise de possession d'un objet par l'esprit. Elle constitue un phénomène moral, une modification de l'âme, et ce que j'appelle vision d'un objet, c'est le moi, modifié d'une certaine façon.

Entre l'idée générale et abstraite d'un objet, le souvenir particulier, enfin la vue, il faut cependant établir une gradation.

L'intelligence intervient dans le premier phénomène. Elle intervient moins dans le second, encore moins dans le troisième.

L'idée générale a besoin d'attention, et de la faculté de concevoir abstraitement qui appartient à notre raison.

Pour la former en nous, un effort de la volonté est nécessaire. Le souvenir peut être évoqué sans doute par la volonté, précisé par l'attention, mais déjà, il ne dépend pas de nous de l'avoir ou de ne pas l'avoir. Et enfin, la vue d'un objet ne dépend pas de la volonté ; elle est obligée.

L'objet est devant nous, il nous impose une sensation qui, à la vérité, sera plus nette et complète, si nous voulons mettre notre attention en jeu.

Ainsi ces trois phénomènes nous paraissent, si l'on peut s'exprimer ainsi, de moins en moins intellectuels. C'est parce que nous avons le sentiment que l'acte intellectuel véritable doit être accompagné d'une manifestation de la volonté. Sans dire comme Spinoza : *voluntas et intellectus, unum et idem sunt*; nous voulons cependant que la volonté et l'intelligence agissent de concert.

Descendez plus bas, encore, du côté de la matière, et vous pourrez constater dans une sensation, l'absence complète de l'intelligence.

On peut voir, sans comprendre et sans se souvenir; et ici sera précisément marqué le point de jonction et de rencontre de la matière et de l'esprit.

J'ai sous ma fenêtre, un grand bassin, bordé d'une margelle de pierres très blanches, la forme est celle d'un ovale allongé, avec des renflements en arc de cercle. J'avais, par un temps de grand et de beau soleil, regardé ce bassin, avec beaucoup de distraction, et très fixement.

Étant revenu m'installer à ma table, mes yeux fatigués, voyaient sur le papier blanc, une forme ovale dessinée en couleurs changeantes, bleues, rouges ou vertes. Et, pensant bien que j'avais dû être ébloui par un objet de cette forme, il m'était impossible de me rappeler quel était l'objet.

Un grand encrier de cuivre qui se trouvait dans une pièce voisine, et que j'allai voir, présentait à peu près, mais non pas tout à fait la forme que j'apercevais les yeux fermés.

Dans cette sensation persistante, l'ébranlement communiqué au nerf optique s'était prolongé. Ni l'intelligence, ni la mémoire, ni aucune des facultés communément appelées facultés de l'âme, n'étaient ici en jeu. Cette sensation durait comme durerait la douleur d'un coup qu'on aurait reçu, sans savoir d'où il était tombé.

Longtemps après, je reconnus la forme du bassin, et je m'étonnai de l'avoir confondu avec un autre objet. L'image, ou plutôt la trace qui était restée en moi, n'était même pas en perspective, et pouvait venir, aussi bien d'un petit objet voisin que d'un grand objet éloigné.

Peut-on donner à cette trace, restée en moi, le nom d'idée? Oui, car de quel autre nom peut-on la désigner?

Le phénomène se passe dans l'esprit, c'est *moi* qui en suis affecté, j'en ai conscience; et ici même, comme dit Cyrano, « la sensation est de mon côté ».

Elle est si bien de mon côté, qu'elle dure encore quand l'objet n'est plus devant moi.

On dira que c'est l'ébranlement nerveux qui dure, et que je continue à percevoir, parce que le phénomène physique produit en mes yeux, par la lumière, n'a pas cessé. Mais si ma perception est concomitante à ce phénomène vibratoire, elle n'a, avec lui, aucune ressemblance. Je ne perçois pas des vibrations d'un filet nerveux, mais une forme et des couleurs. Nous ne voyons que nos idées.

Réduit à de telles idées, qu'on pourrait appeler, idées non intellectuelles, notre esprit, ne concevrait ni l'espace, ni le temps, ni la substance. Coordonner, développer sont des mots. Ces idées-là ne sont pas susceptibles de développement et de coordination : elles ne peuvent que venir en aide à un fonds d'autres idées que l'homme apporte avec lui, et sans lesquelles il ne pourrait vivre et agir.

Mais ici, nous nous éloignons bien de la doctrine sensualiste et il y faut revenir.

Supposant toujours en présence, ces deux êtres, l'âme et le monde, et supposant que le premier n'acquiert aucune connaissance que par la vue du second, pourrons-nous nous en tenir à cette conception dualistique?

Espère-t-on maintenir la distinction posée en termes si simples et si nets par Ch. de Rémusat, dans son *Essai sur la matière?*

« Tout est matière, dit le matérialisme. Tout est esprit, ou idée ou phénomène, dit l'idéalisme. Tout est-il quelque chose, dit le scepticisme?

« Oui, répond le spiritualisme, tout est quelque chose; l'esprit est quelque chose, la matière est quelque chose. Tout est l'esprit et la matière[1]. »

Non, on ne pourra, avec les seules ressources de la philosophie sensualiste, maintenir cette distinction pourtant si vraie. Il est déjà évident que le pur sensualisme, en présence de ce problème, n'aboutira qu'à une confusion, par laquelle l'un ou l'autre élément doit disparaître.

Nous n'apportons, suivant lui, avec nous aucune notion pure, c'est-à-dire antérieure à l'expérience externe, suivant le sens donné par Kant à ce mot :

---

1. Rémusat. *Essais de Philosophie*, t. II, p. 181.

notre âme ne possède aucune idée innée de l'être, de la personnalité, de l'espace, du temps, et toutes ces idées proviennent des impressions des sens conservées par la mémoire, coordonnées par la raison.

Il faut donc supposer une âme sans idées, supposition aussi absurde que celle d'un objet sans matière, et aucune notion ne sera acquise que par la sensation.

Or, la sensation est le point de rencontre entre le monde matériel et le monde moral. Comment un rapport est-il établi entre ces deux mondes, comment une force physique provoque-t-elle une image dans notre esprit? C'est l'un des secrets les mieux gardés par le créateur; et cependant les sensualistes ont précisément choisi pour leur doctrine ce fondement fragile et mystérieux.

Ils font plus : ils s'arrangent pour que les deux mondes paraissent être sans rapport entre eux, la sensation étant devenue plutôt un obstacle qu'un passage, puisque c'est l'idée et non l'objet que l'on voit. Et cependant tout l'édifice repose sur la sensation !

Nous n'acquérons aucune connaissance que par nos sensations reçues de l'extérieur. Tel est le premier point du système, et le second est que nous ne voyons pas le monde extérieur lui-même, mais seulement les idées produites par lui en nous.

Ainsi, en face l'un de l'autre, se trouvent l'homme et la matière, êtres si différents, qu'il devient impossible de découvrir entre eux un lien, un caractère commun, un trait d'union.

Tout le système est fondé sur l'expérience ou la relation entre l'âme et le monde ; on s'arrête pourtant au premier pas et on convient que l'âme ne contemple qu'elle-même, ne voyant que ses idées. Que devient alors le monde ? Que sont les objets extérieurs ? Qu'est-ce que la matière ?

Les sens ne sont plus pour nous des fenêtres ouvertes sur le monde. Au contraire, la sensation est un voile brillant mais impénétrable, tendu entre lui et nous.

Comment sortir de cette impasse, comment percer ce voile ?

Premièrement, l'âme ne peut acquérir aucune connaissance, si ce n'est de la vue du monde et, secondement, elle ne voit pas le monde, mais seulement ses propres idées. Nous tirons de là, à notre choix, une des deux conséquences que voici : ou bien les idées sont des phénomènes du même ordre que les phénomènes matériels, et le moi une illusion ; ou bien les idées existent seules, les phénomènes matériels n'existent pas, et le monde extérieur est une illusion.

Et il faut croire que ces conclusions sont nécessaires, car le matérialisme et l'idéalisme ont eu plus de sectateurs que le sensualisme pur, lequel ne peut éviter de tomber de l'un ou de l'autre côté. Il a lutté cependant et entrepris (car là était toute la question) de donner une théorie intelligible de la sensation.

Comment donc est produite en nous la sensation? Comment, par ce moyen, avons-nous la perception d'un objet extérieur?

La plus ingénieuse et la plus profonde théorie de la perception, dit M. Barthélemy Saint-Hilaire, est celle d'Aristote.

C'est celle de la perception directe.

Voici comment elle est exposée par Reid, lequel la combat :

« Tous les systèmes des philosophes[1] sur les sens et sur leurs objets, sont venus se briser sur le même écueil, le défaut d'une distinction précise entre les sensations qui n'ont d'existence que lorsqu'elles sont perçues, et les choses qu'elles nous suggèrent.

« Aristote confondit ces deux choses, et fit de la sensation, une forme immatérielle de l'objet révélé par elle.

---

1. Thomas Reid. Trad. par Jouffroy. Sect. VIII du chap. v.

« Il la comparait à l'empreinte du cachet sur la cire, et de même que cette empreinte reproduit la figure du cachet sans aucune partie de la matière qui le compose, de même, selon lui, la sensation, qui n'est que l'impression faite sur l'esprit par l'objet extérieur, lui communique l'image, la forme, la ressemblance de cet objet, isolée de la matière qui le constitue. »

Voici comment avait parlé Aristote :

« Il faut admettre pour tous les sens, en général, que le sens est ce qui reçoit les formes sensibles sans la matière, comme la cire reçoit l'empreinte de l'anneau, sans le fer ou l'or dont l'anneau est composé, et garde cette empreinte d'airain ou d'or, mais non pas en tant qu'or ou airain.

« De même, la sensibilité est spécialement affectée pour chaque objet qui a couleur, saveur ou son, non pas selon que chacun de ces objets est dénommé, mais suivant qu'il est de telle nature, et selon la seule raison. Elle est l'organe primitif dans lequel est cette puissance. Elle est donc identique à l'objet senti, bien que son être soit différent ; car, autrement, ce qui sent serait aussi une sorte de grandeur. »

Or, comment la sensibilité est-elle identique à l'objet, bien que son être soit différent. Cela est vraiment incompréhensible. La dernière phrase, en quelques mots, nous remet en présence de toutes les difficultés. De l'objet senti à l'âme sentante, il faut passer d'un monde dans un autre. Autrement, « ce qui sent serait aussi une sorte de grandeur ».

En vérité, nous ne pouvons voir là une théorie, mais seulement une ingénieuse comparaison. Où est la théorie ?

Aristote expose la chose comme elle est, impression produite par un être sur un autre être absolument différent. Le mystère reste entier, il ne le cache pas, il ne l'explique pas non plus.

La théorie de la perception directe, la comparaison de la cire et de l'anneau, reparaissent dans la philosophie scolastique. Un agent corporel agit sur un organe animé. Il y imprime sa propre marque, comme le fait le cachet appliqué à la cire, sans rien communiquer à la cire de sa propre nature, de sa propre matière.

C'est la *species impressa*. L'âme réagit, et dans l'imagination apparaît une *species expressa* que la mémoire peut faire revivre et qui est semblable à la *species impressa*, laquelle est semblable à l'objet.

Mais pourquoi cette similitude ?

Parce que la scolastique admet, en général, l'axiome *omne agens agit simile sibi*.

Cet axiome est-il vrai ?

Disons d'abord que saint Thomas d'Aquin ne paraît pas l'avoir accepté, si l'on s'en rapporte à son opuscule intitulé : *De potentiis animæ*[1].

L'objet extérieur sensible, dit le saint docteur, produit en nous un changement, et même un double changement. Un changement naturel, comme lorsque la chaleur passe dans l'objet échauffé. Et un changement spirituel : ainsi la ressemblance de la couleur passe dans la pupille, qui n'est pas pour cela colorée...

Les êtres sensibles sont les seuls à éprouver le second changement ; les corps bruts éprouvent le premier.

La distinction est profondément juste : un corps chaud, en échauffant son voisin, lui communique quelque chose de semblable à ce qui est en lui. Mais, qu'est-ce que la ressemblance spirituelle d'un phénomène matériel ? Berkeley nous démontrerait qu'elle ne peut se concevoir. Le saint docteur remarque bien qu'à la vue d'un objet rouge, la pupille n'est pas teinte en rouge. De nos jours, je crois qu'on suivrait le changement naturel, jusque dans le nerf optique ; il est sinon coloré en rouge, du moins soumis à des vibrations iden-

---

1. *De potentiis animæ*, chap. III.

tiques à celles du rayon lumineux, et jusque-là, *agens agit simile sibi.* Mais ensuite? La sensation est tout autre chose.

Elle éclôt au même instant, mais le patient (c'est le terme consacré) n'est plus semblable à l'agent.

Ils sont d'essence différente, et les phénomènes qui se passent, en l'un et en l'autre, sont d'ordre différent.

En ce passage, saint Thomas a donc posé le problème de l'*idéalisme*, et contredit l'axiome que nous avons cité.

Non, l'axiome, *omne agens agit simile sibi*, n'est pas fondé ; il est même contraire à tout ce que la physique nous apprend. Ce qui, en nous, s'appelle son ou couleurs, s'appelle, hors de nous, vibration de l'air ou de l'éther; les causes extérieures des sons, et des couleurs, sont des mouvements; ils nous apportent des sensations très différentes entre elles, comme celles de la lumière ou de la chaleur ou de bruit. Et pourtant l'agent est toujours le même. Il est toujours le même, et il nous échauffe ou nous éblouit, ou nous assourdit : effets qui n'ont rien de commun entre eux.

Il y a donc dissemblance entre l'objet extérieur réel et la sensation éprouvée : *agens non agit simile sibi.*

Les mots, même ici, se contredisent si l'on se rappelle la différence de nature qui sépare l'objet matériel du sujet sentant.

Idée signifie image : Or, une image, disait Berkeley, ne saurait représenter qu'un objet du même ordre qu'elle-même. On ne conçoit pas, existant en l'esprit, une image d'un objet existant en la matière, une image morale d'un objet matériel.

Tout en combattant Berkeley au sujet de la réalité des objets extérieurs, Reid affirme aussi cette dissemblance. Sa pensée est exprimée sous une forme vive et frappante.

« Pourquoi voulez-vous, dit-il, que les idées et les objets se ressemblent? Certainement, les uns et les autres sont différents : une douleur ne ressemble pas à la pointe d'une épée....

« Descartes, Locke et leurs disciples, dit-il encore, croient avoir fait une découverte importante, quand ils disent qu'il n'y a pas de chaleur dans le feu; autant dire que le feu ne sent pas la chaleur, ce que personne n'ignorait avant eux. Il ne confond pas nos impressions, nos passions, avec les qualités des objets : Avec un peu d'attention, nous pouvons voir ce qu'elles sont et nous assurer, sans beaucoup de peine, qu'elles ne ressemblent à aucune qualité de la matière, pas plus que le mal de dents ne ressemble à un triangle[1]. »

Reid avoue que certaines qualités qu'il appelle secondaires ne nous renseignent pas sur la nature, et même la présence des objets extérieurs.

L'odorat, dit-il, le goût, ne se composent que d'impressions subies par le sujet sentant, et n'ont aucune ressemblance avec l'objet extérieur. Dans les corpuscules que l'on peut enlever d'une rose, et qui pénètrent dans notre narine, rien ne ressemble à l'odeur de la rose : ce n'est que par association d'idées que ce parfum connu évoque en notre esprit l'image d'une rose.

Berkeley ne parlerait pas autrement.

Mais Reid admet des qualités primaires. La sensation causée par la dureté des objets, nous permet d'affirmer la présence de la matière impénétrable ; il est prêt à dire ce que Charles de Rémusat a dit plus tard : « Le toucher est le garant de l'existence du monde. »

Cette distinction est-elle légitime? On en peut douter.

Car les forces se transforment, et ne voit-on pas celles qui produisaient les effets appelés qualités

---

1. 2ᵉ vol., p. 132, sect. VIII, chap. v. Trad. Jouffroy.

primaires, produire, une fois transformées, des effets secondaires ?

Quand par le frottement rapide, ou des chocs répétés, deux corps sont devenus incandescents, l'énergie dépensée sous forme de mouvement, qualité primaire, apparaît sous forme de chaleur et de lumière, qualités secondaires. Quand la lumière provoque le déplacement chimique des molécules, un phénomène inverse se produit. De même, l'émission d'un son qui provoque en moi une sensation secondaire, imprime un mouvement à des diapasons ou à des cordes tendues, mouvement qui sera perçu, comme qualité primaire, par mon toucher.

Ainsi la force qui agit sur le toucher peut se changer en force agissant sur l'ouïe ou la vue. Celle qui était chaleur, ou lumière, ou son, devient mouvement; ou inversement.

Par mes doigts, mes yeux, mes oreilles, je perçois divers effets, d'une seule et même cause. Je ne puis donc établir une distinction radicale, et donner plus de confiance à mes mains percevant le mouvement ou la dureté, qu'à mes mains percevant la chaleur, ou à mes yeux percevant la lumière[1].

---

[1]. Tout n'est pas à rejeter cependant dans cette idée ; et on reviendra plus tard sur cette distinction entre les qualités primaires et secondaires.

Quand un électricien transportant au loin par un fil la force produite par un torrent, une cascade ou un moulin à vent, sait au moyen de cette force allumer une lampe, ou faire tourner une roue, ou faire chanter un diapason, ces apparences nouvelles de la force transformée nous renseignent-elles sur la nature de la force initiale ? Saurons-nous ce qu'il y aura là-bas au bout du fil que le courant électrique a suivi ? est-ce un torrent, une cascade ou un moulin à vent ? Et, je n'use ici que d'une comparaison grossière, car on saisit sur le fait la transformation de la force physique, on la mesure sous ses formes diverses, et on en trouve les mêmes quantités. Mais on ne saisit aucun lien entre le phénomène matériel et le phénomène moral. Entre la force physique et la sensation, il n'y a point de fil conducteur, il n'existe pas entre elles de commune mesure.

Reid qui prétendait ramener la philosophie aux claires notions du sens commun, a-t-il donné une bonne théorie de la perception ?

« Reid, dit sir William Hamilton [1], a été singulièrement hardi : il a examiné une proposition acceptée comme évidente par l'unanimité du vulgaire, et répudiée comme impossible par l'unani-

---

1. *Lectures*, I, p. 222.

mité des philosophes modernes, et la grande majorité des anciens. »

Et Reid a donné raison au vulgaire : il a osé affirmer que nous avons une connaissance directe et immédiate du monde extérieur.

Seulement Reid a voulu attribuer cette connaissance à une faculté spéciale. Effrayé de son audace, toujours si nous en croyons sir William Hamilton, il s'est arrêté à mi-chemin, et il a déclaré que la *conscience* ne nous donnait de lumières que sur nos états d'esprit, et que le monde extérieur, le monde matériel, nous était directement connu par une autre faculté, la perception.

Ne devons-nous pas, disaient Reid et ses partisans, distinguer l'une de l'autre, comme produit de deux facultés différentes, la connaissance de deux objets si différents ? « L'esprit et la matière sont situés aux deux pôles opposés de l'être [1]. »

Mauvais argument, répond sir William Hamilton, car la connaissance des opposés est une. Pouvons-nous connaître la grandeur sans la petitesse, la vertu sans le vice ? La médecine s'intitule indifféremment science de la santé ou science des maladies. Ceci est un axiome de la logique, et, en même temps, une vérité du sens commun.

---

1. « Mind and Matter are separated by the whole diameter of being. »

Nous pouvons donc, grâce à la même faculté, connaître l'esprit et la matière; car nous ne concevons l'esprit et la matière que par *leurs contrastes*, et ne les définissons qu'en les opposant l'un à l'autre.

Changement, opposition, dirait Alexandre Bain : tel est l'élément même de la connaissance.

Mais voici que sir William Hamilton admet une théorie bien plus hardie encore que celle de Reid.

Il ne veut pas des deux consciences, externe et interne. Mais il a confié les deux rôles à la conscience psychologique. Elle n'est plus seulement le miroir de nous-mêmes, mais reçoit aussi les reflets du monde. J'ai conscience de ce qui se passe en moi : j'aurais aussi conscience de ce qui m'est extérieur, une conscience prolongée hors de moi !

C'est un des points sur lesquels, avec son inflexible logique, Stuart Mill a contredit sir William Hamilton. Nous avons conscience de notre perception, non de l'objet perçu.

Ces théories de la perception directe nous semblent toutes être illogiques et insuffisantes.

Pourquoi Reid, après avoir insisté si vivement, sur la différence entre l'objet réel et la sensation, pourquoi Reid, auteur de la belle formule : « La douleur ne ressemble pas à la pointe d'une épée », accepte-t-il, ensuite, la perception directe? Nous ne le comprenons pas.

Si j'ai une connaissance directe de la matière, si je la connais telle qu'elle est, je reçois pour vrai l'axiome : *Omne agens agit simile sibi*. L'on a vu pourquoi, quant à la perception extérieure, il n'est point admissible.

Si la matière produit en moi, quelque chose de différent d'elle-même, ce quelque chose est une idée, et je ne perçois pas, directement, la matière. Les idées ne doivent pas être confondues avec les objets extérieurs, et nous ne voyons que nos idées.

Comment donc aurions-nous connaissance du monde extérieur tel qu'il est?

Comment savons-nous même qu'il existe?

Il ne faut pas hésiter à en convenir : ce n'est pas par le seul témoignage de nos sens. La démonstration est fournie par notre raison : c'est une vérité non d'intuition, mais *a posteriori*. Quand nous sommes bien convaincus que toutes nos sensations ne sont que des apparences, notre raison travaillant à l'écart, reconstruit un monde, où la sensation n'entre plus pour rien, un monde qui subsisterait, si la vue, l'ouïe, l'odorat et le toucher, si l'âme sensible en un mot, n'existait plus; un monde qui survivrait à ce que nous avons appelé le monde humain.

Ce monde, c'est l'œuvre de Dieu, telle qu'il l'a faite, et qu'il la voit; et non plus l'ensemble des impressions dont il lui a plu que nous fussions affectés.

Mais encore, comment pouvons-nous connaître ce monde extérieur ?

A une condition absolue. C'est que notre esprit soit capable de concevoir des choses existant hors de lui; en d'autres termes, c'est qu'il ait des concepts antérieurs à la sensation. Sans cela, ou le monde extérieur ou inversement, l'esprit, deviennent une hypothèse, et une hypothèse inutile : et c'est là précisément le carrefour où aboutit le sensualisme.

Voici un raisonnement tenu par Berkeley, pour prouver le néant du monde extérieur. C'est Reid qui l'expose :

« Nous ne pouvons concevoir que ce qui a de la ressemblance avec une sensation, ou une idée présente à notre esprit. Or, les sensations et les idées des autres esprits sont les seules choses qui puissent avoir de la ressemblance avec les sensations ou les idées du nôtre. Donc, nous ne pouvons concevoir que des sensations, des idées et des esprits. »

Sans doute, répond Reid, la chaleur, le rouge ou le bleu, le son aigu ou grave, perçus par nous ne ressemblent à rien, sinon aux mêmes perceptions d'un autre vivant, ou de nous-mêmes, en d'autres temps. Nous ne pouvons les concevoir en dehors d'un esprit. Il faut qu'il y ait des esprits pour que ces choses existent. Mais cela ne suppose pas que les esprits soient incapables de concevoir d'autres choses qui peuvent exister sans eux.

Berkeley, dit Reid, n'a même pas discuté sa première affirmation, la majeure de son syllogisme. Il l'a acceptée toute faite des auteurs de la théorie des idées, et c'est en cela que son raisonnement est mauvais, et Reid a raison.

Mais au contraire, la majeure du syllogisme est fondée, l'argument de Berkeley devient inattaquable, et Reid aura tort, s'il n'y a point d'idées générales innées, et si la doctrine de Locke et de Condillac est la vraie. Si l'âme du nouveau-né est une table rase, si l'on admet l'existence d'une âme sans idées; si les esprits sont incapables d'acquérir aucune connaissance, sinon par les sens; s'ils ne connaissent que des sensations, c'est-à-dire des changements d'état qui leur sont propres, comment concevraient-ils des objets existant en dehors d'eux?

Il y aurait là une contradiction manifeste. Nous

ne pouvons donc concevoir des réalités extérieures à l'esprit, qu'à une condition, c'est que notre esprit possède des connaissances pures, étrangères à la sensation.

Oui, lorsque vous aurez supprimé dans l'âme toute idée ou même toute tendance pure, j'entends pure dans le sens de Kant, antérieure à l'expérience externe ; quand vous aurez prouvé qu'elle n'apporte avec elle aucune notion de l'être, du moi, de l'espace, du temps, et qu'elle reçoit ses premières idées des sens ; alors, si vous prenez le goût et contractez l'habitude d'observer exclusivement le monde matériel, vous pouvez croire, ayant tout appris en lui, que lui seul existe.

Si, au contraire, vous rentrez en vous-même pour observer vos sensations, seule source reconnue par vous de vos connaissances, et si vous déclarez ne connaître qu'elles, vous arriverez avec bien plus de raison, et par des sentiers plus philosophiques, à un point tout opposé.

Mes idées, direz-vous, sont toutes venues du dehors : mais bientôt vous vous demanderez si ce dehors existe. L'espace, l'être, le nombre n'étant plus pour vous que des idées, vous douterez de la cause inconnue de ces idées.

Quittant le même carrefour, le premier chemin vous conduira, comme d'Holbach, à confondre la pensée et la matière. Au bout du second, vous aurez soufflé, comme Berkeley, sur le monde matériel, et il n'en restera rien.

Un homme, jouissant du spectacle d'un vaste et beau pays, est enivré et ébloui. Il s'oublie lui-même, et il semble que son âme se fonde dans la nature, elle n'est plus qu'un tableau, un concert, un parfum : elle est conquise par la matière.

Quand le spectacle cesse, et que la même âme rappelle ses souvenirs, pour comparer l'impression récente à des impressions anciennes, elle se ressaisit, cesse de sentir et recommence à penser.

Elle retrouve le moi, seul être dont elle ait la connaissance directe et permanente, et se demande, si en tout ce qu'elle a cru voir, il y avait autre chose que des modifications du moi. A son tour, elle a conquis la matière.

La sensation pourrait être comparée à une glace infiniment mince, sur laquelle viendraient se peindre des objets. Cette peinture, c'est le phénomène sensible, et les sensualistes veulent que les phénomènes sensibles seuls soient connus de nous. Mais bientôt ils se séparent et vont se loger de l'un et l'autre côté de la glace, le côté de la matière qui provoque la sensation, et le côté de l'esprit qui la reçoit; et chacun ne voit plus que de son côté. Ils arrivent à nier, soit la matière, soit l'esprit, et quelquefois, comme Hume, à nier les deux, à ne laisser subsister que des séries et des groupes de phénomènes, supprimant, à la fois, des deux côtés de la glace, les personnes et les choses.

Prise isolément, la sensation est comme un écran entre nous et le monde.

Vous n'atteignez, dit Newton, que les images des choses. Prisonniers chargés de chaînes, dit Platon, vous prenez des ombres pour des réalités. Confiants seulement en les données de nos sens, nous n'osons plus interroger la nature qu'avec inquiétude.

Nous disons à ces beaux objets dont nos sens sont éblouis : Êtes-vous ce que les sens nous montrent? Fleurs, astres, rivières, forêts existez-vous? Je le crois, je crois en vous, moins qu'en moi-même, mais autant qu'en mes semblables qui vous voient et me disent qu'ils vous voient comme moi.

Vous vous peignez en nos esprits avec des couleurs qui sont tout ce que nous connaissons d'abord de vous. Vous existez peut-être en dehors de tous les hommes et de moi. Que pouvez-vous être en réalité, êtres charmants et insensibles dont la rencontre éveille en moi une idée, mais dont je ne connaîtrai jamais que cette idée? Êtes-vous cent fois plus beaux, plus lumineux, plus parfumés?

Ne peut-on faire autre chose que vous toucher, vous voir, vous écouter, vous sentir? N'est-il pas de sens plus puissants, ou bien d'autres sens, d'autres portes ouvertes sur votre monde? Que puis-je pour vous connaître? Je ne vous connais pas. Je ne connais que mes idées, mes cinq idées fournies par mes cinq sens. Et vous, pourtant, que seriez-vous sans moi?

Qu'est-ce que votre forme non vue, votre solidité non touchée, votre parfum non senti?

L'esprit éteint, rentrez-vous dans le néant?

Les étoiles brillantes et blanches que nous regardons pendant une nuit d'été, existent-elles hors de nos yeux et sont-elles autres que nos yeux ne les voient? Le phénomène de cette vision nous paraît être un merveilleux accord entre le dedans de nous-mêmes et ce que nous croyons hors de nous. Harmonie divine entre la beauté des choses et l'âme qui les perçoit : voilà l'homme et le monde. L'homme est-il seul? La joie qu'il croit née d'une rencontre entre son esprit et le monde est-elle tout entière issue de son esprit? Est-ce un concert, ou bien un unisson? C'est un concert entre l'âme sensible et la belle et inintelligente nature.

L'idée est du côté de l'âme. Néanmoins, la même âme, usant des notions pures qu'elle possède, faisant abstraction des sons, parfums, couleurs dont ses sens sont remplis, mettant à profit l'expérience, se démontre à elle-même qu'elle ne vit pas dans un rêve; elle rompt le charme de l'idéalisme, et avec l'aide de la raison, reconstruit le monde extérieur.

III

SCEPTICISME

Au xviiie siècle, les doutes élevés au sujet de la réalité du monde extérieur ont troublé même les encyclopédistes français. « Je me sens tenté, disait d'Alembert, de penser que tout ce que nous voyons n'est qu'une illusion des sens, et qu'il n'existe rien en dehors de nous qui corresponde à ce que nous croyons voir [1]. »

« Que dirons-nous, s'écriait le baron d'Holbach, d'un Berkeley qui prétend que tout dans ce monde n'est qu'une illusion chimérique, que l'univers entier n'existe que dans nous-mêmes et dans notre imagination et qui rend l'existence de toutes choses problématique à l'aide de sophismes insolubles pour tous ceux qui soutiennent la spiritualité de l'âme ? »

Mais comme le fait observer fort à propos l'historien Lange, d'Holbach oublie de nous dire com-

---

1. Lange, *Hist. du Mat.*, p. 378.

ment même en niant la spiritualité de l'âme, on peut se tirer des sophismes de Berkeley. Et d'ailleurs, en un autre endroit, d'Holbach, dans une note de son livre, avoue que ce système, le plus extravagant de tous, est aussi le plus irréfutable. Et Diderot, plus sincère et plus pénétrant que d'Holbach, a remarqué très justement dans sa lettre sur les aveugles, que la fameuse déclaration de Condillac, celle que nous avons citée plus haut, donnait pleinement raison à Berkeley.

Contre cette étrange et embarrassante opinion, l'École écossaise faisait appel au sens commun; mais elle en reconnaît quelquefois, et en montre toujours l'impuissance.

« Descartes, Malebranche et Locke, disait Reid, ont employé tout leur génie à prouver l'existence du monde matériel, et il paraît qu'ils l'ont fait avec peu de succès... On devait penser que la preuve de cette vérité serait aisée et à la portée de tout le monde : au contraire, elle est précisément ce qu'il y a de plus difficile à comprendre. Ces trois grands hommes, avec toute la bonne volonté possible, n'ont jamais été capables de tirer, des trésors de la philosophie, un seul argument propre à convaincre un homme qui sait raisonner de l'existence d'un seul des corps qui l'environnent[1]. »

1. Reid, trad. Jouffroy; vol. II, p. 25.

Aussitôt il maudissait la philosophie : « Si tu n'as pas, s'écrie-t-il, ô toi, fille de la lumière et mère de la sagesse, la puissance de dissiper ces nuages et ces fantômes que tu as toi-même élevés, retire ce rayon que tu ne donnes jamais que d'une main avare et qui a jeté une espèce de sort sur nos esprits. Je n'ai plus, pour toi, ni foi, ni respect ; je renonce à ton flambeau. Laisse mon âme suivre bonnement la pure lumière du sens commun. »

Il se moquait des absurdités de la métaphysique.

« Il en est, dit-il, de cette philosophie comme de ces petits chevaux de bois, sur lesquels on promène les enfants ; un homme peut, sans faire tort à sa réputation, chevaucher ainsi puérilement dans le secret de son cabinet et sans témoins. Mais s'il se servait d'une pareille monture pour aller à l'église, ou à la Bourse, ou à la Comédie, ses parents obtiendraient bientôt un ordre pour l'enfermer. »

« Le sens commun, dit-il encore, regardant une opinion si bizarre comme une espèce de folie métaphysique, en conclut qu'un excès de savoir peut troubler l'économie organique du cerveau le plus sain ; qu'un homme entêté de ces idées creuses, quelque sage et prudent qu'il soit à tout égard, ressemble parfaitement à ceux qui imaginent que leur nez est de verre ; et qu'une telle doctrine annonce un esprit affaibli par une application excessive à des spéculations abstraites. Et cette opposition manifeste entre le sens commun et la philosophie peut enfin devenir fatale au philosophe lui-même. »

Et, tout ceci dit, que fait Reid ? Comme Locke, comme Descartes, comme Malebranche, il propose à son tour une démonstration de l'existence de la matière, fondée sur la perception directe !

Les arguments de sens commun de l'Ecole écossaise avaient un peu de prise sur le subtil esprit de David Hume. Par le sensualisme idéaliste, par la maxime : « nous ne voyons que nos idées », ce penseur était arrivé à nier qu'aucun objet extérieur existât derrière ces idées. Puis il avait nié aussi l'existence du sujet qui est sensé les contenir. Il n'admettait plus ni monde, ni âme, ni substance ; mais seulement des phénomènes. De nos jours, Herbert Spencer permet de croire à une substance des choses, tout en déclarant qu'elle est inconnaissable. Hume, plus logique, la supprime parce qu'il ne la connaît pas.

Il ne faut pas lui faire cette objection : les phénomènes ont une cause. Prétendre qu'il n'y a pas d'effet sans cause est, suivant lui, un de nos préjugés : l'habitude de voir un certain phénomène en suivre un autre nous amène seule à déclarer le second lié au premier. Cette habitude s'acquiert :

elle n'est point naturelle, et le soi-disant principe de raison est purement empirique. Adam aurait pu aller tout droit se noyer dans l'eau limpide des fleuves du Paradis : comment aurait-il deviné qu'en ce cristal transparent, l'homme trouverait la mort ?

L'effet est toujours très différent de la cause : aucun raisonnement ne nous fera découvrir le second dans la première ; et ce n'est que par expérience, par habitude que nous établissons un lien entre deux phénomènes consécutifs.

Hume n'est pas, en réalité, un sceptique ; car il professe une doctrine déterminée. Mais sa doctrine ne laisse subsister aucun individu, objet étendu ou esprit pensant. La série des phénomènes ressemble à un fleuve qui coule : les gouttes d'eau ne s'y distinguent point.

Il renonça de bonne heure à la philosophie, et vers l'âge de quarante ans, se mit à écrire l'histoire : une histoire terne, sans étude de caractères, sans éloge et sans blâme pour les hommes, excepté ceux qu'il accuse de superstition. C'est une suite de phénomènes qui se déroule ; et c'est ainsi qu'il avait vu et compris toute l'histoire de l'univers. Il a accepté les arguments idéalistes contre l'existence de la matière ; mais il les a étendus à l'esprit. Il ne croit ni à la matière, ni à l'esprit, ni aux objets qu'il touche, ni aux hommes qui lui parlent, ni à son propre esprit sentant et entendant. Il n'a pas su, au milieu de son œuvre de démolition, trouver un point solide, comme Descartes, et dire : « Je suis. »

Cette philosophie revient à la mode. « Pour le philosophe d'aujourd'hui, a dit, un jour, M. Maurice Barrès [1], il n'y a ni matière, ni esprit ; simplement des phénomènes. Pour l'artiste de demain, il n'y aura ni psychologie, ni collections de faits. Il y aura des symboles. » Cet art de demain pourra n'être pas sans charmes. La forme précise des choses, le sens précis des mots deviennent comme des individualités dont il faut effacer le contour. Un peintre ne se dit plus qu'il va peindre un homme, un arbre, une montagne, mais rendre des impressions. Peut-être la méthode convient mieux au peintre qui sent qu'au poète qui pense.

Quand on écrit, la suite des idées, quelquefois une simple consonance appelle un mot tout à fait imprévu et qui n'a rien à faire dans le raisonnement, le récit ou la description. Acceptez-le cependant : laissez couler la série des phénomènes ; ne dites pas que le mot est hors de propos,

---

1. *Figaro*, 25 décembre 1890.

ne choisissez pas ; le moi reparaîtrait. Oui, mais ce n'est pas là penser. Un peintre peut jeter sur la toile, dans leur fraîcheur et leur imprévu les impressions ressenties devant un paysage. Ce sont des rêves. Mais nos pensées sont la réalité. Même vagues et indécises, elles sont unies par un lien logique. Ou bien elles n'existent pas [1].

Que seront la morale et la métaphysique, suivant cette méthode du laisser aller? Se croire une simple collection de phénomènes est une opinion qui détache de toute discipline, et ne laisse pas

1. Voici par exemple des vers de M. Jean Moréas

De sa hache, ah ! qu'il est las
Le Chevalier aux blanches armes,
A coup de hache
Fendre les casques, ah ! qu'il est las
Le Chevalier aux blanches armes,
Et de la jolie fille de Perth
Et de Béatrix et de Berthe
Ah ! qu'il est las.

Ce sont des idées qui s'appellent, mais sans lien. Dans cet art nouveau, dans cette philosophie nouvelle tous les phénomènes de la nature et toutes les idées des hommes sont comme des perles égrenées. Pourquoi évoquer la jolie fille de Perth? Il est parlé de jolies filles du temps des chevaliers. Elle se présente à l'esprit : on la nomme. Et pourquoi les blanches armes ?

Un autre chant est adressé à « Madeline aux serpents ». C'est un chant de regret et de jalousie. Un souvenir classique, soudain et vague, a fait naître ces serpents.

Cette méthode produit par hasard des images imprévues, des expressions de sentiments, fraîches et nouvelles; mais il faut l'avouer aussi, d'inintelligibles galimatias.

que d'énerver le caractère; elle interdit tout essai de perfectionnement.

Évidemment, cette opinion dégoûtera des efforts que tentaient les saints de l'Église et quelques sages philosophes en vue de s'amender eux-mêmes, et d'amener leur âme, leur moi à un état de dignité plus haute.

Que pensera-t-elle du noble Turenne, disant : « Tu trembles, carcasse ; tu tremblerais plus si tu savais où je vais te mener! »

Ici le moi perce à travers les phénomènes : le phénomène, c'est la crainte; et le moi la domine. Il nous semble que, dans bien des cas, nous l'apercevons ainsi. Il n'est point haïssable. Les mots, les actes même ne sont rien pour exciter notre émotion, attirer notre amitié, plier ou entraîner notre volonté, tant que l'homme lui-même ne s'est pas montré. Cela est certain, bien que difficile à faire comprendre.

L'homme existe : le monde existe aussi. On nous dit : un arbre, une pierre ne sont qu'une collection de qualités sensibles, de phénomènes; un homme n'est qu'une série de sensations, agréables ou pénibles; il n'est aussi qu'une collection de phénomènes. Bien entendu, l'espace et le temps ne sont que des formes.

Ceci n'est qu'un point de départ; ce n'est que

la donnée du problème. Phénomènes! Certainement, toute manifestation de l'être peut s'appeler ainsi ; mais une substance persiste sous les phénomènes. L'arbre retrouvé, à la même place, avec la même forme, l'étoile dont un astronome calcule la marche et dont il attend le retour, sont des êtres permanents. Et surtout en nous-mêmes, à travers l'innombrable foule de sensations et des idées, nous connaissons un être qui est toujours le même, le moi, l'âme. Sans doute, quand on a dépouillé un objet matériel de toutes ses qualités, goût, odeur, couleur, dureté, la substance qui demeure devient indéfinissable ; et, si l'on considère toutes nos passions, nos volontés et nos idées comme des phénomènes, nous n'affirmons plus la substance de l'âme qu'au nom du sentiment de la persistance de notre personnalité. Un corps est un groupe de phénomènes : un esprit est une série de phénomènes.

Encore n'est-il point légitime d'oublier le siège de ces phénomènes. Ne parlons que de l'âme : série d'idées et de sentiments. Il ne faut pas se les figurer comme des images successivement imprimées sur une cire qui reste la même. Non, ce ne sont pas des accidents survenus seulement à la surface d'un être mystérieux qui ne change pas, au fond. Car j'aime, je hais, je souffre : ce ne sont pas des modifications superficielles d'un être permanent. C'est cet être tout entier en proie à l'amour, à la haine ou à la douleur. Quand les vagues se soulèvent ou quand elles s'étalent apaisées, on peut distinguer la substance *eau* du phénomène, *agitation*; mais c'est une distinction artificielle, le propre de cette substance étant d'être soumise tout entière à cette agitation. De même, toute l'âme est dans toute idée, dans tout sentiment, dans toute volonté. A chaque phénomène qui se produit, elle est saisie tout entière; elle entre pour ainsi dire tout entière dans le phénomène.

Mais, s'il est en l'univers des substances, et non pas seulement des phénomènes, distinguera-t-on plusieurs sortes de substances? Le matérialisme, comme l'idéalisme s'y opposent; et, nous l'avons dit, les deux chemins qui mènent à ces deux pôles opposés partent également du sensualisme. Prenons le premier chemin.

IV

MATÉRIALISME

La Mettrie, d'Holbach, Helvétius sont les disciples matérialistes de Condillac. Le premier amusa Frédéric II par ses paradoxes, et mourut à Berlin d'une indigestion de pâté de faisan; les deux autres avaient coutume de traiter somptueusement les encyclopédistes, dans leurs châteaux de Grandval et du Voré. La Mettrie écrivit d'ailleurs, l'*Homme-plante* et l'*Homme-machine;* d'Holbach le *Système du Monde;* Helvétius l'*Esprit.*

Ces écrivains ont joui d'un certain crédit dans la génération qui nous précède; mais surtout auprès des hommes politiques et de quelques médecins. Leur doctrine n'a jamais été scientifique, elle est arriérée et oubliée aujourd'hui.

Les sensations ne sont pour eux que l'effet de réactions produites par la matière sur la matière. Ne leur parlez pas de la conscience que nous avons du moi et d'une substance qui, touchée par des sensations diverses, persiste, identique à elle-même après les avoir subies. Le moi n'existe pas, et la machine corporelle est seulement mise en rapport, par ses organes très complexes, avec les objets voisins. Ceux-ci agissent sur elle suivant leur nature, et l'effet produit est, bien entendu, pareil à l'objet qui agit. La sensation est adéquate à l'objet : affirmation gratuite et insoutenable au nom de la physique même.

Comment la matière peut-elle penser, ou seulement percevoir? Ce sont là des termes contradictoires. La Mettrie essaye cependant d'expliquer la perception.

Écrivant, après l'*Homme-machine*, l'*Homme-plante*, il assimile les vivants de l'ordre le plus élevé aux inférieurs ; mais reconnaît, en tous, une force vitale qu'il sépare des autres forces physiques. C'est une concession. Puis, il se risque à écrire un traité de l'âme, mais niant bien entendu que le corps et l'âme soient distincts, et blâmant ceux qui ont voulu voir deux êtres où un seul existe. Il recourt aux sens, qu'il appelle ses philosophes. Les sens lui apprennent que la matière est un principe inerte et que toutes les fois qu'on la voit se mouvoir, le mouvement lui vient d'un autre principe. Cet autre principe est celui auquel sont dus les battements du cœur, les mouvements, la sensibilité des nerfs, les pensées du cerveau. C'est l'âme; mais l'âme propriété de la matière, ou plutôt privilège de certaines portions de la matière. Dieu peut tout ce qu'il veut, dit La Mettrie, et c'est une impiété de prétendre qu'il n'a pas pu faire la matière pensante.

Ou il se moque, ou il finit par être à peu près aussi spiritualiste que Leibniz; car celui-ci se déclarait partisan de l'unité de substance; et il douait certaines de ses monades de propriétés sensitives et intellectuelles qui n'appartenaient pas à d'autres.

Il osa dire aussi que le cerveau avait des muscles pour penser, comme les jambes en avaient pour marcher[1]. Il existe dans les œuvres du grand naturaliste Blainville, un passage où toute opinion de ce genre est réfutée. La forme des organes, suivant Blainville, fait toujours prévoir leur usage — excepté toutefois celle du cerveau. Les mains sont faites pour prendre, les pieds pour marcher: rien dans le cerveau n'annonce la faculté de sentir et de penser. Si le cerveau est une machine, il n'y a aucun rapport entre la disposition de la machine et son œuvre.

1. Damiron. *Mémoire sur La Mettrie.*

Les mots organes et pensées ne devraient jamais être associés. Les physiologistes auront beau décrire les circonvolutions, les filets et leurs gaines, la substance blanche et la substance grise, ils ne trouveront rien qui permette de deviner que ces appareils servent la sensation et la pensée. La chimie ne leur est d'aucun usage. S'il est, comme nous le croyons, un monde de l'esprit et un monde de la matière, l'albumine, même avec adjonction de phosphore, n'appartient pas plus au premier que la cellulose ; il n'est pas plus naturel à un cerveau de penser qu'à un soliveau. Locke a appelé le cerveau : *The mind's presence room*[1]. C'est une chambre pleine d'appareils compliqués, mais dont l'hôte est invisible.

Il faudrait citer encore parmi les bizarres inventions de La Mettrie, ce qu'il dit de l'*exilité* des idées : exilité obligée, vu l'immensité de la mémoire et la petitesse du cerveau. Où loger tant d'idées, si elles n'étaient pas très petites ?

Quand La Mettrie mourut d'indigestion, Diderot écrivit à Mlle Voland : « Cet homme s'est tué par ignorance de l'état qu'il professait. » C'était l'oraison funèbre qu'il méritait.

Le baron d'Holbach croyait à l'éternité du mou-

---

1. Ch. III.

vement : penser autrement, eût été admettre la création, et rejeter le fondement de la doctrine matérialiste. « Le grand tout qui résulte de l'assemblage des différentes natures, de leurs différentes combinaisons et de leurs différents mouvements est, dit-il, la nature [1]. »

En l'homme, les sensations, les pensées, les volitions sont des mouvements produits par des causes naturelles, invisibles pour nous. Notre illusion, de nous estimer libres, vient de n'avoir pas vu ces causes. Nous appartenons tout entiers à la Nature, et les êtres qui seraient en dehors d'elle sont de pures chimères.

Examinant les mouvements, d'Holbach les distingue, comme faisait, d'ailleurs, La Mettrie, en spontanés et acquis. Qu'entend-il par là? Comment des mouvements seraient-ils spontanés, quand nos volontés même ne le sont pas? « Le mouvement, dit d'Holbach, est un effort par lequel un corps tend à changer de place. » Dans l'emploi du mot *effort*, il y a une confusion, cherchée ou non, entre le conscient et l'inconscient.

Que sont les sensations et les pensées de l'homme? L'homme est un tout résultant des combinaisons de certaines matières douées de pro-

---

1. *Système de la nature*, p. 11.

priétés particulières, dont l'arrangement se nomme organe, et dont l'essence est de sentir, de penser et d'agir. Ces explications ne valent pas mieux que celles des médecins de Molière. L'opium possède une *virtus dormitiva*.

Helvétius est aussi un partisan de la sensibilité physique. La matière dont notre corps et les organes de nos sens sont faits, reçoit des impressions de la matière qui nous entoure. La conservation de ces impressions est la mémoire. Et ces impressions reçues et conservées sont mises en un certain ordre par l'effet de notre organisation. Si cette organisation était autre, nous penserions autrement. « Si la nature, au lieu des mains et des doigts flexibles, eût terminé nos poignets par un pied de cheval, qui doute que les hommes, sans art, sans habileté, sans défense contre les animaux, tout occupés du soin de pourvoir à leur nourriture et d'éviter les bêtes féroces, ne fussent encore errants dans les forêts, comme des troupeaux fugitifs[1] ? »

Je n'en doute pas, a dit M. Villemain; si une partie des hommes étaient des chevaux, les autres monteraient dessus[2].

On a le devoir de citer aussi Diderot, si l'on ne veut pas être accusé de n'avoir lu, par parti pris,

1. *De l'Esprit*, p. 28.
2. Cité par Damiron. Helvétius.

que les défenseurs ridicules du sensualisme matérialiste, et d'avoir oublié les meilleurs. Mais Diderot ne fut matérialiste que par accès. Il affirme sa croyance en Dieu dans l'*Essai sur le Mérite et la Vertu*, et dans les *Pensées*. Il est spiritualiste dans la *Lettre sur les Aveugles*, où il fait dire à l'aveugle Saunderson : « Le mécanisme animal, fût-il aussi parfait que vous le prétendez, qu'a-t-il de commun avec un être intelligent ? » Ce n'est guère que dans le Rêve de d'Alembert, qu'on peut le trouver matérialiste; et encore, écrit-il à Mlle Voland, qu'il a voulu soutenir une sorte de paradoxe.

Le paradoxe, c'est que toute matière est sensible, même la plante, même la pierre. La sensibilité ne serait qu'une forme de mouvement. La matière est en repos quand un obstacle l'empêche de se mouvoir ; levez l'obstacle et elle se meut : de même la sensibilité peut être en repos ou en action. Elle est en repos dans le marbre, en action dans les êtres vivants. L'obstacle qui la retient peut être levé, quand l'être vivant se nourrit et fait de la chair, avec la matière inerte. « Je fais de la chair et de l'âme, conclut Diderot ; je fais une matière activement sensible. » Et il pense avoir accompli le plus grand pas ; car, de la sensibilité à la pensée il y a moins loin que de l'inertie du marbre à la sensibilité.

On reconnaît en tout ceci le monisme, mais professé au profit de la matière. Tout est un, disent ces philosophes et, de plus, tout est matière.

Ont-ils vraiment intérêt à soutenir la seconde partie de leur proposition? Partant du même carrefour, le sensualisme, les uns on dit : Le monde des idées n'est rien. Et d'autres ont répondu : Il est tout ; c'est la matière qui n'existe pas. Conséquences contradictoires et pourtant également légitimes du sensualisme.

Mais comme les mots esprit et matière ne sont point définis, ou du moins comme ils ne sauraient l'être que par opposition de l'un à l'autre, on a pu se demander si les sensualistes, devenus partisans ou de la matière ou de l'esprit, n'étaient pas divisés par une simple querelle de mots. On aurait tort de le croire, et la division est plus profonde.

En effet, nous ne définissons, il est vrai, la matière que par opposition à l'esprit, et l'esprit que par opposition à la matière; mais il en résulte déjà que les deux notions sont pour nous absolument différentes. Si nous cherchons pourquoi, nous verrons que la *liberté* est le caractère dominant de l'une; et la *fatalité* le caractère de l'autre.

Mes idées s'appellent et se suivent presque malgré moi, lorsque ma volonté se relâche ; j'en conviens ; il n'est pourtant pas douteux que je pense et agis comme je veux et que j'évoque, suivant ma volonté, telle ou telle image.

Au contraire, la loi invariable règne dans la matière, et chaque phénomène reparaît inévitablement, lorsque les conditions en sont réunies.

La liberté ne cesse dans le domaine de l'esprit que précisément au point de rencontre avec la matière, au moment de la sensation. Vous n'êtes pas libre de ne pas sentir, de ne pas voir, de ne pas souffrir : là se retrouve le destin et la marque distinctive de la créature liée à un monde qu'elle n'a ni fait, ni choisi, soumise à des conditions d'existence réglées par un autre être. Et, inversement, en ce point de rencontre de la matière et de l'esprit, la matière se transforme en une idée, idée que l'esprit pourra de nouveau évoquer à sa guise, et qui fera partie de ses libres possessions, échappant ainsi à l'ordre fatal des phénomènes matériels.

D'après cela, nous trouverons toujours les idéalistes gênés par la fatalité ; et les matérialistes, en peine d'expliquer la liberté. Le monde des premiers est un rêve flottant, et ils ont beau appeler un rocher « une occasion permanente de sensations », cette occasion permanente, indépendante de notre volonté, restera un être extérieur à nous, différent de nous. Le monde des matérialistes est une machine dans laquelle la volonté n'a plus sa place, où rien ne ressemble à un acte libre.

Ceux-ci disent: revenons au bon sens et à la nature. Elle seule ne nous trompe pas ; la connaissance que nos sens nous donnent d'elle lui est adéquate; la nature est à nous, la vérité est en elle, hors d'elle nous ne trouvons que des chimères. Il n'y a de vrai que ce que nous voyons.

Ceux-là n'ont qu'à objecter, et combien de raisons les appuient, le titre seul de la deuxième *Méditation de Descartes* : De la nature de l'esprit humain et qu'il est plus aisé à connaître que le corps.

Non seulement il est plus aisé à connaître, mais il offre bien plus de garanties de réalité. On parle de chimères et d'illusions: tout peut être chimère et illusion, hormis l'être même qui est halluciné; celui-là, du moins, existe et ne peut se tromper quand il s'en tient, au début, à l'affirmation de sa propre existence, affirmation d'où sa raison déduit ensuite des conséquences nécessaires.

Voici l'espace, les soleils, les planètes ; et, dans un coin, un tout petit être qui, pendant quelques heures, a de cette immensité une claire vision, de son existence personnelle et de sa liberté, une conviction invincible. Il croit que l'Univers est quelque chose et surtout que lui-même, homme, est quelqu'un, et est mis en présence d'un objet extérieur.

Les idéalistes suppriment l'objet. Étant reconnu vrai le mot de Cyrano : « la sensation est de mon côté », le *son*, la *vue*, le *goût* sont des phénomènes moraux ; et étant accordé que la matière, si elle existe, ne ressemble pas du tout à la sensation, ils abolissent, comme inutile, la cause extérieure de la sensation. Nous ne sommes sûrs que de notre être : Dieu nous fait voir ce qu'il veut. Mais bientôt la raison, écartant les apparences, reconstitue la réalité.

Les matérialistes suppriment le sujet. L'homme n'est qu'un produit naturel de l'évolution de la matière : la sensation et la pensée sont des aspects particuliers de la terre transformée. Or, supposez vraie toute l'évolution décrite par Herbert Spencer : fût-elle une forme particulière de la chaleur, un aspect passager des forces de l'univers dans leurs courses ininterrompues, un point de cette courbe continue, une étincelle de cette grande roue ; mon âme n'en aura pas moins aperçu des vérités éternelles et nécessaires. Elle voit, elle affirme que certaines choses sont de tous les temps et de tous les mondes, s'il en naissait d'autres. Tandis que notre univers, les soleils et les planètes, les eaux et les vents, les trois formes de la matière, les sept couleurs du spectre auraient très bien pu être autres, ou n'être pas.

Puis, la concession même que nous faisions est illégitime. Mon âme, mes pensées, mes sensations ayant même le caractère le moins intellectuel ne peuvent être des transformations de l'énergie qui paraît dans la matière. Dans le passage du matériel au moral, il ne faut jamais chercher d'identité entre la cause et l'effet. Comment, dans le cas d'un coup reçu, la vitesse et la dureté du corps contondant produisent-elles en moi la douleur? Sur une enclume, elles produiraient la chaleur, et cela je puis le comprendre et le prouver, un grand mouvement perceptible pour mes yeux, s'étant changé en une quantité de mouvements moléculaires imperceptibles. En moi, si je reçois le coup, en la matière de mon corps, les mouvements moléculaires se produiront aussi, la chaleur apparaîtra comme dans l'enclume. Mais, par surcroît, naîtra un phénomène nouveau, sans relation avec les autres : la douleur. De même, un mouvement vibratoire de l'air ou de l'éther fera vibrer à l'unisson les objets matériels qu'il rencontrera, et mon corps comme les autres ; mais en touchant mes oreilles ou mes yeux, il fera naître simultanément un phénomène sans rapport, sans commune mesure avec les autres phénomènes naturels; ce sera un son, une vision. Je dis sans commune mesure ; une explication a été déjà donnée ailleurs à ce sujet[1]. Les forces qui se transforment en chaleur, en lumière ou en électricité, sont mesurées et reconnues égales sous l'un ou l'autre aspect. Mais il n'y a point de place dans l'équation pour les sensations ; et Spencer a eu grand tort de mettre en avant le principe de la transformation des forces physiques pour expliquer la production de ces phénomènes moraux.

Ce ne sont pas des forces transformées. Rien ne se perd, rien ne se crée, est la règle du monde matériel. Elle est vraie, tant qu'il existera. Le poids total de la matière, la somme totale de l'énergie n'augmentent ni ne diminuent. Mayer, établissant l'équivalent mécanique de la chaleur et voulant exprimer sa pensée par une courte formule, n'a eu qu'à traduire en latin ce que Lavoisier avait dit de la matière : *ex nihilo nihil : nihil ad nihilum*. Cela est vrai, du monde de la matière et de la force ; sous des états différents, les mêmes quantités se retrouveront toujours. Il viendra peut-être (quelques physiciens le prévoient) un état d'équilibre général qui sera la fin du monde ; état où l'on ne verra plus de chutes de température, tous les

---

[1]. V. l'*Evolution et la Vie*, du même auteur.

corps étant arrivés à posséder le même nombre de calories; la fin du monde serait la stagnation, l'indifférence, l'égalité universelle. Même alors, comme en notre temps, et comme aux premières périodes géologiques, la somme totale de la matière et de l'énergie se retrouverait identique; la répartition seulement serait devenue uniforme.

Mais à côté et en dehors de l'évolution des phénomènes du monde mécanique, s'est poursuivie une autre évolution. Peines, joies, volontés ou simplement, pour nous éloigner le moins possible de la matière, visions, auditions, odeurs, et saveurs sont écloses et se sont éteintes, illimitées en nombre et en intensité. Rien ne serait changé au cours des vibrations lumineuses et calorifiques, que la foule des vivants fût là, ou n'y fût pas, pour les voir et les sentir. Je veux bien convenir que tous nos efforts consument de la matière et que le travail même de la pensée, l'effort soutenu de l'attention active la combustion vitale: il le faut puisque notre corps fait partie de l'univers mécanique. Ce que je nie, c'est que le monde des sensations et des passions humaines soit susceptible de mesure, et se développe en échange de la dépense d'autres énergies mesurables.

Vous retrouvez dans les feuilles et les pétales de la plante le poids de l'air qu'elles ont respiré et des sucs qu'elles ont puisés de la terre. Dans le corps d'un homme passent et se consument, entre la naissance et la mort, revêtant passagèrement la forme de ce moule immatériel qui est notre figure, de l'eau, de l'air, des aliments, matériaux pondérables dont la somme peut être calculée. Mais, quand cet homme sera mort, qui pourra compter la somme de ce qu'il aura vu, senti, souffert, aimé, voulu? Ç'aura été une floraison éclatante ou pâle, touffue ou pauvre. La liberté règne dans le monde moral, et par conséquent l'inégalité. Inégalité entre les individus, entre les peuples, entre les siècles. Mesurez donc les échanges de substance et d'énergie dans le monde de la matière : le monde des idées échappe à toute mesure. Les éléments n'en sont point pesés dans la balance de Lavoisier.

N'est-il pas curieux de voir aux prises l'idéalisme et le matérialisme, issus du même sensualisme et épris de la même formule monistique : *Ens est unum : quidquid est præter unum est nihil.*

Le matérialisme marchant à la conquête de l'idée, qu'il veut ranger parmi les phénomènes matériels, rappelle la vieille légende des géants escaladant le ciel. Ils ont entassé les montagnes sur les montagnes, et le plus hardi se dressant sur la dernière cime, où son pied pose à peine, tend les bras vers les nuages. Inutile effort : il ne planera point avec les nuées, il ne s'élancera pas dans l'espace où la pensée incorporelle s'envole librement. Ses bras, ses lourdes mains s'agitent en vain dans le vide : ses yeux myopes ne pénétreront pas l'azur infini. Mais les montagnes entassées s'ébranlent : pendant l'escalade, faite sans regarder en arrière, il semble que les rocs de la base sont devenus fluides; cette assise, qui paraissait si solide, est pénétrée par l'air environnant, se fond elle-même en vapeur et l'édifice s'écroule.

En effet, les matérialistes n'admettent comme positifs que les seuls renseignements qui nous sont fournis par les sens; et cependant la philosophie sensualiste est incapable de démontrer la réalité objective de la matière.

« Si je me persuade, a dit Descartes[1], qu'il y a une terre, à cause que je la touche ou que je la vois : de cela même, par une raison encore plus forte, je dois être persuadé que ma pensée est ou existe, à cause qu'il se peut faire que je pense toucher la terre, encore qu'il n'y ait peut-être aucune terre au monde, et qu'il n'est pas possible que moi, c'est-à-dire mon âme, ne soit rien pendant qu'elle a cette pensée. »

[1]. Descartes. *Principes de la Philosophie*, 1re partie, page 70.

V

IDÉALISME

Bien plus subtils et bien plus saisissants sont les arguments du sensualisme idéaliste. L'esprit ne sera jamais conquis par la matière; le difficile est de prouver la réalité de la matière, et de l'empêcher d'être conquise par l'esprit.

En vain, Helvétius s'indigne contre l'humanité, qui abandonna l'étude de la nature pour s'occuper de fantômes; quand il est établi que nous ne connaissons et ne contemplons que nos idées, la nature s'éclipse derrière cet écran, dans lequel nous sommes enfermés, et devient elle-même un fantôme.

Nous ne connaissons et ne contemplons que nos idées : tout l'idéalisme est contenu dans cette phrase de Locke. Et Berkeley a ajouté seulement que si nous ne connaissons qu'elles, c'est qu'elles seules existent; car Dieu ne fait rien inutilement. Il prétend aussi, on l'a déjà vu, qu'appartenant à l'esprit, les idées ne peuvent être des images d'objets matériels. Ce système surprendra l'opinion commune; mais quoi! dit Berkeley, n'a-t-on pas cru longtemps que le soleil tournait autour de la terre? Il ne s'agit que de remettre les choses à leur point.

Il s'exprime ainsi:

« Il est évident, pour quiconque examine les objets de la connaissance humaine, que ces objets sont ou *des idées* actuellement imprimées en nos sens, ou *des idées* acquises par la considération des passions et opérations de l'esprit ou encore *des idées* formées par la mémoire et l'imagination. »

Dans les trois cas, nous ne percevons que nos idées. Je vois, je touche, je sens, j'entends: ce sont autant d'idées. Et qu'est-ce maintenant qu'un objet? Un assemblage d'idées.

Par exemple, une couleur, un goût, une odeur, une forme, une consistance que nous observons toujours ensemble, passent pour être une chose distincte, telle qu'une pomme. D'autres collections d'idées constituent une pierre, un arbre, un livre...

« Tout le monde accordera que les passions, les raisonnements, ou les idées formées par l'imagination ne peuvent exister hors de l'esprit. Il est tout aussi évident que toutes les sensations n'existent aussi que dans l'esprit... Quand je dis que ma table existe, je dis que je la perçois en ce moment, ou la percevrai en rentrant dans ma chambre... Je ne comprends pas l'existence absolue des choses non pensantes, en dehors de leur propriété d'être perçues. Pour elles, *esse est percipi*; et elles n'ont aucune existence hors des esprits qui les perçoivent. »

Ces choses non pensantes pourraient exister cependant, et n'être point directement connues de nous; ne l'étant que par les idées ou images imprimées en nos sens. Mais, voilà une hypothèse que Berkeley rejette bien loin. Une idée ne peut ressembler qu'à une idée, de même qu'une couleur à une couleur, et un dessin à un dessin. Cette antique hypothèse n'a aucun sens, et le monde n'a aucune réalité, sinon en nos esprits, ou en l'esprit infini. Vous convenez que toute idée réside dans un esprit. Mais, derrière certaines idées, derrière celles des substances étendues et mobiles, celles que vous appelez proprement des sensations, vous voulez qu'il y ait des corps. Le sens commun, l'aveu universel de l'humanité vous en sont garants. Pourquoi donc tout cet attirail de corps extérieurs, auxquels vous tenez tant? Vous ne sauriez ni me donner aucune bonne raison de croire qu'ils existent, ni me dire à quoi ils seraient bons, s'ils existaient.

Il se peut[1] que des substances solides, mobiles, figurées, existent hors de notre esprit et correspondent à l'idée que nous nous faisons des corps. Cela se peut, mais comment le savoir? Est-ce par les sens ou la raison? Par les sens, nous ne connaissons que les sensations, les idées, les objets, appelez-les comme vous voudrez, de nos perceptions immédiates; mais les sens ne nous apprennent pas qu'il existe des objets hors de l'esprit, non perçus, semblables à ceux qui sont perçus. Les matérialistes, eux-mêmes, vous le diront.

Et la raison? Comment croira-t-elle en l'existence des corps hors de l'esprit, hors de ce que nous percevons, puisque les « grands patrons de la matière[2] » n'osent pas eux-mêmes prétendre qu'il y ait un lien nécessaire entre ces êtres extérieurs et nos idées? Tout le monde accorde, et ce qui arrive dans les rêves, les folies et les cas semblables, met hors de doute que nous pouvons être affectés de toutes les idées que nous avons en ce moment, sans qu'il existe autour de nous aucun des corps qui leur ressemblent. L'hypothèse de corps extérieurs n'est donc pas nécessaire à la production de nos idées : elles se produisent sans eux, quelquefois, et peuvent fort bien le faire tou-

---

1. *Principes de la connaissance humaine,* § 18.
2. The very patrons of Matter.

jours. Serait-il plus facile d'expliquer comment elles se produisent, en supposant que les corps existent, et, dès lors l'existence des corps va-t-elle devenir probable? Mais, de quelle utilité nous serait cette supposition?

On dira : « Que deviennent les objets, quand la perception cesse? Il m'est aisé de penser à des arbres qui sont dans un parc, à des livres qui sont dans une bibliothèque, et de supposer que personne ne perçoit ces objets en ce moment : ont-ils cessé d'être? »

Vous le pouvez, réplique Berkeley, point de difficulté à cela[1]. Mais, que faites-vous, je vous prie, sinon former dans votre esprit, certaines idées que vous appelez arbres ou livres, et négliger en même temps de vous former l'idée de quelqu'un qui puisse les percevoir? D'ailleurs, tout le temps, vous-même, ou bien vous les percevez, ou bien vous y pensez. Tout ceci prouve que vous avez la faculté d'évoquer des idées dans votre esprit; nullement que les objets de ces idées existent hors de votre esprit. Vous voudriez concevoir, vous, ces êtres, en tant que n'étant conçus et pensés par personne; c'est une contradiction. Faites de votre mieux pour imaginer des êtres

---

1. *Traité de la connaissance humaine*, § 23.

IDÉALISME

extérieurs, vous ne contemplerez tout le temps que vos propres pensées...

« Vraiment, dit-il encore, je vais passer pour un écrivain prolixe[1] : pourquoi remanier sans profit mon sujet? Pourquoi m'étendre sur une pensée qu'on peut faire saisir en deux lignes, avec complète évidence, à tout homme capable de la moindre réflexion? Rentrez en vous-mêmes et voyez si vous pouvez concevoir qu'un son, une forme, un mouvement, une couleur, existent sans être perçus. Concevez une substance étendue et mobile, ou plus généralement parlant, une idée quelconque, — hors d'un esprit : si vous y réussissez, j'abandonne la cause... »

Et, un peu plus loin : « Il est des vérités si voisines de nous et si faciles à saisir qu'il suffit d'ouvrir les yeux pour les apercevoir. L'une des plus importantes, c'est que tous les astres du ciel et tous les ornements de la terre, en un mot, tous les corps dont l'assemblage forme ce magnifique théâtre de l'Univers, ne peuvent exister hors d'un esprit. »

Si l'on peut voir, dans le Matérialisme, un entraînement de l'esprit de l'homme vers la Nature, un amour immodéré de ses splendeurs, une con-

---

1. *Traité de la connaissance humaine*, § 22.

fiance excessive en l'universelle puissance de ses lois; on aurait tort de conclure que l'idéaliste Berkeley fut un psychologue aveugle, tout adonné à l'observation des phénomènes intérieurs et dédaigneux du monde physique.

Il aimait la nature, le poète qui écrit cette belle page :

« Regarde : les champs ne sont-ils pas couverts d'une charmante verdure? N'est-il pas dans les forêts et les bosquets, les rivières et les sources claires, quelque chose qui adoucit, ravit, transporte l'âme? A la vue du grand et profond Océan, ou de quelque énorme montagne, dont la tête s'enveloppe de nuages, nos esprits ne sont-ils pas saisis d'un frémissement délicieux?... Quelle joie sincère est la joie de comprendre les beautés naturelles de la terre[1]! »

Déclarer que le monde n'existe pas, sinon dans notre esprit et que nous marchons au milieu d'un rêve, c'est s'enfermer en soi-même et ne se fier qu'à des raisonnements abstraits. Berkeley semble avoir à cœur d'éviter le reproche; constamment il nous ramène à la matière et nous la remet sous les yeux. Il lui refuse une existence séparée de l'âme qui la perçoit; mais il l'aime comme une belle

---

1. Berkeley. *Hylas et Philonous*, IIe dial.

vision de son âme. Aucun philosophe, excepté Platon, ne s'est plus préoccupé de nous décrire les paysages au milieu desquels avaient lieu ses entretiens. Hylas et Philonous, le réaliste et l'idéaliste, ont leur premier rendez-vous dans le parc d'une Université anglaise. La cloche du soir interrompt leur conversation; et il était temps pour nous que cette cloche sonnât, car le ciel, les champs, les arbres et les maisons commençaient à flotter devant nos yeux comme des formes entrevues dans les songes. Pour nous, ce coup de cloche rompt le charme. Mais non pour Berkeley : car où retentit cette sonnerie, sinon seulement en son esprit?

Une autre fois, l'entretien a lieu dans une avenue plantée d'arbres, non loin de la mer. Passe une chasse au renard, bruyante et joyeuse; un cavalier tombe et se casse le bras. Les philosophes le recueillent, le soignent et donnent à dîner à ses camarades. Ce sont d'honnêtes gentilshommes campagnards, gais et bornés, parlant haut, buvant sec, et tout à fait persuadés de la réalité du monde extérieur. Avec eux, la matière tente un retour offensif. Berkeley ne le redoute pas.

Il ne redoute pas davantage, tant sa foi est arrêtée, les expériences, les observations précises de la science. Dans *Hylas et Philonous*, dans *Alciphron*, il est poète, amant de la nature ; dans

Siris, il est anatomiste, médecin, chimiste. Il se plonge dans l'étude minutieuse de la matière. Mais rien ne prévaut contre son principe : la matière ne peut pas être sans être perçue.

Où nous conduit la doctrine de Berkeley, poussée jusqu'à ses conséquences extrêmes ? Il est plus aisé de le montrer que de montrer les moyens de résister à l'entraînement.

Tout est *matière* est un paradoxe indigne d'un examen philosophique. Le grand point est de prouver que la matière existe.

Écoutez, en présence de la nature, vos premiers instincts : suivant les circonstances et suivant votre caractère, vous trouverez le monde extérieur beau et bon, ou triste et cruel. Dans les deux cas, vous penserez d'abord que cette bonté, cette beauté, ou bien cette tristesse sont des qualités inhérentes au monde extérieur, appartenant aux choses même. Vous n'êtes plus semblable au païen qui craint la divinité du bois ou de la source, ni à l'enfant qui frappe, pour se venger, la pierre à laquelle il s'est heurté. Mais, homme scientifique et civilisé, vous dites encore que le soleil est brûlant, que l'eau est fraîche ou qu'elle est transparente, que les forêts sont vertes. Un chêne, que vous admirez, vous inspire une sorte de respect. Vous avez presque de l'estime pour un vin qui vous échauffe le cœur et la tête : vous le qualifiez de généreux. Vous dites que de la vibration des cordes d'un violon sort une musique délicieuse et vous appelez cet instrument : harmonieux.

Or, pensez-y mieux. Qui est bleu, qui est frais et transparent, qui est brillant et majestueux, qui est savoureux, qui est harmonieux? C'est votre âme, éprouvant l'une ou l'autre de ces sensations ; c'est vous-même, mais vous-même ému et modifié au contact d'un objet, à la vue d'un spectacle, au goût d'une liqueur, à l'audition d'un concert. Objet, spectacle, liqueur, concert ne sont que des sensations. Votre sensation est vôtre ; et si vous n'avez pas de raison de dire qu'un bâton est douloureux, parce qu'un coup de bâton fait mal, vous ne direz pas davantage qu'un spectacle est beau, qu'un mets est savoureux, qu'une musique est délicieuse, parce qu'en vous se sont produites des sensations de couleur, de saveur, de son dont vous êtes charmé.

Les douleurs sont des sensations au sujet desquelles votre éducation est déjà faite : elles sont bien à vous ; vous ne les prêtez pas aux objets qui vous offensent. Pourquoi, en d'autres cas, prenez-vous pour les qualités appartenant aux choses, des impressions produites en votre esprit et n'existant qu'en lui? Les couleurs, les odeurs, les goûts, les formes même, n'appartiennent point à la Matière et n'existent qu'en tant que modifications de votre âme. Parler autrement c'est céder à l'habitude et commettre un abus de langage que la sagesse antique ne commettait pas. Par *lumen* Virgile désignait indifféremment et l'œil et la lumière ; et, pour lui *cœcus* signifiait *aveugle*, mais signifiait aussi *obscur*.

Le ciel n'est pas bleu, les prairies ne sont pas vertes, les cimes neigeuses ne sont pas blanches, le soleil n'est pas brûlant. Le vert, le bleu, le blanc, le chaud et le froid ne sont que des sensations et n'existent pas hors de l'esprit.

Nous tombons dans une erreur commune en prenant les impressions subies par notre être pour les qualités appartenant aux choses. C'est nous qui revêtons le ciel de bleu et d'or, et qui donnons leur parure verte aux bois ; c'est nous qui résonnons pendant les colères de la tempête et du vent.

Osons-nous bien penser que toutes les qualités de la création se révèlent à nos cinq misérables sens? Nous savons déjà que, même chez les animaux, il y a des yeux qui voient ce que les nôtres ne soupçonnent pas. Et autre chose que des yeux. Quand une corde vibre, nous n'entendons rien au-dessous de seize vibrations, par seconde, ni rien au-dessus de trente-huit mille [1]. D'autres êtres entendent quand nous devenons sourds, voient quand nous sommes aveugles. Et peut-être font autre chose que voir, entendre, sentir et toucher.

Mais quoi ? La présence d'un esprit qui les perçoit, étant muni d'autres sens que les nôtres, et mieux pourvu que nous, change-t-elle la nature des choses ? Elles demeurent ce qu'elles sont, tandis que les impressions sont à nous, et sont variables.

Aucun homme n'a été au pôle : des neiges blanches, des glaces grises et azurées n'en couvrent pas moins le pôle et il y règne un froid cruel. Est-ce l'homme qui, venant dans son vaisseau, apportera tout cela avec lui? Le pôle sera-t-il créé par son premier visiteur? Le pôle n'est pas créé alors, mais du moins la blancheur, l'azur, le froid le seront. Ce spectacle non perçu, ce froid non senti n'existent pas. Et c'est à quoi de nos jours la science positive ne contredit pas.

M. Huxley a déclaré qu'on avait tort de parler de la chaleur de la terre dans les premières périodes de son évolution : c'était un état de vibra-

---

1. « Les limites extrêmes des sons perceptibles peuvent être fixées à 16 et 38,000 vibrations doubles par seconde, embrassant un intervalle d'environ 11 octaves. » Violle, *Physique*, t. II, 1re partie, p. 26.

tion de la matière ; mais non la chaleur, en tant que phénomène perçu par notre sensibilité.

M. Moleschott a dit: « Sans un œil qui le voit, sans une main qui le touche, un chêne n'existe pas. »

Vous essayez de revenir aux notions vulgaires, à celles du sens commun. Vous opposez au vague et à la pâleur des souvenirs, la netteté et l'éclat des impressions actuelles et vous attribuez la différence à l'effet produit sur vous par un objet présent.

Et il est vrai, qu'entre l'idée rappelée par la mémoire et l'idée actuellement offerte par les sens il y a autant de différence qu'entre l'ombre et le plein jour. Mais ce ne sont là que des différences de plus ou moins, si, comme le dit Locke, nous ne voyons que nos idées.

Une vision est une idée, comme l'est un souvenir. En ce sens, Amiel a eu raison de dire : « Un paysage est un état d'âme. » Car vous n'avez vu que vos idées, par conséquent que vous-même. Tout l'univers est en vous. Toute la nature est en vous-même, suivant l'évêque de Cloyne. Ne dites pas, quand vous avez compris la beauté d'une scène de la nature, ou quand vous avez découvert une de ses lois : « Mon admiration ou ma conception sont miennes, en ce sens qu'en présence d'objets extérieurs, j'ai vu ou compris plus que mes compagnons. » C'est bien plus : il n'y a pas d'objets extérieurs; le monde et votre âme se confondent.

Si l'humanité disparaissait de la surface de la terre, la terre périrait-elle aussi ? Oui, si rien n'existe hors des esprits, conformément à la pure doctrine idéaliste. Non, répondront ceux qui croient, comme nous, en la réalité de l'univers matériel. Mais de la doctrine idéaliste ils devront garder une part. Si la terre survit, il ne faut pas se figurer qu'elle survivra telle qu'elle est, ainsi qu'une cage dont les oiseaux sont morts. Notre monde ne sera plus. En effet, qu'est-ce que notre monde? Des couleurs et des sons; des parfums, un tableau et un concert. Le tableau sera effacé, le concert muet, les parfums évanouis. L'homme aurait emporté, avec lui, ce que nous avons appelé le monde humain. Tout ce que nous avons connu, contemplé et aimé se sera dissipé avec nous. Notre rêve ne nous survit pas.

Il ne faut pas, à des raisonnements, mêler ses impressions et ses sentiments. Il est permis de dire, cependant, pourquoi cette considération mérite de nous toucher.

A entendre parler certaines personnes du *monde extérieur*, il semble que nous soyons à notre fenêtre regardant les spectacles, écoutant les bruits du jardin ou de la rue. Il y a des formes immobiles ou vivantes, des arbres, des collines qui se dressent, des bêtes et des gens qui passent. Et la fenêtre fermée, c'est-à-dire l'attention détournée et la sensation éteinte, le spectacle durerait sans nous. Mais non, le phénomène est moins simple et la raison nous en fait juger autrement : le spectacle étant une impression de spectateur, il est clair qu'il n'y a plus de spectacle sans spectateur. Les lumières s'éteignent quand il s'en va.

Il y a donc bien dans la nature, dans la matière, une partie humaine n'existant qu'en nous, périssant avec nous. Si l'univers est quelque chose en dehors de ceux qui le contemplent, au moins ce que nous voyons nous appartient : les formes, les couleurs, les sons ne sont que nos idées. Dès lors, on comprend que les formes et les couleurs de la nature deviennent une chose qui excite l'admiration des hommes ; une chose aussi grande, d'ordre aussi élevé que peuvent l'être les lois découvertes par les mathématiciens ou les philosophes, et qui, de même que les vérités scientifiques, se découvre aux uns beaucoup plus qu'aux autres.

Ce qui appartient au peintre, dans un tableau, n'est pas seulement la conception et l'arrangement de l'œuvre. Ne voulut-il que copier, comme Rubens, par exemple, quand il peignait ses célèbres têtes de nègres du musée de Bruxelles ; un véritable peintre exprimera une vision, exposera une idée

qui lui est personnelle. Quelques arbres, un coin
d'étang fourniront à Corot le sujet de dix tableaux,
tous différents, tous empreints d'une poésie nouvelle. Il est vrai que tel autre peintre pourra voyager tout autour du monde et rapporter des tableaux
tous pareils entre eux. Le bienfait social de l'art
est de communiquer à tout le monde la vision
personnelle de tel ou tel artiste. Quoi, s'écrient
quelques personnes, vous mettez l'art au-dessus
de la nature! Non, mais la nature vue par Corot
ou Delacroix est plus intéressante et plus belle,
que la nature vue par vous et moi.

La vision de chacun lui est donc personnelle.
Quand je découvre un objet nouveau, Londres
ou Rome, il me semble que je crée, et il est
certain qu'une nouvelle idée vient de naître et
qu'auparavant Londres ou Rome n'existaient point
en tant que perçues par mon esprit. Mais je m'en
vais ou je meurs; je me surprends (que de fois
des moralistes ou des poètes ont exprimé cette
pensée!) à m'étonner que ces objets me survivent,
à m'en indigner comme d'une chose contraire à la
nature, et injuste... Quand nous pensons à la mort,
aux affections qu'il faut rompre, nous pleurons la
perte prochaine des choses que nous aimions à
voir. Nous nous affligeons et nous nous plaignons
de notre brièveté devant l'immuable univers :

> O lac, rochers muets, grottes, forêt obscure,
> Vous que le temps épargne ou qu'il peut rajeunir,
> Gardez de cette nuit, gardez, belle nature,
> Au moins le souvenir.

La nature ne garde aucun souvenir ; mais le lac que le poète avait vu, le lac de Lamartine a disparu avec lui.

> Le temps s'en va, le temps s'en va, Madame,
> Las ! le temps, non ; mais nous nous en allons.

a dit Ronsard. Nous nous en allons, c'est trop certain ; mais notre univers s'en va avec nous. Oui, nos visions (c'est le mot qu'il convient d'employer) s'en vont avec nous, comme nos joies et nos peines ; elles sont tout aussi personnelles, aussi secrètes, et encore plus difficiles à communiquer aux autres par le secours des mots.

Ce regret, éprouvé par tous les hommes ; ce reproche douloureux adressé à leur sort, quand ils disent que leurs champs, leurs arbres et leur ciel demeureront après eux ; n'est-ce pas un souvenir inconscient de cette vérité : les objets perçus n'ont de réalité qu'en notre esprit ? Ils partent, pensant bien que leurs sentiments intimes ont appartenu à eux seuls, quoique d'autres en doivent goûter de semblables ; mais souffrant de ce que tous les objets familiers, dont la présence et la vue leur étaient chères, restent livrés à d'autres. Or, il en est de même de ce qu'ils ont senti, et de ce qu'ils ont vu. Il faut leur dire : « Vous avez aimé, d'autres aimeront : de même, vous avez joui de la vue de la nature et d'autres en jouiront. Le monde de vos affections ne vous survit pas ; le monde de vos perceptions, pas davantage. Il finit aussi avec votre vie ; et tous vos trésors, émotions du cœur ou images des sens s'envolent avec elle. »

Ces concessions faites à l'idéalisme, il faut essayer de montrer comment la raison reconstruit un monde réel, indépendant de l'homme et des sensations. Car on le voit bien maintenant, c'est la raison, et non la perception directe, qui nous prouvera la réalité objective du monde extérieur.

V

ESPACE

Imaginez que la terre et tous les corps célestes, l'air et l'éther, cette matière subtile qui remplit les vides entre les atomes et les étoiles, soient anéantis. L'espace restera; et il n'est pas plus difficile d'en former l'idée en notre esprit, que l'idée d'une grande chambre dont on aura ôté tous les meubles.

L'espace est infini; car où sont les murs de la chambre? Où pourrait-on placer des limites? Dans l'espace même et l'espace se retrouverait derrière elles, encore infini.

De pareilles pensées, quand nous nous en sommes pénétrés, nous étonnent. Il ne s'agit plus d'un être de raison; mais d'un infini sensible, palpable et physiquement présent. Ce n'est pas un être connu de notre seule raison, et dont elle ne peut concevoir la non-existence. C'est un être prodigieux qui pourrait très bien ne pas exister, un monstre colossal que nous rencontrons. Quand nous sortons de nos maisons, et perdons nos regards dans la voûte du ciel, à travers les millions d'étoiles de la nuit, il faut penser que nous levons nos têtes et étendons nos bras dans l'espace infini. Aucune parole ne sert, aucune distance ne compte; celle des soleils dont le rayon n'achève sa course jusqu'à la terre qu'au bout de millions d'années, n'est rien.

L'étonnement naturel à l'homme, en présence de cet infini qui nous touche, se montre dans les charmantes lettres écrites par Euler à la princesse d'Anhalt-Dessau[1]. Il lui fait connaître avec des nombres effrayants les distances interstellaires et « ce n'est là, dit-il, que la distance des étoiles fixes les plus près de nous, et les plus éloignées que nous voyons le sont peut-être cent fois plus encore. On s'imagine pourtant que toutes ces étoiles, prises ensemble, ne constituent qu'une très petite partie de l'univers entier, à l'égard duquel ces distances prodigieuses ne sont que ce qu'est un grain de sable par rapport à la terre. Cette immensité est l'ouvrage du Tout-Puissant, qui gouverne les plus grands corps comme les plus petits. »

1. Euler. *Lettres à une princesse d'Allemagne.* Paris, 1789, t. I, p. 4.

Il est superflu, du reste, de pousser notre imagination si loin dans les profondeurs du ciel et de fatiguer notre mémoire par l'énoncé de nombres effrayants. L'espace n'est ni grand, ni petit : il est infini. Grand et petit sont des idées issues de comparaisons avec notre corps. Imaginer des univers enveloppant le nôtre, des sphères de rayon toujours plus long est un amusement puéril. De même, se représenter chaque atome de notre corps ou des autres corps de la nature comme un monde autour duquel gravitent d'autres mondes, séparés de celui-là par d'immenses distances : immenses relativement au diamètre de ces autres mondes; c'est nous mettre volontairement en présence de spectacles qui éblouissent sans profit. Il s'agit, en réalité, d'idées simples, et nous devons nous contenter de concevoir les choses, sans aspirer à nous les représenter.

C'est ce que Descartes a dit admirablement des figures de géométrie. Celles que nous pouvons imaginer sont en fort petit nombre : un triangle, par exemple; mais nous concevons aussi facilement qu'un triangle un chiliogone, et nous ne l'imaginons pas. Ou si nous voulons l'imaginer, la vague figure qui nous apparaîtra pourrait tout aussi bien être celle d'un myriagone.

Il faut donc nous contenter de concevoir les

choses sans aspirer toujours à les voir. Alfred de Musset, en présence de l'infini, a exprimé la douleur

<blockquote>De ne pas le comprendre, et pourtant de le voir.</blockquote>

Le vers est fort beau; mais le contraire est vrai. Nous comprenons, et nous ne voyons pas. C'est un tourment pour notre esprit; car l'abstraction ne lui est pas naturelle; et toutes les fois qu'il réfléchit, même à propos d'objets que la peinture ne saurait rendre, on le surprend, essayant de se tracer un tableau et d'inventer des formes matérielles. Mais il a dû reconnaître son impuissance pour ce genre de travail, même à propos de ce qui frappe nos sens, notre vue, notre toucher, même à propos de la matière; car cette matière, au milieu de laquelle nous sommes, et dont notre corps est fait, est proprement inimaginable si nous voulons pénétrer son essence; et de tous les spectacles, montagnes, fleuves, nuages, océans, il restera des entités concevables pour notre raison, mais sans formes et sans couleurs que notre imagination puisse faire revivre.

Nous devons donc nous contenter de concevoir et notre imagination n'a ici rien à faire. Or, pouvons-nous concevoir l'infini? Les mots dont nous nous servons expriment-ils une idée? Il le faut bien ; car, non seulement, la grandeur de l'univers pris dans son ensemble est sans limites, mais si nous considérons une portion quelconque de l'espace, l'idée de l'infini sera forcément évoquée devant nous; et à proprement parler, il y a jamais qu'un nombre [1] qui serve à mesurer l'espace : c'est l'infini.

Les philosophes ont la prétention de connaître un infini autre que celui des mathématiciens. « Ce n'est pas, disent-ils [2], ce qui est actuellement sans bornes déterminées, comme certaines quantités mathématiques, mais ce qui ne peut pas en recevoir, à quelque titre et sous quelque rapport que ce soit. »

Or tel est bien l'infini des mathématiciens.

Prenez, si vous voulez mesurer l'espace, deux points mathématiques, deux points sans étendue, ni longs, ni larges, ni profonds : une ligne relie ces points l'un à l'autre. Cette ligne peut être divisée en autant de petites lignes qu'on voudra ; plus l'unité sera petite et plus le nombre des petites lignes sera grand. Il est indéfini. Il est « actuellement sans bornes déterminées ». Mais

1. Nous n'oublions pas que les mathématiciens ordinairement ne considèrent pas l'infini comme un nombre, et que, pour eux, il ne doit pas être traité comme tel. Nous croyons cependant pouvoir leur soumettre les réflexions qui suivent.
2. M. Franck. *Dictionnaire*, p. 795.

de ces unités, toutes conventionnelles, laquelle devrons-nous adopter? La moins longue que je puisse choisir, en ce moment, est encore indéfiniment divisible, et je pourrai en dire autant de toutes celles que j'essaierai de choisir. La vraie unité, non plus le terme de comparaison pris à plaisir, auquel on donne le nom d'unité, c'est la ligne la plus courte de toutes; c'est le point; c'est l'élément de la ligne, manquant lui-même de toute longueur.

Combien y aura-t-il de points sans longueur dans la ligne? L'infini; il faut y venir de plein saut, sans parcourir la série des nombres croissant indéfiniment : car aucun n'approche de celui-là. C'est un nombre cependant; il entre dans nos calculs; nous le faisons servir à nos opérations, comme le nombre trois ou le nombre cinq, et il nous est d'un usage constant. Par une induction, dont la légitimité ne peut être mise en doute, nous affirmons de lui ce que nous avons affirmé des autres nombres, sitôt qu'une foi générale à tous est apparue à notre esprit.

Revenons maintenant à notre ligne : l'unité de mesure infiniment courte, le point multiplié par le nombre *infini* deviendra une ligne : ce multiplicateur, avec le néant pour multiplicande, donne cependant un produit.

Et qu'on ne nous dise pas : il s'agit d'un multiplicande très petit et d'un multiplicateur très grand : non, l'un est le néant et l'autre l'infini. Sans l'infini pour multiplicateur, toutes choses rentreraient dans le néant. Voici donc une ligne tracée d'un point à un autre et comprenant les points en nombre infini qui existent entre ces deux points; et nous pouvons dire qu'un point, le néant en fait de longueur, multiplié par l'infini, devient une longueur. Il ne faut pas demander quelle longueur; un millimètre, un myriamètre ne sont que des quantités arbitrairement choisies et servant à comparer d'autres quantités entre elles. Les quantités géométriques, lignes, surfaces ou solides sont tout à fait indépendantes de ces conventions : ce n'en sont pas moins des réalités. Il suffit que ce soit une longueur réelle, et qu'elle soit le produit, la multiplication du point par l'infini.

Maintenant prenons cette ligne, réelle comme longueur, néant comme largeur; supposons-lui une largeur quelconque, comme en a la règle que j'ai sous la main. J'applique cette règle sur mon papier et je la retourne trois fois : elle a couvert quatre surfaces égales à la sienne. La surface totale est égale à quatre règles. Si la règle, étant aussi longue, avait été plus étroite, il tiendrait un peu plus de règles dans la surface totale, il faudrait un multiplicateur plus grand. Si la règle n'a aucune largeur, si c'est la ligne idéale, le multiplicateur croît sans aucune limite possible ; c'est l'infini. Ainsi la surface sera toujours égale à la longueur multipliée par la largeur, même quand le nombre représentant la largeur dépassera toute limite par suite du choix d'une unité assez petite pour être contenue dans la largeur un nombre de fois infini.

Nous avons le droit, bien plus, nous sommes contraints par la raison d'accepter le résultat de ces inductions : aucune démonstration n'offre plus de garantie. Ici encore, l'infini, multiplicateur, aura donné l'être au néant ; zéro, multiplié par l'infini, égale quelque chose ; c'est une expression mathématique que notre esprit est forcé d'admettre. L'infini multipliant le néant lui aura donné l'être. Il pourra aussi faire rentrer l'être dans le néant : une quantité divisée par l'infini égale zéro.

Maintenant, une troisième multiplication par l'infini fera d'une surface sans épaisseur un corps solide à trois dimensions. Le volume d'un livre, c'est une feuille de papier, surface plane, répétée cinq ou six cents fois. Moins la feuille est épaisse, et plus le nombre est élevé ; si la feuille n'avait absolument aucune épaisseur, le nombre serait l'infini.

Telles sont les idées que l'espace nous suggère. Son caractère, son attribut essentiel est l'infini. Et nous le dirons, non seulement parce qu'il nous est impossible de nous représenter au delà de tous les mondes des limites au delà desquelles l'espace cesserait d'exister, mais aussi parce que dans toute mesure d'une partie de l'espace intervient l'infini. Sans l'infini pris comme multiplicateur, la géométrie élémentaire ne peut passer de la notion du point à celle de la ligne, de la ligne à la surface, de la surface au volume. Nous avons vu comment les Pythagoriciens, faute d'admettre ce multiplicateur, avaient été forcés de supposer des distances, qu'ils appelaient διαστήματα, entre les points.

Nous savons que nous pouvons être ici critiqués pour avoir fait entrer zéro et l'infini dans la série des nombres, comme les deux termes extrêmes.

On nous dira que zéro n'est point une quantité; et que l'infini est une quantité variable. Qu'est-ce qu'une quantité infiniment grande? C'est une quantité variable, variant de telle façon qu'elle pourra toujours devenir et demeurer plus grande qu'une quantité fixe, prise aussi grande qu'on voudra.

Les termes inverses donneront la définition d'une quantité infiniment petite. Or la seconde n'est point zéro. La première n'est point l'infini actuel et immuable, tel que les philosophes le conçoivent.

L'une et l'autre répondent à la conception de l'indéfini.

Mais il nous semble qu'à cette autre manière de présenter les choses, des objections peuvent être faites.

Une quantité variable tend ou ne tend pas vers une limite. On appelle limite d'un nombre variable α, un nombre fixe a, tel que la différence $\alpha - a$, prise en valeur absolue, puisse devenir et rester plus petite qu'un nombre choisi à volonté.

Suivant cette définition, les infiniment petits auront une limite, zéro. Zéro sera donc un nombre, le nombre a de la définition. La différence α moins zéro sera plus petite que ε, si petit que l'on suppose ε; c'est-à-dire que α sera plus petit que tout ce que l'on voudra imaginer. Il tend vers zéro ; il a zéro pour limite. Si l'on persiste à nier que zéro soit un nombre, on admettra du moins que c'est une limite immuable vers laquelle tendent les valeurs décroissantes de la variable.

Il en est autrement des valeurs croissantes.

En effet, zéro est, sinon un nombre, au moins un terme fixe. Mais si l'infini n'est pas un nombre, quelle est la limite vers laquelle tendent les nombres infiniment grands? On n'en voit point. Ne nous arrêtons pas à remarquer que limite et infini sont des mots qui s'associent mal. Prenons le mot limite dans le sens de la définition mathématique : une quantité fixe a, vers laquelle tend la variable quand elle devient plus grande que toute quantité que nous puissions choisir. Cette limite est précisément l'infini : sans cela, il faut avouer qu'on conçoit une limite pour les quantités décroissantes, et non pour les quantités croissantes.

Cette différence de conception entre l'infiniment grand et l'infiniment petit se montre dans le langage. On dira : « telle quantité variable tend vers zéro ; et telle autre variable *devient* infinie », et non pas « tend vers l'infini ». Un seul des deux termes apparaît comme un point fixe, et un seul des deux buts comme pouvant être atteint.

Mais cette distinction n'est-elle pas tout à fait illégitime ? On peut dire de l'un des deux termes ce qu'on dit de l'autre. On ne mesure ni l'un ni l'autre ; d'une part, faute de quantité à mesurer, et d'autre part, faute de commune mesure. C'est ce qui est exprimé lorsque l'algèbre enseigne que l'infini divisé par une quantité finie quelle qu'elle soit, reste l'infini. De même que zéro multiplié par la quantité constante qu'on voudra reste zéro.

En géométrie comme en algèbre, les deux conceptions vont de pair, et l'on peut dire qu'elles se supposent l'une l'autre. Revenons maintenant au polygone régulier, dont les côtés deviennent plus nombreux et plus courts. Le nombre qui exprime la longueur du côté devient de plus en plus petit et celui des côtés de plus en plus grand. Le premier nombre tend vers une limite : zéro. Quelle est la limite vers laquelle tend le second, sinon l'infini ?

Tous les polygones imaginables ayant pour surface leur périmètre multiplié par la moitié de leur apothème, je dis que le cercle a pour surface sa circonférence multipliée par la moitié de son rayon... Le dirai-je parce que je pourrai construire un polygone dont le périmètre sera presque égal à la circonférence, et l'apothème presque égal au rayon ? Ce ne serait pas une démonstration absolue.

Le dirai-je parce que j'aurai qualifié le cercle de limite des polygones réguliers dont le nombre de côtés augmente indéfiniment ? Ce ne serait pas, croyons-nous, légitime. En effet, il n'est pas nécessaire, quand des quantités variables tendent vers une limite, que la limite jouisse des mêmes propriétés que les variables. Maints exemples prouvent le contraire.

Dans la série $\frac{1}{1} + \frac{1}{1.2} + \frac{1}{1.2.3} + \frac{1}{1.2.3.4}$ .... etc. une somme quelconque de termes donne un nombre fractionnaire, quantité commensurable. On prouve cependant que la limite, comprise entre deux et trois, est une quantité incommensurable. Pourquoi donc aurai-je le droit d'affirmer du cercle ce que j'ai affirmé des polygones, à savoir que la surface du cercle est égale au périmètre multiplié par la moitié de l'apothème ? Je le dirai non parce que le cercle est la limite des polygones réguliers dont le nombre des côtés croît ; ce ne serait pas une bonne raison ; mais, parce que le cercle est, lui aussi, un polygone ; c'est le polygone régulier d'un nombre de côtés infini.

Donc l'infini est un nombre. Et pour revenir au sujet qui nous occupe, ce nombre sert à mesurer non pas une quantité idéale, mais un objet réel, existant autour de nous, l'espace. Le nombre qui exprime le volume de l'espace où sont jetés les mondes, est l'infini.

On a dit que le nombre *infini* n'est pas concevable pour notre esprit : on a dit que ce n'est pas un nombre, car un nombre est essentiellement susceptible de plus ou de moins. On a demandé si ce nombre était pair ou impair, premier ou non. Ce serait ici le cas de rappeler la définition de M. Franck. Ces questions pourraient être posées, s'il s'agissait d'un nombre qu'on pourrait toujours supposer capable d'augmentation. Or, nous ne parlons pas, comme dit l'auteur du *Dictionnaire*, « de ce qui est actuellement sans bornes déterminées, mais de ce qui ne peut absolument en recevoir ».

Telle est l'idée qu'il faut nous faire de ce nombre indiqué par le signe ∞.

Cauchy a soutenu, par un curieux argument, qu'il était impossible qu'il y eût un nombre infini de choses coexistantes; il déclare impossible, par exemple, l'existence de tous les nombres entiers[1].

Voici l'argument : chaque nombre a son carré. Il y a donc autant de carrés que de nombres.

Cependant plus nous avançons dans la série et plus les carrés sont rares. Entre le carré de 4 et celui de 5, il y a un écart de 9. Entre celui de 14 et celui de 15, un écart de 29. Entre ceux de 24 et de 25, un écart de 49. Si nous avançons indéfiniment, l'écart entre les carrés des nombres consécutifs croîtra indéfiniment. Et cependant chaque nombre a le sien. La coexistence de tous les nombres entiers n'est donc pas concevable.

Cauchy tire de là cette conclusion que la terre ne tourne pas de toute éternité autour du soleil; elle aurait accompli un nombre infini de tours, ce

---

1. Cauchy. *Sept leçons de physique*.

qui ne se peut. On pourrait lui dire aussi : comment les a-t-elle accomplis puisqu'il lui en reste encore à faire? Le moment présent séparerait deux éternités : la passée et la future.

Ceci nous semble un nouvel argument propre à embarrasser l'imagination plutôt que la raison. La raison a devant elle, dans sa pleine réalité objective, un infini, qui est l'espace. Vous dites qu'il ne peut y avoir une infinité de choses coexistantes? Comptez les mètres cubes de l'espace. Vous dites que l'infini n'est pas un nombre? C'est le nombre qui les compte.

Ce qui nous gêne ici, c'est notre habitude de vouloir comparer. Et la gêne est grande, on doit en convenir, pour les esprits occupés d'arithmétique; car toute mesure est une comparaison avec une unité arbitrairement choisie. Ici, il faut concevoir et ne point comparer : la conception est facile puisque l'objet de la conception est devant nous. Et il ne faut pas, de ces deux termes extrêmes, zéro et l'infini, prendre l'un comme un terme fixe et déterminé, l'autre comme une quantité variable toujours croissante. Comme le néant, l'infini est immuable. L'un est en deçà de toute quantité, l'autre au delà de toute mesure.

Des malentendus ont pu se produire à cause de l'emploi différent qui a été fait des mêmes mots.

Descartes, par exemple, donne à l'espace le nom d'indéfini. Mais pourquoi se sert-il de cette expression? Parce qu'à Dieu seul il réservait le nom d'Infini [1].

Ce nom signifie, pour lui, la perfection dans l'ordre de l'intelligence, la puissance et la bonté.

Dieu ne tombe pas sous l'imagination : il n'a point de parties en lesquelles il puisse être divisé. Quoiqu'étant tout puissant, il soit partout présent, il ne faut pas l'appeler, comme le fait Thomas Morus une chose étendue. Ce qui remplit l'espace, suivant Descartes, puisque Descartes ne conçoit pas l'espace vide, c'est une matière créée. L'infini est au-dessus de toute chose créée et de notre esprit. A une chose existant comme nous, mais à laquelle nous ne voyons pas de bornes, Descartes réserve le nom d'indéfinie. A-t-elle des bornes? Je ne sais, dit-il assez dédaigneusement, je dis seulement que je n'en vois pas.

Les deux mots sont donc employés, le premier pour désigner l'être parfait connu de notre raison; le second pour désigner, dans le monde extérieur, sensible, les objets qui, dans l'ordre des choses créées, sont sans bornes.

Il ne saurait donc, suivant Descartes, exister

---

1. « Nous appellerons ces choses indéfinies plutôt qu'infinies, afin de réserver à Dieu seul le nom d'infini. » *Principes*, p. 80.

d'infini en grandeur seulement, et le nom ne doit pas être appliqué à l'espace qui n'est point nécessaire, point éternel, et doué d'une seule qualité, la grandeur. Il ne doit s'appliquer qu'à l'être auquel il convient sous toutes les acceptions concevables ou non concevables pour notre esprit. Il est donné improprement à un être auquel il pourrait convenir en tel sens et non en tel autre. Un être auquel appartient une seule qualité, même développée au delà de toutes limites, est fini par le manque des autres qualités. Le nom d'infini ne convient véritablement qu'à l'Infini en toutes choses.

Quand nous parlons de l'espace infini ou indéfini, nous donnons, on le voit, aux mots un autre sens ; nous nous occupons de grandeur seulement, et nous distinguons, rappelant toujours la définition de M. Franck, ce qui est actuellement sans bornes déterminées et ce qui ne peut pas absolument en recevoir. Mieux encore, le théologien Buffier[1] a distingué l'infini en puissance « ce qui, étant fini dans ce qu'il est actuellement, se trouve infini dans ce qu'il pourrait être ou devenir » ; au lieu que l'infini absolu est « ce qui dans son tout actuel est actuellement infini ».

1. Cité par M. Pillon, *Critique de l'Infini*, p. 56.

Or, tel nous apparaît l'espace; et tel est le nombre par lequel il faut multiplier les côtés d'un polygone pour obtenir un cercle. Tel est aussi l'indéfini de Descartes : on a vu à qui il réserve l'autre nom. L'indéfini de Descartes n'est pas celui des mathématiciens : ce n'est pas une variable, croissant au delà de toute quantité constante que nous puissions choisir; ce n'est pas l'infini en puissance; c'est l'infini actuel, mais infini en grandeur seulement[1].

Maintenant est-il bien certain que l'espace n'ait point de bornes ? On répondra : qu'y aurait-il derrière ces bornes ? L'espace encore. Archytas, le Syracusain, disait à ses contemporains pour qui le ciel était une grande voûte sphérique tournant tout d'une pièce et semée de clous d'or : « Je perce de ma tête votre voûte du ciel et j'agite au delà mes bras. »

1. M. Pillon a très bien montré comment la distinction des deux mots, chez Descartes, n'a pas le sens qu'on lui prête ordinairement. Il cite à l'appui la lettre du 6 juin 1647 à M. Chanut, ainsi terminée : « N'ayant aucune raison pour prouver et même ne pouvant concevoir que le monde ait des bornes, je le nomme indéfini; mais je ne puis nier, pour cela, qu'il en ait peut-être quelques-unes qui sont connues de Dieu, bien qu'elles me soient incompréhensibles : c'est pourquoi je ne dis pas absolument qu'il soit infini. »

Cependant Descartes lui-même admet que l'espace a peut-être « des bornes connues de Dieu, bien qu'elles nous soient incompréhensibles ». Plus récemment, M. Stuart Mill a examiné la question ; mais en lui donnant un caractère général. Ce qui est pour nous inconcevable, est-il par cela même impossible ? Et par exemple : de l'impossibilité où nous sommes d'assigner des limites à l'espace, devons-nous conclure que l'espace n'a point de limites ?

Telle est la question. Nous voulons la discuter, cette digression étant utile à l'étude de notre sujet. Il ne s'agit de rien moins que de savoir si nous devons nous rendre à l'évidence et croire en des vérités dont le contraire est pour nous inconcevable ; s'il n'en est point ainsi, notre raison perd toute autorité et le fondement de toute certitude est anéanti.

On ne craint pas de nous dire : si une chose est inconcevable pour vous, ce n'est pas une raison suffisante pour qu'elle soit impossible. Et inversement, si vous concevez une chose comme nécessaire, il se peut que des esprits autrement faits la voient aussi tout autrement. D'autres esprits peuvent trouver bon ce qui vous paraît absurde.

Admettre cette thèse ce n'est pas se livrer à des doléances toujours justes, toujours banales et assez inoffensives sur le peu de portée de nos esprits et le peu d'étendue de nos connaissances. Le jeu est plus dangereux. Il faudrait douter de l'évidence, perdre confiance en des vérités comme celles-ci : deux et deux font quatre, un carré n'est pas un cercle. Stuart Mill va jusque-là. Ou bien l'habitude, suivant lui, vous aveugle et vous fait prendre des coïncidences pour des nécessités. Ou bien vous aurez l'esprit fait d'une certaine façon qui n'est peut-être pas la bonne. Cette dernière supposition répond à tout, et interdit de croire à rien. Si elle est fondée, toute raison et toute connaissance nous sont refusées. Dites-nous que nos sens nous donnent des illusions, que lumière, harmonie, chaleur, n'ont de réalité qu'en nous. Nous y consentons volontiers et nous acceptons de vivre au milieu de ce rêve. Mais ne dites pas qu'en acceptant l'évidence, en niant l'absurde, la raison n'obéit pas à l'éternelle et nécessaire vérité.

Mais suivons le raisonnement de Stuart Mill et essayons de répondre. D'abord, ce qui nous semble inconcevable, dit M. Mill, et l'est, en effet, pour nous, est généralement inconcevable à cause d'une très solide association d'idées à laquelle nous sommes accoutumés. Quand, dans une expérience, une sensation est ordinairement suivie d'une autre, deux idées deviennent inséparables, et l'une ne

peut plus se présenter à notre esprit sans l'autre :
par exemple, la situation des habitants des antipodes a étonné même des philosophes : on comprenait qu'ils fussent la tête en bas, mais non
qu'ils ne fussent pas tombés de la terre, n'y étant
point attachés. C'est là, en effet, ce que nous sommes accoutumés à voir en pareil cas.

L'incapacité de concevoir ne vient peut-être
pas seulement d'une expérience limitée et incomplète : il se peut qu'elle soit inhérente à notre
esprit. Il peut avoir été créé incapable de comprendre certaines choses. Pourquoi une parfaite
correspondance régnerait-elle entre l'univers de
la réalité et l'univers de la pensée, entre le macrocosme et le microcosme, comme on disait autrefois? Cette correspondance supposée fait tout
le fondement des systèmes de Schelling et de
Hegel : il est clair cependant qu'une pareille opinion ne repose sur rien, à moins que ce ne soit
sur une révélation d'en haut [1].

Mais, quel est le sens exact du mot inconcevable?
M. Mill admet deux sens : premièrement l'inconcevable est la chose que l'esprit ne peut, en aucune
façon, se représenter, soit parce qu'elle ne comporte aucun attribut (comme les Noumènes); soit

---

1. Examination of sir William Hamilton. *Philosophy*, p. 84 et 85.

parce que les attributs qu'on lui prête seraient incompatibles entre eux. Exemples : nous ne pouvons nous représenter une chose comme ayant et n'ayant pas un certain attribut, deux et deux faisant cinq, deux lignes droites limitant une surface, un carré rond, un corps, à la fois blanc et noir, le temps et l'espace ayant une fin. Secondement, l'inconcevable est ce qui nous paraît impossible, quoique nous puissions fort bien nous le représenter; par exemple, le cas des habitants des antipodes. Sir William Hamilton propose de donner au mot « inconcevable » un troisième sens. Il appelle idée inconcevable celle que nous ne pouvons faire entrer dans une idée plus générale, laquelle en rendrait compte; il confond ici *comprendre* et *concevoir*.

Un fait particulier, la chute d'une pierre, m'est expliqué par un fait général, la gravitation; celle-ci est la cause seconde de celle-là. J'ignore la cause de la gravitation; mais je conçois cette loi universelle. Certainement donc Hamilton a tort de dire : « Nous concevons, nous comprenons une chose, quand nous pensons à elle comme contenue en quelque autre chose. » Faire cela, pour l'infini, serait le considérer comme fini, ce qui est contradictoire et absurde. Les mots *comprendre* et *concevoir* n'ont pas la même signification.

Comme le dit très bien M. Mill : pour sir William Hamilton, l'inconcevable ce serait l'inexpliqué. Mais provisoirement acceptons les trois définitions. Suivant les deux dernières, M. Stuart Mill a parfaitement raison, quand il affirme que ce qui est, pour nous, inconcevable, peut néanmoins être vrai. Oui, une chose qui nous paraît impossible peut être vraie. Une chose dont nous n'avons pas l'explication peut être vraie également. La science n'est-elle pas toujours en présence de phénomènes inexpliqués? C'est ainsi qu'elle progresse, en ne fondant ses lois que sur l'expérience acquise; on peut dire qu'elle ne donne ses explications qu'après coup. Mais restons-en à la première définition qui est la bonne, à notre avis; les choses inconcevables ne sont ni les choses paraissant impossibles, ni les choses inexpliquées; ce sont les choses que l'esprit ne peut, en aucune façon, se représenter : comme un carré rond, deux et deux font cinq, l'espace limité, etc.

Il est possible, suivant M. Mill, que ces choses soient néanmoins vraies. Nous disons le contraire, soit par une habitude invétérée qui nous empêche de voir, soit par suite de la constitution de notre esprit, lequel pourrait être constitué autrement.

Si c'est par habitude invétérée, le cas n'est pas

sans espoir. On peut échapper, par la raison, au pouvoir de l'habitude. Et le genre de folie que Mill impute à l'habitude est le moins grave. « Je ne puis, dit-il, à cause de l'habitude, concevoir un certain objet sans un certain attribut, l'objet A sans l'attribut B, l'espace sans l'infini. » C'est parler de l'habitude comme Hume l'aurait fait, et aller jusqu'aux plus extrêmes conséquences du sensualisme.

Mais Stuart Mill n'accuse pas seulement l'habitude. Je dis qu'il est inconcevable qu'un objet soit A et ne soit pas A, et que deux et deux ne soient pas quatre, ou qu'un carré soit rond. « La faute en est, répond M. Mill, à la nature de votre esprit, et cela pourrait être vrai pour un autre : ce n'est inconcevable que pour vous. » Et il essaye de chercher comment un autre esprit pourrait voir autrement. Concevoir un carré rond ou un corps à la fois blanc et noir, c'est seulement admettre que deux sensations peuvent être produites en nous simultanément par le même objet. J'ai l'idée d'un carré dur ou d'un carré pesant : ici deux sensations simultanées ne s'excluent pas ; au contraire, l'expérience et l'habitude m'ont toujours fait voir un objet cessant d'être carré quand il devient rond. Aucun objet ne produit simultanément les sensations de rond et de carré. Pourquoi? Les deux sensations ne pourraient-elles pas aussi se produire en moi simultanément?

Oui, cela pourrait être; mais toujours on raisonne ici comme si la sensation était l'unique source de connaissance. En réalité, les choses ne se passent point comme M. Stuart Mill l'indique. J'ai une conception, celle, par exemple, du carré, en laquelle les sensations n'ont aucune part. Et quand bien même j'aurais la faculté de percevoir, à la fois, un cercle et un carré, le cercle n'en resterait pas moins cercle, et le carré, carré.

A-t-on remarqué une distinction établie par M. Mill? Si je ne puis dire « A n'est point A », c'est à cause de la constitution de mon esprit. Mais si je ne puis pas concevoir l'idée de A sans l'idée de B, ce n'est plus qu'en raison de l'habitude prise de les voir unies. Or, concevoir un carré, non carré, un carré rond, ce n'est pas concevoir l'idée A sans l'idée B. C'est dire précisément A n'est point A; c'est prétendre qu'une chose peut être et ne pas être; et cet exemple rentre dans la première catégorie, celle des propositions qui ne peuvent être admises que par des esprits autrement constitués que les nôtres.

Je conçois, répondrais-je encore, le cercle et le carré; mais ces idées ne me sont pas venues de mes sens; car je n'ai jamais rencontré de cercles, ni de carrés dans la nature. Je puis penser à un cadre en fer à quatre angles droits et à côtés égaux, qui soit dur et pesant : la matière de ce cadre n'a aucun rapport avec l'idée géométrique et parfaite qui est en mon esprit. En ce sens il est absolument vrai de dire que je n'ai pas plus l'idée d'un carré lourd ou dur que l'idée d'un carré rond.

Si les idées ne nous venaient que par les sens, on comprendrait qu'il y eut des idées contradictoires, nées de sensations doubles, simultanées et contraires, montrant un objet à la fois blanc et noir; bien qu'on puisse se demander pourtant quel serait l'état d'esprit des gens sujets à de pareils éblouissements. Mais si nos idées nécessaires ne viennent pas des sens, nous ne sommes pas sujets à cette maladie; et, la sensation simultanée nous fût-elle donnée, nous saurions garder distinctes nos idées pures.

Vous ne voulez pas, dira-t-on, que les idées générales et abstraites, que les concepts géométriques dont vous vous croyez certains viennent des sens ; soit. Elles tiennent à la constitution de votre esprit, à votre genre particulier de folie et il reste vrai qu'un esprit autrement fait que le vôtre ne les posséderait pas.

L'homme a par bonheur de bonnes garanties en faveur des idées qu'il appelle nécessaires, et dont il ne peut pas concevoir le contraire. Une chose ne peut être et à la fois ne pas être, posséder l'attribut A et ne pas le posséder; sur cet axiome s'élève l'échafaudage immense de nos connaissances mathématiques. Toutes les autres affirmations sont vraies si cet axiome est vrai. Et dans tout cet ordre de pensées, nous devons croire que ce que nous concevons est éternel et nécessaire, et que ce qui est inconcevable pour nous est faux. S'il y a erreur, c'est au début.

Mais voici pour notre raison une confirmation magnifique. Ouvrons les yeux sur le monde extérieur : les phénomènes se produiront suivant les lois que la raison a trouvées. Un ingénieur qui bâtit un pont saura déterminer d'avance la charge que le pont peut porter; un hydraulicien calculera la montée et la vitesse d'écoulement des eaux; un astronome le retour des astres. Tous les calculs opérés sur des êtres de raison seront vrais encore, quand ces êtres auront pris un corps fait de matière. Un correspondant de Leibniz a pu dire que la physique était la géométrie à l'état concret [1].

---

[1]. « Philosophia naturalis nihil aliud est quam mathematica concreta. » (Conring an Leibnitz, 26 février 1678. — Gehrardt : *Die Philosophischen* Schriften von Gottfried Wilhem Leebnitz, t. 1, p. 191.)

Ainsi donc, si nous nous sommes trompés dans les déductions de notre raison, nous sommes trompés encore par les résultats de notre expérience. Tout l'univers conspire à la supercherie dont nous sommes victimes.

Peu importe ici que l'univers soit un être réel, ou une apparence, comme Berkeley le prétend; car Berkeley lui-même conviendrait que l'ordre de nos raisonnements et l'ordre de nos expériences externes sont deux choses différentes. Lors donc que je puis dire d'une vérité : « Ma raison ne peut concevoir le contraire » ; et dire encore : « Mes yeux et mes mains ne me feront jamais voir ou toucher le contraire »; cette vérité est doublement confirmée.

Pour trouver satisfaction dans cette double garantie, il faut, nous en convenons, avoir rompu avec le sensualisme. Si toute idée vient des sens, nous avons tort de séparer l'ordre des raisonnements de l'ordre des expériences : le premier procède du second, et il n'y a pas d'idée nécessaire, puisqu'il suffit, comme le dit M. Mill, d'une sensation nouvelle, inconnue, pour changer mes idées. Mais si la conviction s'appuie sur ces deux colonnes : raison, expérience, cette conviction est fondée sur la vérité.

Un mot terminera cette digression. On peut

nous opposer encore une objection : « Vous parlez de vérités éternelles et nécessaires, que vous trouvez dans la raison : de quel droit en cherchez-vous la confirmation dans le monde qui n'est ni éternel, ni nécessaire ? » Le monde est contingent ; mais la loi nécessaire s'applique à lui tant qu'il existe, et je la trouve appliquée en lui, affirmée en moi. Le nécessaire ne cesse pas d'être nécessaire, pendant le passage du contingent.

Revenons maintenant à notre première question : « L'espace est-il infini ? » M. Mill dit que nous le croyons tel, non pas même à cause de la constitution de notre esprit, mais par cet effet d'habitude qui nous empêche de concevoir un certain objet sans un certain attribut, parce que nous les avons toujours vus l'un et l'autre réunis. Ce sont là des habitudes que chaque instant de notre vie a renforcées. Jamais nous n'avons eu et ne pouvons avoir l'idée d'un objet, ou d'une portion d'espace, sans l'idée d'une autre portion d'espace à la suite : ces idées, sont inséparables. « Qui nous empêche, dit M. Mill, de supposer que dans un autre état d'existence, nous soyons transportés au bout de l'espace et qu'instruits de ce qui arriverait par une impression d'un genre totalement inconnu à notre état présent, nous devenions à la fois capables de concevoir le fait, et d'apprendre qu'il est vrai? »

La question a été portée plus haut. Si nous pouvons croire que ce qui est absolument inconcevable pour nous, comme un carré rond, est faux, il est faux que l'espace ait des limites, car nous ne pouvons les concevoir. L'infini du nombre n'existe qu'en notre raison. Celui du temps, antérieur et postérieur à notre courte vie, est étranger à nous. L'espace infini nous touche : il est devant nous, comme le sont les arbres, les montagnes, les nuages ; c'est un objet sensible, une réalité comme l'univers.

Étant infini, est-il éternel? Est-il nécessaire? Non, pas plus que le reste de l'univers. Il faut admettre encore quand nous voulons reconnaître les caractères de nécessité et d'éternité, le critérium de notre raison. Une chose est éternelle et nécessaire quand il nous est impossible de concevoir qu'elle cesse d'être, ou que le contraire soit. Telle est la certitude que nous donnent les vérités mathématiques.

Mais ici nous n'examinons pas un être de raison. L'espace est une réalité physique, et les réalités physiques sont contingentes. Elles pourraient ne pas être. Puis-je supposer que la terre et tous les corps célestes qui brillent la nuit n'existent pas? Certainement oui. Que l'espace soit vide de toute matière impénétrable, et qu'aucune lumière, aucune chaleur n'aient paru dans la nuit profonde et glacée? Oui encore. L'espace reste. Mais enfin l'existence de l'espace est-elle nécessaire? Non. C'est un être contingent.

Pour éviter toute confusion, rappelons le sens des mots.

Une chose réelle peut n'être point nécessaire. Elle existe; elle peut ne point exister. On peut démontrer qu'elle existe; on peut très bien concevoir qu'elle n'existe pas.

Pourquoi donc avons-nous invoqué au sujet de l'espace le critérium de la raison? Était-ce pour en démontrer la réalité? Non, et la nécessité moins encore. Nous avons voulu dire seulement : si l'espace est une réalité objective, cette réalité s'étend à l'infini. Ou ce n'est rien, ou c'est l'infini.

On peut même ajouter : comment ne serait-ce rien? Suivant l'opinion des idéalistes : l'espace est du moins une idée, une vue de l'esprit, comme le sont les objets matériels qu'il contient; or, l'idée d'un objet particulier est une idée limitée par l'idée des objets voisins. Mais l'idée de l'espace est sans limites. Que vous lui donniez une existence réelle, hors de nous, ou que vous en fassiez une vue et une forme de notre esprit; vous ne pourrez d'aucune façon concevoir un espace limité.

Maintenant nous nous demandons s'il a une existence réelle, objective, hors de nous, et d'abord, s'il l'a nécessairement.

A cette première question, nous avons répondu déjà par la négative.

En effet, il suffit pour écarter d'une chose le caractère de la nécessité, que le contraire puisse être conçu ; on peut chercher à démontrer que l'espace existe objectivement; mais on peut très bien concevoir qu'il n'existe pas. Tous les idéalistes en donnent la preuve; à cet égard, Kant et ses disciples, qui sont des idéalistes non sensualistes, sont d'accord avec les idéalistes sensualistes anglais. Pour eux, et certainement pour le plus grand nombre des philosophes de l'antiquité et des temps modernes, les seuls êtres réellement existants sont les esprits; la nature entière n'existe qu'en eux, et l'espace n'est que la forme générale de leurs visions.

Quelques-uns ont pensé même qu'un espace différent de l'espace à trois dimensions était concevable. Le physicien anglais Tait a essayé d'imaginer l'espace à quatre dimensions. On a prétendu que dans un univers tout en surface, à deux dimensions, habité par des êtres tout à fait plats, ces êtres auraient autant de difficulté à se représenter les profondeurs de l'univers où nous vivons, que nous en avons à imaginer l'espace à quatre dimensions.

On dira : « Vous prétendez que les lois mathématiques sont éternelles et nécessaires. Leur existence, pourtant, est liée à celle de l'espace, que vous déclarez contingent. » Nous répondrons ce que nous avons dit à propos de la matière. La loi éternelle et nécessaire est la loi d'identité : les déductions qu'on en tire s'appliquent à la matière, à l'espace, êtres contingents, tant que ces êtres dureront.

La géométrie n'est qu'un chapitre des mathématiques. Les mêmes problèmes ont une solution géométrique et une solution algébrique, et l'analyse créée par Descartes réduit en formules d'algèbre les figures de la géométrie.

L'espace est, évidemment, la condition d'existence de la matière, et les concepts que nous avons de l'une et de l'autre sont inséparables. Mais s'il est facile de nous représenter l'espace vide, un univers sans matière, il n'est pas beaucoup plus malaisé de supposer un univers sans espace.

M. Stuart Mill a dit : « Dans un autre état

d'existence, nous pourrions être transportés aux limites de l'espace. » Cela n'est pas. L'espace n'a pas de limites. Il existe réellement, ou il n'existe pas. S'il existe, il est infini. Mais on peut très bien soutenir l'opinion que voici :

Dans un autre état d'existence, nous pourrions nous apercevoir que l'espace infini n'est plus, et que ce n'était là qu'une forme générale des choses matérielles, une apparence qui leur est donnée; ou plutôt que notre esprit a été ainsi fait qu'il appelle objets matériels un certain nombre d'impressions particulières, et que le caractère commun à toutes ces impressions est de paraître produites par des êtres existant tous à la fois, bien que nous ne les percevions que les uns après les autres.

La succession de nos perceptions devient alors le temps ; et la coexistence de ce que M. Taine appelle les possibilités permanentes de nos sensations, n'est intelligible que sous la forme de l'espace.

L'ordre des coexistences, c'est le nom que Leibniz donne à l'espace. Ce ne serait là qu'une manière de présenter les choses à nos esprits, et il pourrait y en avoir d'autres.

En cette vie même, n'avons-nous pas connaissance d'un univers sans espace, celui en lequel vivent nos âmes? Même unie au corps, notre âme n'occupe point de place. Ce qui, en nous, pense, aime et souffre n'a point de demeure en ce monde matériel, et c'est en vain que les médecins cherchent à découvrir, et, comme ils le disent, à localiser le siège de l'âme. L'espace n'est pas même nécessaire à ce que nous appelons les sensations matérielles : l'ouïe et la vue peuvent s'en passer. Pour l'ouïe, il n'y a point de doute ; le domaine des sons et de l'harmonie est hors de l'espace et de l'univers matériel. Pour la vue, on va nous contredire. Quoi! vous voulez voir sans espace? Un objet visible, si petit qu'il soit, occupe une portion de l'espace. J'en conviens pour ce qui est de l'objet lui-même, s'il existe. Mais il n'en est point de même de la sensation causée par l'objet, de l'hallucination, de l'image peinte en mon esprit. Et je pourrais, si Dieu l'eût voulu, jouir des plus intimes plaisirs de la vue, admirer les plus brillants spectacles, sans espace, sans matière, et ni plus ni moins que je puis jouir des fantaisies que j'invente, les yeux fermés.

Et l'idée de l'immortalité des âmes, idée qui appartient aussi bien aux esprits les plus simples qu'aux plus cultivés, se présente à nous. Tous, nous avons la conception d'un univers sans espace; car où plaçons-nous les âmes immortelles? En quel coin du ciel infini allons-nous les loger, et de quelle place ont-elles besoin? Un univers peut exister sans matière et sans forme, peuplé d'âmes : en cet univers réside déjà, pendant la vie, la partie de nous-même qui pense, et qui veut; et la foi des humbles, comme le raisonnement des sages, en a fait la patrie où les âmes immortelles se retrouveront.

Donc, la raison conçoit la non-existence de l'espace; et aussi la survivance de l'Etre, dénué de cette forme. L'espace n'est pas la condition de l'Etre; ce n'est pas l'Etre par excellence, précédant tous les autres, puisque je suis, moi-même, en ma conscience, en ma raison, quelque chose d'étranger à lui. L'espace n'est pas la condition de l'Etre et ne précède tous les autres que pour ce qui est des corps matériels; de même que les corps matériels, il pourrait ne pas exister. Il est donc infini et cependant contingent.

Ceci nous permet de répondre en passant à quelques objections. Comment supposer, ont dit beaucoup de philosophes, l'existence d'un être réel, infini, qui n'est pas Dieu? Si vous les confondez, vous tombez dans le panthéisme; si vous les séparez, lequel sera Dieu, de ces deux infinis? S'il y a un danger de tomber dans le panthéisme, ce sont les idéalistes qui le courent. Notre Dieu n'est pas le Dieu de Spinoza. Il est l'Être nécessaire, et en tout l'univers, même en l'espace infini, nous ne voyons que des êtres contingents, avec lesquels Dieu ne peut se confondre.

Pas plus que les objections physiques et mathématiques, les objections ayant un caractère théologique ne sauraient faire avouer que la réalité de l'espace est impossible, si en même temps on en reconnaît la contingence.

Les unes comme les autres entraînent, si on les accepte, sur le chemin du panthéisme. Les unes comme les autres procèdent de la très naturelle et très désastreuse philosophie unitaire ; philosophie de laquelle sont nées, avec la même facilité, la doctrine de la mécanique universelle et la doctrine du rêve universel ; d'une part, le cerveau machine et, d'autre part, les arbres et les rochers, pures et simples sensations.

Clarke appelle l'espace et le temps des attributs de Dieu : les attributs supposent une substance ; il faut un Être éternel et présent partout, puisqu'il y a un temps éternel et une étendue sans limite.

Newton avait dit, avant Clarke : *Durat semper, adest ubique, et existendo semper et ubique, durationem et spatium, æternitatem et infinitum constituit.* Les deux idées se ressemblent : mais Clarke part de l'espace et du temps pour remonter jusqu'à Dieu ; il en tire une preuve de l'existence de Dieu. Newton possède bien d'autres preuves; il fait au contraire dériver l'espace et le temps de l'existence de Dieu, et il en fait des résultats de cette existence, des créatures, non des attributs.

Qu'est-ce, en effet, que des créatures? Certainement la raison s'embarrasse et les conceptions deviennent un peu confuses, quand il faut se dire : le temps éternel, l'espace infini sont des réalités : il y a une autre réalité éternelle, infinie : c'est Dieu, et il ne peut se confondre avec le temps et l'espace. Cependant les heures s'écoulent, oisives et muettes, l'espace s'étend morne et vide : notre Dieu est l'infini dans la puissance, l'action, l'intelligence, l'amour.

L'infini de la puissance et de l'intelligence, qui est Dieu, peut exister en même temps que l'infini de l'espace, et le précéder, et lui survivre.

L'espace est une réalité; oui, tant que l'univers sera une réalité. Mais l'univers peut ne pas être, l'espace aussi peut ne pas être. Rien ne se perd, dit la science, et l'expérience lui a donné raison ; mais cette loi même est contingente, dépendante de l'existence de l'univers. L'univers durant, je ne puis concevoir qu'un kilogramme de matière, un kilogrammètre de force soient anéantis; je le conçois, l'univers cessant et, alors, il n'est pas plus difficile, en somme, d'admettre l'anéantissement de l'espace infini, que l'anéantissement d'un gramme de matière.

Matière, espace, sont des réalités, en ce sens que l'espace, par exemple, existe aussi bien que l'esprit de l'homme, et qu'il existait tel quel avant la création de l'homme. Mais ce sont des réalités contingentes; l'espace est un infini contingent. L'homme est un être contingent. Ce sont là ce que la religion appelle des créatures. La réalité nécessaire précédant l'espace, le temps et l'homme : c'est Dieu.

Si l'on nous dit qu'il est difficile de réunir ces deux idées : infinité et contingence, à propos de l'espace, nous répondrons que l'œuvre accomplie, la chose produite par la volonté d'un auteur infini peut, elle aussi, être infinie. Il y a une question plus embarrassante : celle de l'existence de l'homme. Car Dieu n'est pas l'étendue; mais Dieu est la pensée; et voici qu'une pensée apparaît, une volonté libre se dresse en dehors de l'intelligence infinie et devant la volonté toute-puissante. Là, est la vraie difficulté et c'est là qu'il faut dire, avec Bossuet, que nous tenons le premier et le dernier anneau de la chaîne, mais que nous ne savons pas où passe le reste. L'existence de la créature intelligente et libre est bien plus inexplicable et mystérieuse que n'est l'étendue illimitée des solitudes de l'espace.

Nous avons dit que l'espace peut être une réalité objective extérieure à nous. Nous n'avons pas prouvé qu'il le fût. Pour en venir là, il faut montrer d'abord que l'idée de l'espace, quoique étant l'idée d'une chose contingente, est innée, antérieure à toute sensation.

Bien entendu, cette opinion est niée par le sensualisme. Locke démontre longuement que nous n'apportons avec nous aucune idée innée. Hume a dit : « The idea of extension is entirely acquired by the senses of sight and feeling [1]. »

Nous trouvons dans l'œuvre de Kant la preuve du contraire, et nous nous en rapportons à lui.

Si nous avons bien compris Kant, l'homme vient en ce monde muni de sens, au moyen desquels il perçoit des phénomènes : en son âme, est déposé un trésor de vérités universelles et nécessaires qu'il voit par le sens intime, comme il voit le monde par les sens externes. Sa connaissance des choses extérieures est toujours un mélange de l'expérience et de l'idée pure ; et, par la critique, il peut toujours revenir à l'idée pure et la séparer de

---

[1]. Hume, *Traité de la nature humaine*, p. 165.

tout mélange. Dans ce trésor des notions déposées en l'esprit, et précédant l'expérience, on voudrait voir entrer, non seulement les idées mathématiques et la morne idée de l'espace; mais les idées du bien et du beau. On le peut, et Kant, dans la *Critique de la raison pratique*, donne l'avantage à la loi morale, déposée en l'esprit, sur l'expérience, l'habitude ou surtout l'intérêt.

La critique de Kant sépare, dans nos jugements, dans nos concepts, dans nos intuitions, ce qui est pur de ce qui est empirique. Intuition pure, jugements *à priori* forment l'objet de l'esthétique et de la logique transcendantales. Leurs caractères sont la nécessité et l'universalité : caractères obligés de ce qui procède de la raison et de ce qu'aucune expérience ne peut contredire.

Les intuitions pures, les jugements *à priori* sont toujours unis à nos expériences sensibles et aux jugements que nous en tirons. Aucune connaissance véritable ne peut se former autrement en notre esprit. Il nous est permis de faire abstraction de toute expérience sensible : il ne nous est pas possible d'exclure de notre œuvre expérimentale toute idée pure. Le nécessaire, l'universel, l'infini, sont mêlés aux moindres pensées de notre âme, aux moindres actes de notre vie.

La méthode expérimentale serait impuissante,

si elle était vraiment telle que beaucoup de savants la définissent. Il serait curieux et facile, nous l'avons dit déjà, d'appliquer la critique de Kant aux sciences d'observation, et de distinguer en elles ce qui provient vraiment de l'expérience, et ce qui relève des notions pures. Kant, lui-même, ouvre le chemin :

« Lorsque Galilée, dit-il, fit rouler sur un plan incliné des boules dont il avait lui-même déterminé la pesanteur, ou que Toricelli fit porter à l'air un poids qu'il savait être égal à une colonne d'eau à lui connue, où que, plus tard, Stahl transforma des métaux en chaux et celle-ci à son tour en métal, en y retranchant ou en y ajoutant certains éléments, alors une nouvelle lumière vint éclairer tous les physiciens. Ils comprirent que la raison n'aperçoit que ce qu'elle produit elle-même d'après ses propres plans, qu'elle doit prendre les devants avec les principes qui déterminent ses jugements suivant des lois constantes, et forcer la nature à répondre à ses questions, au lieu de se laisser conduire par elle comme à la lisière; car autrement, des observations accidentelles et faites sans aucun plan tracé d'avance, ne sauraient se rattacher à une loi nécessaire, ce que cherche pourtant et ce qu'exige la raison. Celle-ci doit se présenter à la nature, tenant d'une main ses principes, qui seuls peuvent donner à des phénomènes concordants l'autorité de lois, et de l'autre les expériences qu'elle a instituées d'après ces mêmes principes. Elle lui demande de l'instruire, non pas comme un écolier qui se laisse dire tout ce qui plaît au maître, mais comme un juge qui a le droit de contraindre les témoins à répondre aux questions qu'il leur adresse[1]. »

Quelle serait la règle du juge, et au nom de quoi ferait-il subir un interrogatoire aux témoins, s'il ne possédait en lui-même la notion d'une éternelle et nécessaire vérité? S'il ne savait que les effets ont des causes et que les choses ne peuvent pas être et n'être pas?

Mais ce n'est pas à titre de vérité éternelle que nous possédons l'idée de l'espace.

On l'a vu, l'espace est une réalité contingente. Et cependant l'idée de l'espace est innée.

L'idée de l'espace, suivant Kant, précède dans notre esprit toute expérience sensible.

Nous n'aurions pas l'idée de la matière si ses formes et ses couleurs, sa solidité, sa pesanteur n'avaient frappé nos sens. C'est une idée toute contingente.

Mais nous pouvons fermer les yeux et supposer que tout d'un coup toute la matière a disparu :

---

1. *Critique de la raison pure*, trad. Barni, vol. I, p. 21.

plus de terre, plus d'astres dans le ciel. L'espace demeure, quoique absolument vide. Il est impossible, dit Kant, de se représenter qu'il n'y ait point d'espace, quoiqu'on puisse bien concevoir qu'il ne s'y trouve pas d'objets.

Il est clair que cette idée précède la première impression venue des objets extérieurs. Le mot *extérieur à moi* signifie *occupant une portion de l'espace autre que la mienne* : la sensation rapportée à un objet extérieur présuppose l'idée de l'espace. Loin que cette idée vienne de l'expérience, aucune expérience n'est possible sans elle.

Maintenant quelle est la nature de cette idée ? C'est une intuition, dit encore Kant ; ce n'est pas un concept. Seulement c'est une intuition pure. Ces mots ont besoin d'être expliqués. Intuition a, pour lui, à peu près le même sens que perception externe : c'est la vue directe d'un objet, sans intermédiaire, sans comparaison avec les objets voisins. Une intuition n'est pas abstraite et générale comme peut l'être un concept : on a le concept d'un triangle, par exemple, en se représentant les qualités particulières qui font un triangle, ou une infinité de triangles, à l'exclusion d'une infinité d'autres objets. Cela se définit, se limite et se rai-

1. *Critique de la raison pure*, trad. Barni, p. 78.

sonne. C'est pour l'esprit, si j'osais ainsi m'exprimer, un produit de fabrique. L'intuition, c'est la matière première, c'est la prise de possession d'un objet, et d'un seul objet passant de l'extérieur en notre esprit, au moyen de nos sens. L'étude de ce genre d'opérations intellectuelles est appelé par Kant : esthétique, du grec αἴσθησις, sensation.

Maintenant comment l'idée de l'espace est-elle une intuition, une vue du dehors, puisqu'elle précède toute expérience extérieure ? C'est une intuition pure, de laquelle Kant nous a soigneusement fourni lui-même la définition. Il appelle connaissances *à priori*, par opposition aux connaissances *à posteriori, ou empiriques*, celles qui ne dépendent point de l'expérience extérieure. Et parmi les connaissances *à priori*, il appelle connaissances *pures* celles qui ne contiennent absolument rien qui vienne de l'expérience extérieure. Une connaissance peut être *à priori* sans être *pure;* par exemple, ce jugement : tout changement a une cause. Un jugement est un acte complexe, comprenant une affirmation ou des notions. Ici, l'affirmation est bien *à priori;* mais la notion de changement provient certainement de l'expérience ; car le changement n'est point nécessaire, et un ordre immuable et immobile n'est point contraire à notre raison.

Donc le jugement en question ne saurait être rangé parmi les connaissances pures[1].

Il suit de là, au moins nous le pensons, qu'une intuition ne peut pas, comme un jugement, être *à priori*, sans être pure. En effet, elle est un acte simple de notre esprit, et, ne réunissant pas plusieurs éléments, elle ne peut réunir plusieurs qualités opposées. Elle est pure ou elle est empirique. Comment est-elle pure? Comment une notion pure appartient-elle à l'esthétique, puisque l'esthétique étudie l'âme recevant la notion des objets extérieurs au moyen des sens? Kant n'hésite pas à joindre aux sens proprement dits, un sens intime par lequel nous percevons ce qui est en nous-mêmes. Par la sensibilité, nous acquérons des notions en considérant les objets extérieurs, et d'autres notions en considérant notre esprit et ce qui est déposé en lui; nous avons des sens extérieurs et un sens intime. Détruisez, dans un objet, tout ce qui est venu par les sens extérieurs : effacez la couleur, rompez la solidité, annulez le poids; il vous restera l'idée de l'espace occupé par l'objet et l'idée de sa substance. Espace et substance sont des intuitions pures, perçues par le sens intime.

---

[1]. *Critique de la raison pure*, p. 46 et 48.

Pour que certaines sensations, dit Kant, soient rapportées à quelque chose d'extérieur à moi (c'est-à-dire à quelque chose qui est dans un lieu de l'espace différent de celui que j'occupe) et même pour que je puisse me représenter les choses comme extérieures les unes aux autres, c'est-à-dire non seulement comme différentes, mais comme occupant des lieux distincts, la représentation de l'espace doit être posée en principe. D'où il suit que la représentation de l'espace ne peut dériver des rapports du phénomène extérieur par l'expérience; mais bien que l'expérience elle-même n'est jamais possible que par cette représentation.

Si l'idée de l'espace précède toute expérience elle est bien ce qu'autrefois on appelait innée. Ainsi donc, si l'espace est réel, il faut concilier en lui ces trois caractères: infinité, connaissance innée, et contingence. C'est une rencontre qui surprend et une conciliation qu'on n'a lieu de faire en aucun autre cas.

En effet, les caractères que la raison reconnaît propres aux idées innées, sont d'être universelles et d'être nécessaires. Elles sont universelles, elles ne s'appliquent pas à un objet particulier, puisqu'elles précèdent, en notre esprit, la première perception d'un objet. Elles sont nécessaires parce qu'elles ne sont le fruit d'aucune expérience, que nous ne pouvons faire aucune expérience sans elles, et que nous n'en pouvons concevoir le contraire. Telle est l'idée de causalité. Elle est universelle, elle est nécessaire, elle n'a point d'objet particulier.

On a vu que l'idée de l'espace n'est point nécessaire, puisque l'espace lui-même pourrait ne pas être et que l'univers pourrait être fait autrement. De plus, l'idée de l'espace s'applique à un objet particulier, sensible, Descartes aurait dit à un objet matériel, car il confondait la matière avec l'étendue.

Et pourtant cette idée est innée. Il y a donc des idées innées, telles que l'idée de causalité, qui sont des vues de la vérité nécessaire ; et il y a une idée innée, celle de l'espace qui est une connaissance anticipée des conditions où nous devons vivre dans ce monde contingent. D'une part, l'esprit humain apporte, en naissant, des clartés de l'éternel ; et d'autre part, il a reçu une révélation de la réalité contingente. Sans les premières, notre raison n'existerait pas. Sans la seconde, nos sensations ne nous fourniraient la notion d'aucun objet extérieur, et ne seraient que des jouissances ou des souffrances inintelligibles.

Comme il faut bien reconnaître, avec Descartes,

que la qualité essentielle de la matière est l'étendue, on peut dire que l'idée innée de l'espace est l'idée innée du monde extérieur.

A mesure que nous avançons dans cette étude, notre esprit s'étonne davantage des vérités qu'il est cependant bien obligé de constater. Notre raison conçoit l'être infini, éternel, nécessaire; mais, pour ce qui concerne l'espace, le cas est bien différent. Nous nous apercevons qu'il y a devant nous, autour de nous, au-dessus de nos têtes un objet, car quel autre nom lui donner? à la fois incontestablement contingent et incontestablement infini. Et autant il nous semble naturel que notre raison connaisse, préalablement à toute expérience, ce qui est éternel, nécessaire, ce qui ne peut pas ne pas être (en cette connaissance, comme en la faculté de porter des jugements consiste la raison); autant il nous paraît miraculeux que notre âme soit avertie, avant que nos yeux soient ouverts de la qualité commune à tous les objets qu'ils vont voir : être contenus de l'espace et occuper de l'espace.

Il y a un infini nécessaire : c'est l'être, et un infini contingent, c'est l'espace. Il y a une connaissance innée de l'infini nécessaire : ce sont les idées, par exemple, de causalité et d'identité, éléments constitutifs de la raison. Et il y a aussi une connaissance innée de l'infini contingent, l'espace.

Dieu a donné la première à l'homme, être raisonnable; et nous tombons ici dans une tautologie; car créer un être raisonnable, c'était montrer à cet être ce qui est éternel, nécessaire, hors de cet univers dont toute l'existence est contingente et la forme arbitrairement choisie, hors de cette vie qui pourrait de mille manières être différente, ou n'être pas.

Dieu a révélé la seconde à l'être vivant, pour lui permettre de se conduire et de se reconnaître en ce monde, tel qu'il se comporte.

En tant qu'êtres raisonnables, nous naissons avec la connaissance innée des vérités éternelles. En tant qu'êtres vivants, nous naissons munis d'un renseignement général sur la constitution du monde dans lequel nous avons à vivre.

L'espace est infini, l'idée de l'espace est innée. L'espace est néanmoins contingent et pourrait ne pas être ou être autrement.

Or existe-t-il réellement, ou, comme le dit Kant, est-ce la forme générale de nos sensations? Il faut le dire enfin; car rien de ce que nous avons montré jusqu'à présent, ni l'infinité de l'espace, ni l'innéité de l'idée de l'espace ne permet de conclure à la réalité objective.

Est-il nécessaire, en effet, que les idées que nous apportons en naissant répondent à une réalité extérieure et soient adéquates à cette réalité ?

Résumons les faits. Le monde est perçu par les sens. L'esprit peut l'annihiler, mais il reste en présence de l'espace. L'idée de l'espace précédait d'ailleurs, en lui, l'expérience puisque sans cette idée aucun objet ne nous semblerait extérieur à nous.

Ce n'est pas une raison pour que l'espace soit une réalité objective, un être indépendant. On peut soutenir que nous ne venons pas au monde avec la connaissance préétablie d'un être réel ; mais nous apportons simplement un esprit formé d'une certaine façon, et les concepts purs ne sont que les formes de notre esprit.

« L'espace, dit Kant, n'est autre chose que la forme des phénomènes du monde extérieur, c'est-à-dire la condition subjective de la sensibilité.

« Nous ne pouvons parler que comme hommes de l'espace, des êtres étendus, etc. Sortons-nous de la condition subjective sous laquelle seulement nous pouvons recevoir l'intuition extérieure..., alors la représentation de l'espace ne signifie plus rien du tout. Cet attribut n'est accordé aux choses qu'en tant qu'elles nous apparaissent, c'est-à-dire en tant qu'elles sont des objets de sensibilité.

La forme constante de cette capacité que nous appelons sensibilité est une condition nécessaire de tous les rapports sous lesquels les objets sont perçus comme extérieurs à nous, et si l'on fait abstraction de ces objets, cette forme est l'intuition pure qui prend le nom d'espace... Nous ne pouvons dire qu'il contienne toutes les choses en elles-mêmes, qu'elles puissent être perçues ou ne l'être pas et par quelque être que ce soit. Nous ne pouvons dire si les intuitions des autres êtres pensants sont soumises aux lois qui limitent les nôtres. »

En vertu de quel argument pourrons-nous donc sortir de cet embarras et affirmer la réalité objective de l'espace ?

Nous n'avons qu'un argument à invoquer. C'est celui de Descartes : la véracité divine. Il a été ici employé à propos ; et il est suffisant, comme on va le voir.

Descartes s'exprime ainsi [1] : « ..... Si Dieu présentait à notre âme immédiatement par lui-même l'idée de cette matière étendue, ou seulement s'il permettait qu'elle fût causée en nous par quelque chose qui n'eût point d'extension de figure, ni de mouvement, nous ne pourrions trouver aucune

---

1. *Principes de Philosophie*, 2ᵉ partie, p. 21.

raison qui nous empêchât de croire qu'il prend plaisir à nous tromper ; car nous concevons cette matière comme une chose différente de Dieu et de notre pensée, et il nous semble que l'idée que nous en avons se forme en nous à l'occasion des corps de dehors auxquels elle est entièrement semblable. Or, puisque Dieu ne nous trompe pas, parce que cela répugne à sa nature, comme il a été déjà remarqué, nous devons conclure qu'il y a une certaine substance étendue en longueur, largeur et profondeur, qui existe à présent dans le monde avec toutes les propriétés que nous connaissons manifestement lui appartenir. Et cette substance étendue est ce qu'on nomme proprement le corps, ou la substance des choses matérielles. »

On a reproché à Descartes, cet argument lui paraissant bon, de ne pas s'en servir en toute circonstance. Pourquoi ne pas l'étendre d'une part, aux vérités mathématiques et, d'autre part, aux sensations? C'eût été un tort dans les deux cas.

Premièrement, c'est de la connaissance des vérités éternelles et nécessaires que nous nous élevons à l'idée de Dieu : sur elles, est fondée notre foi en l'existence d'un esprit éternel, comme elles le sont. Dire qu'elles sont vraies, parce que Dieu ne nous trompe pas, est inutile, puisqu'elles s'imposent d'elles-mêmes et que le contraire n'est pas concevable. De plus, ce serait manifestement tomber dans un cercle vicieux[1].

Dans le second cas, l'argument viendrait aussi mal à propos, non plus parce que la certitude surabonde, mais parce que, au contraire, elle ne peut pas et ne doit pas entrer dans nos esprits.

Voici sous quelle forme le reproche est adressé à Descartes.

« Avoir recours, a dit Hume[2], à la véracité de

---

1. Descartes a-t-il, en effet, rejeté l'argument de la véracité divine, pour ce qui concerne les vérités que notre raison voit « clairement et distinctement » et dont elle ne peut douter ?

Il a dit (*Principes*, 1re partie, p. 65) :

« Nous avons ouï dire que Dieu qui nous a créés peut faire tout ce qu'il lui plaît ; et que nous ne savons pas encore si peut-être il n'a point voulu nous faire tels que nous soyons toujours trompés même dans les choses que nous pensons le mieux connaître. » Pour cette raison, il faudrait douter « même des démonstrations de mathématique, et de ses principes, encore que d'eux-mêmes ils soient assez manifestes. » Mais Dieu ne nous trompe pas. Voilà qui serait contraire à notre thèse, si presque aussitôt Descartes n'ajoutait (p. 66) : « Mais quand celui qui nous a créés serait tout-puissant, et quand bien même il prendrait plaisir à nous tromper, nous ne laissons pas d'éprouver en nous une liberté qui est telle que toutes les fois qu'il nous plaît, nous pouvons nous abstenir de recevoir en notre croyance les choses que nous ne connaissons pas bien, et ainsi nous empêcher d'être jamais trompés. » Nous pouvons donc aussi recevoir, grâce à notre seul discernement, et sans compter sur la véracité divine, les choses que nous connaissons bien.

2. *Traité de la Nature humaine*, p. 162.

l'Être suprême pour prouver la véracité de nos sens, c'est assurément aller chercher des détours bien imprévus. Si sa véracité avait rien à voir en la question, tous nos sens seraient infaillibles; car il ne peut nous tromper. »

Cette objection reparaît dans le livre de M. Kuno Fischer, qui a fait une savante étude du Cartésianisme. La véracité divine, dit M. Kuno Fisher, est la raison que Descartes invoque pour croire à l'espace. Elle devrait lui suffire pour croire aussi à l'existence de la matière telle que nous la voyons. Et la même objection est développée dans l'ouvrage de M. l'abbé Farges sur la perception.

« Le son, la couleur et les qualités secondes, dit M. Farges, ne sont-ce pas des illusions aux yeux des Cartésiens? On ne voit pas pourquoi l'étendue et les qualités premières compromettraient davantage les attributs divins. »

Ainsi donc, d'après Hume, M. le professeur Kuno Fisher, et M. l'abbé Farges, si nous acceptons, au sujet de l'espace, cette garantie, la véracité divine, il faut l'accepter toujours. Si Dieu n'a pas pu nous tromper, en nous faisant croire à un espace infini au-dessus de nos têtes, il ne nous a pas trompés non plus, en nous persuadant que des prairies vertes, des eaux bleues, des nuages de pourpre s'étalaient devant nos yeux : tout, dans la nature, devient certain et adéquat à nos sensations. Cette conséquence n'est point légitime, nous le pensons.

L'argument de la véracité divine est bon ; mais à condition d'être employé dans les cas seulement où il est clair que Dieu nous tromperait, si nos opinions étaient fausses. Gardons-nous d'attribuer à Dieu une multitude d'opinions nées de l'habitude, et qu'on ne peut même appeler opinions d'origine humaine, puisque le moindre effort de réflexion nous en débarrasse.

Est-ce que Dieu nous a jamais fait croire que vert, bleu, pourpre, chaud ou froid, amer ou sucré, étaient des qualités réelles attachées aux objets ? En aucune façon.

Dieu nous a-t-il trompés, s'il se trouve que ces qualités attribuées par nos sens à des objets matériels sont, à vrai dire, des qualités de nos sens, sans rapport d'identité avec l'objet qui les provoque ? Dieu nous trompe-t-il quand nous disons : « Cet objet est ainsi, parce que mes yeux le voient ainsi ? » Non ; car, en cela, nous voulons nous tromper nous-mêmes.

Nous savons bien quelle confiance il faut accorder aux renseignements fournis par nos sens. Notre raison déclare que tout ce que nous voyons pourrait être autrement; et même pourrait être autrement vu par d'autres yeux. Si nous prenons le spectacle de la matière pour l'absolue réalité, c'est que nous le voulons, et les doutes, que nous ne pouvons arracher de notre esprit, auraient dû nous avertir. Nous sommes prévenus. Tout est arbitraire dans la matière : et sa création, et sa nature, et la nature de notre sensibilité qui la perçoit.

Il ne faut donc pas dire : Dieu nous trompe, au moment où précisément il nous prémunit contre l'erreur.

Mais pouvons-nous tenir le même langage au sujet de l'espace? Tous les mondes anéantis, éteints, l'espace demeure sans que pourtant ait subsisté aucune cause de sensations. Rien donc ne reste de ce qui a prêté aux ingénieux et justes raisonnements des idéalistes. Si l'espace n'est qu'une forme générale de la sensibilité, sans existence hors de notre esprit, un rêve, comme tout le reste, l'idéalisme triomphe décidément. Les idéalistes diront du contenant ce qu'ils ont dit du contenu : sans un œil qui le voit, sans une main qui le touche, ils prétendent qu'un chêne n'existe pas; sans un esprit, construit de façon à apercevoir le chêne dans l'espace, ils prétendront que l'espace n'existe pas. Ce n'est que la manière dont s'offre à nous le songe de l'univers.

Si cependant l'espace était une réalité extérieure à nous, ils devraient convenir que cette réalité n'est point transformée, comme l'est celle de la réalité matérielle, lorsqu'elle parvient à notre esprit par le moyen de la perception.

Cette réalité n'est point pour nous une cause de sensation ; elle n'en produit aucune en nous ; nous l'atteignons telle qu'elle est, sans intermédiaire, elle nous est directement connue. La chaleur, la lumière, la couleur, ne sont elles-mêmes que des vibrations très différentes de ce que la sensation nous fait éprouver. Au contraire, l'espace en lui-même et l'espace pris comme objet de notre connaissance sont identiques. L'étendue nous est connue par nous directement, et connue telle qu'elle est.

Dans la perception de la matière, la cause de la sensation et la sensation elle-même sont deux choses fort différentes : vert, bleu ou rouge, chaud ou froid, sonore, parfumé, etc., ne sont point des qualités de l'objet, mais des états où la cause extérieure a amené notre âme. Sans consentir à nier cette cause extérieure, nous avons reconnu qu'elle pouvait n'avoir aucune ressemblance avec les phénomènes de notre perception ; et, par conséquent, qu'elle pouvait produire en d'autres esprits d'autres effets. Si donc cela arrivait ; si le bleu, le violet et le rouge, la chaleur, le son produisaient en des âmes munies d'autres sens que les nôtres d'autres effets ; Dieu ne nous aurait nullement trompés ; puisque nous savons que la cause extérieure diffère de l'effet sensible.

Mais au contraire, si l'espace à trois dimensions n'était pas tel qu'il nous semble, Dieu nous aurait trompés ; car entre l'idée que nous en avons et la réalité extérieure, Dieu ne nous permet de loger aucun intermédiaire, ni de supposer aucune transformation.

D'un autre côté, nous avons dit et montré, en nous servant des arguments de Kant, qu'il s'agit ici d'une idée innée. Dieu a déposé en notre esprit avant toute expérience, avant que nos yeux fussent ouverts, le concept de l'espace ; il ne nous l'a point donné en tant que nécessaire. Pour que nous possédions les vérités nécessaires, il suffisait de nous créer raisonnables. Ici, il ne nous accordait pas le pouvoir de distinguer et d'affirmer ce qui est éternel ; mais simplement en nous appelant à la vie, il nous prémunissait d'un renseignement général sur les conditions dans lesquelles elle s'accomplit.

L'idée de l'espace est antérieure dans notre esprit à la première connaissance de la matière, comme l'espace est antérieur, dans la création, à la matière elle-même. Elle nous montre, en quelque sorte, entre le monde de la raison et le monde de l'expérience, une réalité non susceptible de changements d'aspects en passant par nos sens.

L'idée de l'espace est innée et, en même temps, elle est contingente. C'est une notion anticipée de l'Univers. Cela étant, Dieu nous tromperait (nous avons cette fois le droit de le dire) si cette notion était fausse et si l'espace n'était que la forme générale de nos sensations, au lieu d'être la forme réelle d'un univers extérieur à nous.

On le voit, c'est en ce cas, et en ce cas seulement, à l'exclusion de tout autre, qu'il convenait d'employer l'argument de la véracité divine. Invoqué en faveur des apparences sensibles, il est illégitime; invoqué à l'appui des idées nécessaires, il est inutile et dégénère en cercle vicieux.

L'idée de l'espace, innée et pourtant contingente, possédant seule à la fois ces deux qualités, est la seule qui puisse être présentée comme une révélation des caractères véritables de la réalité extérieure.

L'espace, actuellement infini, existe donc objectivement, hors de nous, et non pas en tant que forme générale de notre sensibilité.

VII

MATIÈRE

L'espace à trois dimensions, longueur, largeur, hauteur, est une réalité extérieure à nous.

Est-il vide? Est-il plein? De longues discussions ont eu lieu à ce sujet. Mais quel est le sens des mots? Une portion d'espace pleine ne peut se définir que par rapport à une autre portion d'espace également pleine. Elles ne peuvent se superposer, occuper la même place; elles sont impénétrables l'une à l'autre.

Une portion d'espace pleine, c'est un objet matériel. Tous les objets matériels que nous voyons sont plus ou moins poreux; mais il est dans tous, dans l'éponge aussi bien que dans le fer battu, de très petites particules qui se rapprochent ou se séparent par l'action de causes étrangères, mais ne peuvent individuellement se dilater ou se contracter. En effet, ces particules sont

MATIÈRE

pleines; le volume d'espace qu'elles occupent est constant, et il est impénétrable: en elles la matière est continue.

L'espace entier est-il ainsi rempli? Non, si nous nous fions à nos sens. Non, dans le monde que nous appelons monde humain.

- Dans le monde humain, la matière apparaît disséminée à travers les profondeurs de l'espace; elle se montre par places; elle est l'exception.

Les distances qui séparent les sphères célestes sont immenses : les plus petites distances, comme celle de la terre à la lune, égalent trente diamètres du plus gros de ces astres. Le semeur a lancé ses grains d'une main avare.

Sur la terre les objets ne sont perceptibles pour nous que si un vide apparent règne autour d'eux. Le sculpteur fait naître la statue cachée dans le bloc en ôtant, à coups de ciseau, une enveloppe de marbre : tailler, sculpter, c'est faire le vide autour d'une forme pleine.

Les montagnes, les monuments, les arbres, les fleurs, les animaux ne se dessinent pour nos yeux et nos mains que par le fait de leur isolement, et par le contraste entre le vide et le plein.

Si l'univers était plein et la matière partout continue, toute forme serait effacée, et tous les objets seraient noyés et comme délayés dans cet océan.

Quand la nuit, ôtant aux objets leurs couleurs disparates, et peignant toutes choses du même noir, ne permet plus à nos yeux de rien distinguer, le toucher nous reste, et l'obstacle solide arrête encore nos mains. Mais la continuité dans la matière serait pour le toucher ce qu'est la nuit pour le regard. Pour le toucher, il n'y a point d'objet perceptible sans le vide à côté du plein; de même que, pour la vue, il n'y a point d'objet perceptible, sans l'ombre à côté de la lumière.

Le monde que nous voyons est donc fait de pleins et de vides. Le monde réel est-il en ceci semblable à ce que nous voyons? Examinons cette question. Nous sommes parvenus à une certitude : l'espace est une réalité extérieure à nous. Et nous nous demandons maintenant si, contrairement au témoignage de nos sens qui voient les objets dispersés dans l'espace, l'espace est entièrement vide ou entièrement plein.

Est-il vide? Quoi, dira-t-on! le contenant pourrait être une réalité et le contenu n'être qu'un fantôme!

Ma table, ma maison, mon corps me paraissent occuper de l'espace : cet espace pourrait exister objectivement, et ma table et ma maison, mon corps même n'exister cependant que dans mon imagination? Je dirais vrai, quand je croirais à ce gouffre infini en long, en large et en haut, qui est l'espace; et je serais halluciné quand je penserais y prendre pied, et que je le verrais semé, par endroits, de ces obstacles à ma vue ou à mon toucher que j'appelle objets matériels? Retournons plutôt à l'idéalisme absolu; à l'idéalisme sensualiste de Berkeley ou à l'idéalisme métaphysique de Kant. Disons que le monde n'a d'existence que dans notre perception. Disons que l'espace est une forme de notre sensibilité et que notre esprit est fait de telle façon que toutes ses perceptions lui soient présentées sous cette forme particulière. Mais n'allons pas prétendre que la forme générale de nos perceptions constitue une réalité extérieure, tandis que nos perceptions même ne sont que des songes.

Et cependant, cette supposition peut être défendue. Elle n'est pas plus contraire aux données des sens, que ne l'est l'hypothèse opposée, celle du plein absolu.

Nous avons commencé par démontrer la réalité de l'espace : cela était inutile, si la réalité de la matière eût été prouvée. En effet, l'espace est la condition de la matière. Si quelque chose, hors de nous, est réel, l'espace existe aussi bien pour cet autre être réel que pour nous. Essayez de dire : l'espace est une forme générale de la sensibilité.

Alors, la montagne que voici n'est rien. Si la montagne est quelque chose, l'espace existe pour nous deux. Berkeley prétend qu'elle n'existe pas sans être perçue : en ce cas, l'espace n'est qu'une forme. Mais nous n'avons pas suivi Berkeley; nous restons persuadés que, notre dos tourné, la montagne est encore là; elle y est, à la vérité, sans couleur, sans dessin, sans la peinture que nos yeux lui donnent; elle y est à l'état d'un être perceptible et pouvant provoquer en des organismes autres que les nôtres d'autres sensations ; elle demeure inconnaissable pour nous, mystérieuse; mais enfin elle demeure. S'il en est ainsi, l'espace demeure aussi une réalité. Nous voulons bien avouer que toutes nos perceptions de la montagne nous sont personnelles, et sont propres à l'homme; encore faut-il reconnaître comme certain que l'existence de la montagne est liée à celle de l'espace; et qu'un être de cette sorte n'est pas concevable sans l'espace.

Mais le contraire n'est pas vrai. La réalité de l'espace démontrée, il reste à démontrer la réalité objective de la matière.

L'espace pourrait exister objectivement sans que les phénomènes qui paraissent s'accomplir dans l'espace, et que nous attribuons à la matière, existassent hors de notre sensibilité : ces phénomènes pourraient être subjectifs.

Ceci résulte de ce que nous avons dit au chapitre précédent.

L'existence réelle de l'espace n'est pas nécessaire, avons-nous dit: et cependant nous venons au monde avec la connaissance innée de cette vérité, avec l'idée innée d'une réalité contingente. Circonstance unique, suivant nous, où l'on ait pu légitimement, comme l'a fait Descartes, invoquer l'argument de la véracité de Dieu.

Mais nous n'apportons aucune idée semblable de la matière.

De plus, notre idée de l'espace, et même notre vision de l'espace sont adéquates à la réalité. Il est, en tant qu'extérieur à nous, identique à ce que nous pouvons concevoir ou même voir; il ne produit pas en nous une impression subjective différente de l'objet réel. Nous le voyons tel qu'il est.

Dire : nous le voyons, est un mot qui d'abord semblera impropre. Car si nous voyons les objets dans l'espace, nous n'avons aucune vision du vide. Il n'a ni forme, ni couleur, et ne peut être éclairé même sur le passage d'un rayon de lumière; les rayons qui nous viennent des astres cheminent invisibles entre les astres et nous. Nous en avons cependant une certaine perception, puisque nos autres perceptions, proprement dites, celles des objets ayant forme et couleur, ne se produisent que par opposition au vide environnant. Le plein continu et le vide absolu excluent également la possibilité de percevoir un objet matériel distinct; je ne le perçois qu'à condition de constater par mes yeux ou mes mains, qu'il n'y a rien autour de cet objet. Je perçois donc en même temps et au même titre que l'objet ce néant, l'espace vide. A un autre point de vue, je sens que je suis moi-même en cet espace, que mon corps l'occupe, en fait partie, peut s'y mouvoir. Ce sont là des perceptions. Et, contrairement aux autres perceptions, elles sont semblables à ce qui est extérieur à nous. Ici nos sens sont de fidèles témoins. Et ils ne le sont pas, quand ils nous mettent en rapport avec la matière dont les couleurs, les odeurs, les sons n'ont de réalité qu'en nous et dont le poids même et la résistance ne nous sont connus que par des sensations musculaires.

Parler ainsi n'est pas poser à nouveau le problème de l'Idéalisme, puisque nous admettons comme démontré que l'espace existe hors de nous. L'humanité détruite, l'espace demeure : c'en est assez pour qu'il y ait un monde extérieur; l'espace, même vide, est déjà un monde extérieur.

Mais les considérations qui précèdent ont pu nous rendre plus confiants en la réalité du contenant qu'en celle du contenu.

On pourrait encore faire remarquer que les phénomènes accomplis dans l'espace, tels que les phénomènes calorifiques, lumineux, électriques, ont été d'abord expliqués par les physiciens, par la projection ou la circulation de particules matérielles, et qu'ils ne le sont plus.

Pour la lumière, la théorie de l'émission était enseignée par Newton : elle a été abandonnée. Dans un courant électrique, on mesure l'intensité, la résistance ou frottement, les effets mécaniques, absolument comme on le ferait pour un courant d'eau faisant tourner une roue. On parle du fluide électrique comme on le ferait d'un corps pondérable et sensible.

Il y a cent ans le calorique passait pour être un fluide; aujourd'hui on n'a plus la même opinion. La thermo-chimie a tant progressé que dans une équation chimique, on écrit maintenant : telles et telles substances équivalent à telle autre, plus ou moins tant de calories. Singulière équation, où figurent ensemble des éléments pondérables et des éléments impondérables !

Il ne faudrait pas trop s'étonner si un jour, les atomes solides, éléments des corps pesants disparaissaient du monde comme ont disparu les corpuscules qu'on supposait émis par les corps lumineux, au temps de Newton. Peut-être la théorie des ondulations étendra encore son domaine et ne laissera pas de faits inexpliqués.

Mais cette remarque prouverait peu contre la réalité objective de la matière. En effet, il est bien vrai que les physiciens ont renoncé aux fluides et aux théories fondées sur l'émission. Mais en revanche, ils ont supposé, comme Descartes, l'espace plein et la matière continue existant partout. Un rayon de lumière ne consiste plus pour eux en une émission de particules lancées à travers le vide ; mais en des ondulations propagées à travers l'éther. Il n'y a plus de vide ; et ce changement de doctrines a tourné au profit de la matière.

La question que nous nous posions présentait d'ailleurs un caractère plus général. Nous n'en sommes pas encore à nous demander si la matière emplit tout l'espace, ou l'emplit seulement en partie. Nous nous demandons si elle existe ; et si, la réalité objective de l'espace étant admise, les apparences matérielles que nous y voyons sont réelles aussi. La scène est devant moi ouverte : est-ce par hallucination que j'y crois voir des décors et des personnages? Est-ce un mirage qui me montre des formes d'objets, occupant une place dans l'espace? Sont-ce des formes vides de corps, comme dans l'enfer de Virgile :

> *Et ni docta comes tenues sine corpore vitas*
> *Admoneat volitare cavâ sub imagine formæ,*
> *Irruat, et frustra ferro diverberet umbras.*

Un fantôme paraît se mouvoir dans l'espace : le second est réel bien que le premier soit trompeur; le second demeure quand le premier s'évanouit. Le monde extérieur est-il peuplé de fantômes? Non; comme le veulent l'opinion universelle et le bon sens vulgaire, la matière existe objectivement, même sans être perçue. Mais où l'opinion universelle et le bon sens vulgaire se trompent, c'est quand ils nient que cette vérité ait besoin d'être démontrée.

Car, ainsi qu'on l'a vu, premièrement, nous apportons avec nous une idée innée de l'espace, antérieure à toute perception : idée vraie, puisque Dieu ne nous trompe pas. Et, secondement, cette idée est adéquate à la réalité extérieure. De la matière, au contraire, nous n'avons point d'idée innée, nous n'avons que des sensations, sans ressemblance avec la cause extérieure qui les provoque. Il nous faut donc deviner la matière, et, de même que Kant cherchait l'idée pure, dépouillée de la sensation, arriver par le même genre de critique, à la connaissance de la matière pure, débarrassée des apparences que lui prête la sensation. Et telle est, nous l'avons dit, l'œuvre de la science physique.

Pour démontrer la réalité de la matière, nous trouvons des preuves de deux sortes : les unes en étudiant simplement nos sensations, les autres en suivant la marche de ce travail particulier, dans lequel les sens et la raison sont associés et qu'on nomme une expérience. Exposons les unes et les autres.

Une corde vibre et nous fait entendre un son. Ce son devient plus grave à mesure que les vibrations deviennent plus lentes : au-dessous de 32 vibrations par seconde, le son a cessé, mais seulement pour nous. Notre raison nous dit que la cause subsiste, et que nos sens sont en défaut. Où donc est la réalité extérieure? Elle n'est pas dans le son, impression variable produite différemment sur divers êtres. Elle est dans la vibration, cause unique produisant ces diverses impressions. Si le monde n'était qu'un ensemble de sensations, sans existence objective, il serait impossible de concevoir jamais cette pensée que quelque chose, la même chose, produit tel effet sur un esprit et tel autre effet sur un autre esprit. Il faut que la chose existe en dehors de l'un et de l'autre.

Berkeley dit : « Vous accordez que la sensation n'est pas l'image de l'objet : pourquoi supposez-vous cet informe, inconnaissable objet derrière elle ? Il est inutile et Dieu ne fait rien d'inutile. Il n'y a que des sons, des lumières, des couleurs, des sensations. »

Il me semble que l'objet extérieur, informe, inconnaissable, j'en conviens, devient une réalité, lorsque je constate que, ma sensation ayant cessé, une cause de sensation analogue dure encore, et agirait sur un autre esprit.

Berkeley affirme que pour le monde extérieur, être, c'est être perçu. Vous ne connaissez, dit-il, que vos perceptions et vos idées ; et comme il est absurde, contradictoire de prétendre qu'elles puissent exister non perçues, vous ne pouvez concevoir une réalité en dehors d'elles. La pendule que je regarde existe, c'est-à-dire que je la vois et la touche, et si je m'éloigne, je dirai encore qu'elle existe, c'est-à-dire que quelque autre esprit peut la voir et la toucher.

Il me semble cependant qu'il n'est pas besoin de quelque autre esprit pour lui redonner l'existence ; et qu'elle est toujours là, même quand j'ai le dos tourné. Je ne la vois plus : que devient-elle ?

Elle n'a plus de couleur sans mes yeux, ni de solidité sans mes doigts. Que reste-t-il d'elle? Je la reverrai quand je voudrai... Mais admirez combien le langage est conforme à la doctrine idéaliste : il me faut d'abord dire je, parler de moi au lieu de parler d'elle; elle n'est rien sans moi. Je la reverrai, comme je reprendrai possession de telle ou telle pensée qu'il m'est loisible d'évoquer.

Cependant, j'entends battre le balancier de la pendule. Elle se révèle à mon oreille, à un autre de mes sens. Or, cette seconde sensation suppose toujours la possibilité de la première. Ce battement que j'entends me permet d'affirmer que ma vue et mon toucher seront affectés à leur tour. Toujours les sensations de l'ouïe ou de l'odorat supposent la possibilité de la sensation de la vue et du tact, la présence de l'objet tangible.

Vous allez tomber, dira-t-on, dans l'erreur de Reid et de M. de Rémusat et donner hardiment plus de confiance au toucher qu'aux autres sens. Non; car nous pouvons retourner la proposition. J'éprouve la sensation du toucher, je sais que celles du son, du goût, de l'odorat doivent apparaître, sinon toujours pour moi, au moins pour un être pourvu de sens plus délicats.

En effet si beaucoup d'objets tangibles ne nous semblent ni sonores, ni sapides, ni odorants, ils le sont pour d'autres. Il y a des sens plus délicats ; il y a même des sens tout à fait différents des nôtres, et le monde extérieur est représenté à d'autres êtres sous des formes dont nous n'avons même pas l'idée. Quelles que soient ces formes, nous pouvons dire que d'une sensation de toucher, ou plutôt avec une sensation de toucher, vont naître ces impressions auxquelles nous donnons seulement les quatre noms de son, odeur, couleur, goût, parce que nous n'en connaissons point d'autres, et sommes vis-à-vis d'êtres mieux doués, dans la situation où sont des aveugles de naissance vis-à-vis de nous.

Il y a donc une corrélation entre les sensations groupées pour former ce qu'en langage ordinaire on appelle un objet matériel. Je touche, disons-nous : il y a quelque chose à goûter, à voir, à flairer, à entendre, même à sentir de toute autre façon s'il était d'autres sens que les miens. Je vois ou j'entends : il y a quelque chose à toucher.

Ce que nous appelons un objet extérieur ne peut donc pas être appelé simplement un groupe de sensations simultanées, comme le voudrait la doctrine idéaliste. C'est une combinaison, telle que, si nous ne pouvons pas inférer absolument la présence et la réalité de l'objet extérieur, nous pouvons toujours, de l'existence de l'une de ces sensations, conclure à l'existence de l'autre. Nous n'aurons pas le droit de dire tout de suite : « Tel parfum, tel goût proviennent de tel objet. » Mais à la question : « D'où vient cette vision? » nous répondrons : « De ce toucher. » D'où vient ce toucher? De cette vision. Les impressions de nos cinq sens sont liées l'une à l'autre, sans prééminence pour aucun : elles se supposent et s'appellent l'une l'autre. L'une est la cause et l'autre est l'effet, et l'ordre se renverse : la cloche est cause du son ; le son est cause de la cloche, en ce sens qu'entendant le son, je tends la main vers la cloche et sais que j'ai une sensation tactile à éprouver. La combinaison de sensations liées et simultanées est un objet.

Mais la réalité de l'objet ne se dégage pas encore. Il faut, pour la bien voir, faire retour sur nous-mêmes et nous rappeler comment se produisent nos sensations. La matière est complexe, l'âme simple. En notre âme, il n'est point de coexistences ; elle est soumise à l'ordre de succession. Nous n'avons qu'une idée à la fois, et nous n'avons qu'une sensation à la fois. Les rapides vibrations sonores, les beaucoup plus rapides vibrations lumineuses, phénomènes multiples, perçus par les mille papilles nerveuses de nos organes compliqués, se transforment chez nous en une sensation unique. Les musiciens décomposent l'accord d'un orchestre, comme les chimistes analysent un sel cristallisé; mais le cristal n'a qu'une figure, et l'accord ne produit qu'un son. Je puis, dira-t-on, voir un objet et le toucher à la fois; essayez-le et demandez-vous si votre attention, sans laquelle vous ne percevez rien, peut se porter à la fois sur l'une et l'autre sensation. La vie d'une âme est une succession d'idées simples; elles coulent comme les eaux d'un fleuve. Quelquefois on pourra citer, comme de minces affluents ou de petits débordements sur les rives, quelques vagues sensations coexistant à l'idée qui, pour le moment, occupait l'esprit. Les exemples sont rares et insuffisants: ceux que nous serons forcés d'accepter n'empêchent pas que l'esprit, ne vivant que dans le temps, passe par une série d'états toujours simples. La matière, au contraire, existant aussi dans l'espace, se manifeste par une collection de phénomènes simultanés.

Dans ce fait : les divers attributs possédés par un objet le sont simultanément ; ne puis-je voir maintenant une preuve de la réalité de cet objet? Ils sont simultanés, non pas pour moi; cela serait contraire à la nature de mon esprit et de l'esprit en général. Je ne les perçois que l'un après l'autre; mais comme ils sont liés, causés l'un par l'autre, je sais qu'ils coexistent et sont simultanés. Or, nous arrivons à notre démonstration, et il nous faut la résumer en termes barbares : la simultanéité des phénomènes est la preuve de leur extériorité.

Pour Berkeley, une pomme n'est pas un objet extérieur : elle pèse dans ma main, je puis la flairer, la goûter. C'est un groupe de sensations, dit le philosophe idéaliste. Non, les sensations ne se groupent pas, mais se succèdent. Ce qui est en la pomme, y est tout à la fois. Ce sont donc bien des qualités, les qualités d'un objet réel.

Il nous semble pouvoir invoquer à l'appui de notre théorie le souvenir de ce qui se passe dans les rêves. Mais nous ne le faisons que très secondairement, comme lorsqu'on cite une impression personnelle, pour renforcer un raisonnement. Les idéalistes ont beaucoup de peine à séparer la réalité du rêve. Dans la réalité, malgré l'impossibilité de percevoir plusieurs sensations à la fois, la coexistence de tant d'objets qui nous entourent se révèle à nous. Dans le rêve, il n'y a plus de coexistences, mais des successions. Nous n'avons souvenir, dans le rêve, que d'impressions simples : toujours un seul objet devant nous, une seule personne à qui nous croyons parler ; nul sentiment d'un vaste espace et de diverses choses autour de nous. L'esprit laissé à lui seul, malgré la mémoire des réalités perçues pendant la veille, reprend le cours de ses idées simples, et fait revivre ses sensations une à une. C'est dans la réalité extérieure, dans la matière, dans l'espace que se montrent la coexistence et la complexité des phénomènes.

Nous pensons donc qu'il n'y a point de groupes de sensations dans les esprits ; mais qu'il y a des groupes de qualités dans les objets. Ce grand point acquis, quelles sont ces qualités? Sont-elles précisément ce que nous voyons et sentons? Certes non, et nous n'en concéderons pas moins aux idéalistes que c'est à tort qu'on parle de la couleur, du goût et de l'odeur de la pomme ; couleur, odeur et goût étant des sensations, des effets produits successivement en nous par les causes qui existaient simultanément dans la pomme.

Ces considérations nous font sortir de l'état de rêve où l'idéalisme nous jetait. Nous marchions dans le monde, au milieu d'éblouissements et de concerts mystérieux; mystérieux, puisque l'idéalisme pur ne connaît que les sensations éprouvées par notre âme, et nie la cause extérieure de ces sensations. Nous quittons ce rêve, et il nous semble mettre le pied sur un terrain solide, quand nous apercevons un lien obligé entre plusieurs représentations sensibles. Et nous sommes mieux préparés maintenant à procéder à l'examen d'une expérience proprement dite.

Une expérience est un raisonnement par induction ; mais c'est un raisonnement d'espèce particulière dans lequel intervient un renseignement venu du dehors. Par exemple, un rayon de lumière devient polarisé par réflexion; Malus s'en aperçut un soir d'été, en regardant à travers un cristal de spath d'Islande, les carreaux du Luxembourg illuminés par les feux du soleil couchant. L'image directe eût été doublée; l'image réfléchie était simple. Et voilà un renseignement extérieur.

Un idéaliste dira : vous oubliez nos arguments. L'éblouissement de Malus devant les carreaux du Luxembourg est un phénomène qui n'a eu d'existence que dans son esprit.

Mais non : il y a eu un renseignement donné, et un renseignement tel que Malus ne pouvait le tirer de sa raison ni de son imagination.

Laissons à l'esprit, et à lui seul, deux ordres de conceptions : celles qui sont tout à fait nécessaires et celles qui sont tout à fait contingentes, celles de la raison et celles de la fantaisie. La géométrie appartient tout entière à la raison, puisque celle-ci peut l'édifier *a priori*, sans enseignement de la nature. La géométrie s'empare ensuite de la nature, puisque cette dernière obéit à des lois géométriques et fournit des applications de ces lois, découvertes *a priori*. Mais la géométrie se développe en l'esprit pour ainsi dire, avant le premier regard jeté sur la nature ; et elle peut s'apprendre par la méthode socratique, de questions en questions, la raison répondant : cela est vrai ou cela est faux; sans qu'il soit besoin, suivant l'expression populaire, d'y aller voir. Elle précède l'expérience.

Au contraire, l'imagination ne commence son œuvre qu'après la considération du monde extérieur. Ce n'est pas une œuvre de divination, mais de souvenir. Fermez les yeux et essayez d'inventer, vous ne ferez que ranimer d'anciennes sensations et ressusciter des choses déjà vues.

Mais, qu'elles soient antérieures ou postérieures à l'expérience, qu'elles précèdent ou suivent nos regards sur le monde; qu'elles soient nécessaires et imposées par la raison, ou bien qu'elles viennent au hasard de la fantaisie; ces conceptions de deux ordres si opposés, peuvent également se passer d'une réalité naturelle extérieure à nous. Il faut avoir vu, disions-nous, pour pouvoir imaginer. Cela est vrai; mais la terre faite de formes et de couleurs, la terre parée seulement pour l'enchantement ou la douleur de nos sens, du reste mystérieuse, inexplorée, inconnue, pourrait très bien n'être qu'une vision de l'esprit.

Le géomètre vit au milieu d'entités abstraites et d'êtres de raison ; le poète et le peintre vivent dans un songe ; ni l'un, ni l'autre, n'ont besoin d'une réalité extérieure. Le laboureur et, comme lui, le physicien font des expériences et se heurtent à des réalités.

Dans une expérience nous interrogeons et nous n'attendons pas de nous-mêmes la réponse. Elle vient d'ailleurs. Auriez-vous affirmé d'avance qu'une bille de billard choquant en plein une autre bille, s'arrêtera et transmettra sa vitesse à la seconde ? Vous attendriez l'événement. Le mouvement de la seconde bille est un événement tout à fait distinct du mouvement de la première. Le premier phénomène ne pouvait vous faire deviner le second.

Hume a dit très justement que la transparence et la fraîcheur de l'eau ne laissaient pas prévoir le danger qu'on y court ; et qu'Adam aurait pu aller se noyer sans défiance dans un des fleuves du Paradis. L'éclat et la chaleur d'un foyer ne nous mettent pas davantage en garde contre le feu, et nous n'en connaissons le danger, qu'après l'avoir éprouvé.

La relation entre une cause matérielle et un effet

matériel ne s'apprend que par l'expérience; car la cause ne ressemble pas à l'effet ; et celui-ci est imprévu, n'étant pas annoncé par la cause. Nous ne saurions passer de la cause à l'effet par une pure opération de raisonnement. En mathématiques, nos jugements sont vrais tant qu'ils ne sont pas contradictoires. En physique, cette condition ne suffit plus. Des faits, nous tirons des conséquences mathématiques ; mais il faut commencer par aller apprendre les faits hors de chez nous. Le point de départ de la science est contingent ; et le premier enseignement vient du dehors.

Si nous n'avions besoin pour connaître le monde que de notre raison, si la physique n'était qu'une géométrie, si nous pouvions tirer toute cette science de notre fonds, si nos connaissances accrues n'étaient que des qualités d'esprit développées ; ce serait un grand argument en faveur de l'idéalisme. Car où serait alors le monde ? Ni dans les formes et les couleurs, qui n'ont de réalité que dans nos sensations, ni dans des phénomènes étrangers à nous et que nous allons étudier au dehors, puisque ce dehors supposé ne nous offrirait rien dont notre raison ne fût déjà maîtresse.

Mais telles ne sont pas les conditions dans lesquelles nous avons à exercer nos recherches. Notre travail ne consiste pas seulement en raisonnements, mais en investigations. Nous ne pouvons pas nous passer d'expériences ; et une expérience est un raisonnement dans lequel la majeure n'est pas une idée nécessaire, innée dans l'esprit, mais bien un fait que nous allons constater, et que nous ne saurions prévoir.

Lorsque La Condamine et Bouguer partaient pour le Pérou, Maupertuis et Clairant pour la Laponie, avec le projet de mesurer l'allongement de l'arc du méridien et l'aplatissement de la terre, ils allaient, dans ces voyages, chercher une notion qu'ils ne pouvaient acquérir par le calcul, et deviner dans leur cabinet. Quand Pascal démontrait la pesanteur de l'atmosphère, son beau-frère Perrier avait fait, sur sa demande, l'ascension du puy de Dôme, tenant à la main un tube de mercure; ou bien lui-même, avant de raisonner, était monté au haut de la Tour de Saint-Jacques de la Boucherie. Il avait une idée préconçue sans doute; on ne trouve rien, sans une idée préconçue. Mais il ne savait pas si cette idée serait vérifiée ; et aucun raisonnement métaphysique ou mathématique ne pouvait lui faire deviner ce qui se passerait : il s'agissait de constater un fait contingent.

Ici nous devons nous arrêter devant une objection qui nous sera faite. On nous dira : vous affirmez la contingence des lois de la nature; c'est trancher, d'un mot, une grande question. Savez-vous bien si le phénomène, que l'expérience, et non la raison, a fait découvrir, ne se produit pas nécessairement dans l'ensemble des choses; si vous n'avez pas tort de prétendre qu'il pourrait être différent; et si une raison plus éclairée, mieux renseignée que la vôtre, ne saurait pas, sans recourir à l'observation, faire ressortir ce phénomène et la loi dont il dépend, de principes universels non connus de vous?

Cette objection est fort grave, et nous nous réservons de l'examiner plus loin.

Pour le moment, nous répondrons seulement que les choses se passent pour nous comme si le fait expérimental était contingent. Il se pourrait qu'une âme plus éclairée aperçût directement la vérité. Mais dans notre condition, nous sommes incapables de l'atteindre par le raisonnement seul; et nous devons aller chercher au dehors la notion de faits sur lesquels notre volonté ne peut rien, et qui, d'autre part, ne s'imposent pas actuellement à notre raison. Il est d'un grand intérêt philosophique de se demander si les lois de la nature sont nécessaires. Mais ici, pour démontrer la réalité objective du monde, il nous suffit qu'elles aient l'air d'être contingentes et ne puissent être apprises par nous que comme si elles l'étaient.

Car vainement, alors, on nous opposera le grand argument de l'idéalisme : qu'appelez-vous au dehors? Vous ne percevez que vos sensations ; d'un phénomène ou de ce que vous appelez un objet, vous ne connaissez rien, sinon votre sensation. C'est bien au dehors que je vais chercher la constatation d'un fait, qui ne m'apparaît pas comme nécessaire, et duquel résultera pour moi, non seulement une sensation, mais une connaissance scientifique, rationnellement liée à d'autres connaissances.

Dans une expérience on ne s'applique pas à chercher ce qui, dans la sensation, est personnel, et les nuances délicates que l'un perçoit et qui échappent à un autre. Elle doit être la même pour tous, les mêmes conditions étant reproduites. Les instruments employés sont disposés de manière à supprimer les inégalités corporelles, à donner, par exemple, à toutes les vues la même portée. La sensation, si elle n'est pas identique à celle qu'éprouve un autre homme (ce que nous ne savons jamais), sera du moins assez analogue pour que nous parvenions, dans les mêmes circonstances, à nous entendre. Notre langage, qui donne un seul et même nom à un objet, est fondé sur l'hypothèse que cet objet produira en nous tous le même effet.

Au cours d'un raisonnement scientifique, intervient un fait sensible : la démonstration est arrêtée, et l'œil se fixe, par exemple, sur l'oculaire d'un appareil polarisateur, dont la main fait tourner les couleurs prismatiques. Une très délicate sensation fera connaître si l'expérience est venue confirmer le raisonnement. Et tous l'éprouveront, puisque tous donneront leur assentiment à l'expérimentateur, comme ils l'eussent donné à un pur logicien. Une expérience est donc véritablement un syllogisme dans lequel une certaine sensation tient la place de l'une des propositions. Il faut supposer que tout le monde éprouve cette sensation, de même qu'il faut supposer que tout le monde a compris chaque proposition d'un syllogisme, auquel tout le monde se rend.

Dans certaines sortes d'expériences, l'extériorité du phénomène observé devient particulièrement difficile à contester. C'est lorsqu'il y a action, non de la matière sur l'âme sensible, mais de la matière sur la matière : alors le phénomène ne nous est pas révélé directement par une sensation et c'est par un raisonnement en forme d'induction que son existence nous est démontrée.

Quand un rayon est décomposé par le prisme, réfléchi par un miroir, doublé par le spath d'Islande, réfracté en traversant des milieux de densité différente, polarisé, etc., il ne subit pas ces changements seulement pour moi, qui puis, du reste, ne pas m'en apercevoir ; il est changé aussi pour les choses qui sont hors de moi ; il agit d'une nouvelle façon sur elles et je constate le phénomène, non en lui-même, mais par l'effet produit en elles.

Par exemple, je vois une image et cette image, la plaque photographique la voit aussi, en ce sens que le rayon, qui a exercé une action sur mes yeux, a impressionné la plaque. Voici une action étrangère à moi, exercée par la matière sur la matière.

Supposez que cette image soit simplement celle d'une tache blanche sur un papier noir ; elle devient double, à travers un cristal de spath ; et si on la photographie à travers le spath, une double tache apparaît sur la plaque. Ici la sensation n'est pas intervenue : le spath a agi sur le rayon et le rayon modifié a agi sur la plaque. Tout cela s'est passé hors de moi.

Est-il nécessaire de chercher des exemples si compliqués ? Souvent nous croyons découvrir un sentier détourné et inconnu qui nous conduira à quelque point de vue nouveau ; et ce sentier nous ramène à la place publique.

A quoi bon citer une action délicate et rare de la matière sur la matière? De vulgaires exemples sont aussi concluants. Il y a action de ce genre, aussi bien lorsqu'une plaque de tôle s'échauffe au soleil, que lorsqu'une plaque photographique est impressionnée. Il y a encore action de la matière sur la matière, action exercée hors de nous qui n'apercevons que les résultats, toutes les fois que le vent souffle en courbant les arbres et en agitant les eaux.

Très souvent nous ne saurions pas qu'un certain phénomène a eu lieu, s'il n'avait provoqué un autre phénomène. Nous apercevons le second, non le premier. Par exemple, le mercure monte ou baisse dans le tube thermométrique pour de petites variations de température que nos mains ne sentent pas. Nous sentons encore moins les changements de pression qui font monter ou descendre la colonne de mercure dans le baromètre. Des aspects fugitifs que nos regards trop lents ne peuvent saisir, comme le vol d'un oiseau, le galop d'un cheval, même les battements d'aile d'une mouche, sont fixés sur la plaque photographique.

Dans d'autres cas nous ne pourrons pas nous en prendre à l'habitude qui émousse nos sensations, accuser la faiblesse, le manque de délicatesse de nos sens. Il faudra constater une incapacité de nature qui les rend impropres à la perception de certaines choses, quand même ils seraient plus puissants et plus délicats. S'il en est ainsi, il y aura des phénomènes matériels qui, contrairement à l'axiome de Berkeley, pourront « *esse et non percipi* ». Et ils seront très nombreux. L'expérience, ce raisonnement d'un genre particulier, nous obligera à reconnaître que, dans la série des phénomènes extérieurs, un très petit nombre se transforment en sensations. Comment alors Berkeley pourra-t-il qualifier tous ces phénomènes qui ne sont pas perçus? Ils existent, cependant ; on ne peut le nier ; et il faut bien qu'ils existent hors de nous, qui ne les percevons pas.

De même qu'un mouvement vibratoire de l'air devient, pour nos oreilles, un son ; que le son est grave pour une certaine vitesse, aigu pour une vitesse plus grande, nul avant la limite des sons graves nul après la limite des sons aigus ; de même, une sensation visuelle est provoquée par un mouvement vibratoire de l'éther. En l'éther, matière échappant à nos sens, et que nous sommes amenés à imaginer pour remplir les vides de l'Univers, se produisent des ondulations comparées à celles qu'une pierre jetée provoque sur un étang. L'eau agitée se balance, sans se déplacer, comme on peut le voir en jetant un petit flotteur à la surface, et la longueur d'onde est le trajet complet du flotteur, la distance du sommet d'une vague au sommet de la suivante.

Un rayon de lumière blanche est décomposé par un prisme de verre : nous voyons à la sortie du prisme sept rayons colorés, et nous savons que, dans les vibrations de l'éther, les longueurs d'onde diffèrent, les ondes plus courtes étant celles du rayon violet et les plus longues, celles du rayon rouge. Au delà du rouge en deçà du violet, il y a d'autres rayons; ils agissent sur le thermomètre, sur la plaque photographique. Mais nous ne les voyons plus.

Ainsi, une série de mouvements de l'air ou de l'éther produisent, en nous, une série de sensations, commençant ici, finissant là. On peut nous dire que ces théories sont contestables, que la Physique en a admis d'autres : en effet, Newton expliquait par l'émission les phénomènes de la lumière; et plus anciennement, il y a eu des tenants de la théorie de l'émission même pour le son. Nous en sommes encore à la théorie de l'émission, pour les odeurs; et il faudra peut-être un jour y renoncer et expliquer aussi ce genre de phénomènes par les vibrations.

Ce qui est certain, c'est que la cause matérielle ne provoque, en nous, de sensations qu'entre d'étroites limites. Pour ce qui est du son, nous n'entendons que quelques gammes; et cependant, et du côté des sons graves comme du côté des sons aigus, la série des gammes se poursuit indéfiniment, après que le silence s'est fait pour nous.

Et il en est de la lumière comme du son. Elle est décomposée en traversant le prisme, parce que les sept rayons colorés, qui forment le rayon blanc, sont réfractés plus ou moins. Moins est grande la longueur d'onde, et plus le rayon est réfracté ; le spectre commence au rayon violet et finit au rouge. Il commence et finit pour nos yeux, car il y a des rayons invisibles. Il y a, au delà de la lumière violette, des rayons plus réfractés encore, de moindre longueur d'onde et que nous ne voyons pas ; et de même qu'un rayon ultra-violet, il y a un rayon infra-rouge. Nous le savons, nous constatons leur présence par des effets matériels, par des réactions photographiques ; mais non par nos yeux, même avec le secours des instruments.

Un idéaliste, résolu à ne pas laisser subsister le monde extérieur, tiendra le langage suivant : « Quand des mouvements de va-et-vient de plus en plus rapides sont imprimés à l'air par les vibrations d'une corde, nous éprouvons des séries de sensations, nous voyons, nous touchons la corde qui vibre de plus en plus vite. Puis, tout d'un coup, une onde sonore a frappé notre oreille, et nous avons la sensation nouvelle d'un son très bas ; ce son s'élève et suit la gamme ascendante jusqu'à la note la plus aiguë. Puis il s'éteint, les vibrations s'accélérant toujours.

Ainsi, une série de sensations d'un certain ordre a commencé et a fini concurremment avec la série de phénomènes d'un autre ordre : seulement cette dernière s'étend indéfiniment, en deçà et au delà de la série des sensations.

Or, la série de phénomènes que vous appelez extérieurs est elle-même une série de sensations visuelles ou tactiles. Il est vrai qu'à quelques-unes seulement de celles-ci se surajoutent des sensations auditives. Mais entendre, voir, toucher sont autant de faits purement moraux ; et vous ne démontrez qu'une chose, c'est que quelquefois deux séries de sensations peuvent être concomitantes. »

Il serait difficile de raisonner ainsi, au moins à propos des phénomènes de la vue. Dans les sept rayons du spectre, l'éther vibre au lieu de l'air, et les mouvements sont bien plus rapides. Mais, comme à propos des sons, notre sensibilité s'éveille pour une certaine note basse, le rouge, et ayant suivi la gamme des couleurs, s'éteint après une note suraiguë, le *violet*. Au-dessous et au-dessus de ces notes perceptibles, s'étendent des séries indéfinies de vibrations trop lentes ou trop rapides pour être perçues par nous[1].

Comment le savons-nous ? Ce ne sera au moyen d'aucun de nos sens : nous ne voyons, nous ne touchons, nous n'entendons rien ; mais nous pouvons photographier les rayons ultra-violets, ou infra-rouges du spectre. Voici donc un phénomène absolument étranger à nos perceptions : nous ne l'avons pas, en effet, rendu perceptible ; mais il a provoqué un autre phénomène, l'impression sur la plaque sensibilisée, lequel est perceptible pour nous.

Je pouvais dire que la matière, directement perçue par moi, n'avait d'existence que dans mes sensations, qui sont des manières d'être de mon esprit. Mais me voici comme serait un homme devenu aveugle et tâtant les verres brûlants d'une lanterne, il dirait : il y a là, pour d'autres, de la lumière ; il y a quelque chose d'extérieur à moi. Le monde n'est pas, comme dit Schopenhauer, ma représentation, puisque je sais qu'il y a des sons, des couleurs et des formes perceptibles pour d'autres sens, imperceptibles pour les miens.

En effet, quand j'aurais l'oreille plus fine et

---

[1]. La limite n'est pas absolument la même pour tout le monde, et on cite des personnes qui voient un peu plus loin que d'autres dans l'ultra-violet.

capable d'entendre des sons très faibles, je n'entendrais rien au-dessous d'une certaine note grave, ni au-dessus d'une certaine note aiguë. Quand mes yeux seraient plus perçants, ils n'apercevraient point les lueurs du spectre infra-rouge. Je pourrais dire de même : quand mes jambes seraient plus agiles et mes bras plus vigoureux, je ne saurais pas voler dans les airs. Car il s'agit ici, non du développement des facultés possédées par nous, mais de la possession d'autres facultés.

Il y a des sons pour lesquels nous sommes sourds, et des lumières pour lesquelles nous sommes aveugles. Le ciel est plein de rayons, l'air est plein de sons que nous ne pouvons voir, ni entendre; non parce qu'ils sont trop délicats et trop doux pour être perçus de nous, mais parce que, d'une gamme indéfinie, quelques notes seulement ont en nous un écho. Une très petite partie des forces de la nature se change pour nous en sensation. Ses voix n'arrivent qu'à peine jusqu'à nous : à peine de leur gamme infinie saisissons-nous quelques clameurs passagères; comme on entend, en lisant la belle pièce des *Djinns*, de Victor Hugo, le tourbillon qui vient, passe avec fracas et s'éteint dans le lointain. Les causes matérielles de sensations se prolongent bien loin en deçà et au delà des limites entre lesquelles elles produisent les sensations.

Ainsi donc, nous constatons, nous savons que les causes extérieures sont en nombre indéfini, tandis que celles qui se traduisent pour nous en sensations sont en nombre étroitement limité. Nous savons de plus, que les causes inefficaces sont du même ordre que celles qui agissent. Nous savons qu'elles sont présentes, semblables à celles qui produisent en notre âme les effets de son et de lumière; mais, que quelques-unes seulement nous atteignent et nous émeuvent.

Des « possibilités permanentes de sensations », comme dit M. Taine, ne sont pas occasion de sensation pour l'âme humaine. Et cependant elle affirme l'existence de ces possibilités de sensation. Elle les attend et sait en quoi elles consistent. Elle aperçoit donc une réalité en dehors d'elle-même.

Par des raisonnements de ce genre, nous arrivons à nous convaincre de l'existence du monde extérieur et, en outre, à créer dans notre esprit l'édifice d'un monde extérieur rationnel différent de celui que nos sensations nous montrent. Un philosophe, M. Francelin Martin, dans un livre récent, montre que le monde des sensations est impossible, absurde: puis il décrit, dans deux chapitres, la construction du monde par l'esprit, l'élaboration de la matière par l'esprit. Le plan nous paraît excellent.

Cette élaboration se fait en soumettant quelques renseignements concordants venus du dehors, à la méthode des déductions mathématiques : méthode fondée sur des vérités que notre raison sait être nécessaires. Des idées *a priori* et *a posteriori* entrent chacune pour une part dans cette œuvre. Mais les secondes s'effacent, et la théorie, quand elle est achevée, devient pure ; c'est-à-dire, suivant le langage de Kant, débarrassée de toute notion venue de la sensation.

Ainsi comprise, nous le disions il y a quelque temps[1], la science positive reprend sa place dans la philosophie. L'étude de la matière est, à proprement parler, une étude métaphysique si, par réalité physique, nous entendons tout ce qui peut être vu ou touché ; en effet c'est au delà de cette réalité physique, au delà du monde des sensations, que notre raison reconstitue la matière pure.

En résumé il ne faut pas abandonner tout à fait l'opinion des anciens philosophes qui, entre le monde et nous, supposaient des intermédiaires :

---

1. *Nouvelle Revue*, 1ᵉʳ février 1803.

les idées. Car la sensation se passe en moi et non dans l'objet senti; elle m'appartient; elle est de mon côté. Comme la douleur d'un coup, comme le goût agréable d'un fruit, les couleurs du ciel et des champs, les sons d'une cloche sont des effets produits en moi, non des qualités propres aux objets extérieurs.

Si nous ne voyons que nos sensations, elles ne suffisent pas à nous démontrer la réalité du monde extérieur, et on comprend que tous les philosophes en aient douté, et que le plus grand nombre l'ait niée. On comprend que le baron d'Holbach ait avoué qu'il était malaisé de répondre aux sophismes de Berkeley. Non, il ne suffit pas d'ouvrir les yeux et de toucher un rocher ou un arbre, en disant : « Voici du moins des faits matériels et les choses telles que nous les voyons. »

Mais la réalité du monde extérieur est démontrée par ce raisonnement d'espèce particulière qui s'appelle une expérience; raisonnement, où l'une des propositions, majeure ou mineure, est remplacé par la constatation d'un fait sensible, mais qui va bien plus loin que la constatation de ce fait, et qui reconstruit, au moyen de quelques indices, un monde réel, différent du monde visible.

Nous nous demandions en commençant, si l'es-

pace est vide ou s'il est plein. Il n'est point vide ;
et il faut attribuer une existence réelle et objective
à la matière, qui nous apparaît, par endroits, dans
l'espace infini. Est-il plein, et la matière, invisible
pour nous, est-elle partout répandue? Nous reviendrons à cette hypothèse; mais plus loin, au
chapitre où nous aurons à traiter du quatrième
élément.

VIII

THÉORIES

Il y a dans l'espace des parties pleines, il y a une matière. Il y a hors de nous une réalité, cause de nos sensations, mais différente de ce que nos sensations nous révèlent. Et dans la série des phénomènes de même ordre, quelques-uns seulement, compris entre des limites très restreintes, provoquent en nous des sensations.

Connaître cette réalité telle qu'elle est, débarrasser la matière des apparences sensibles, oublier les impressions produites sur nos yeux, nos oreilles et nos mains et, par l'étude des rapports des objets extérieurs entre eux, arriver, à l'aide de l'induction, à la connaissance de l'essence de la matière et de ses lois, tel est le but que poursuit la science. C'est ainsi que le travail du physicien — recherche des effets de la matière sur la matière, mettant de côté les effets produits sur l'homme — est un travail de critique qui rappelle la critique inverse opérée par Kant sur nos idées.

L'idée pure est celle qui ne doit rien à l'expérience. La matière pure est celle qui n'emprunte rien à la sensation. La critique physique cherche à séparer la matière pure, à nous prouver qu'elle est, qu'elle agit, matière sur matière, indépendamment de l'impression qu'elle nous cause ; c'est la matière dépouillée de tout élément humain comme l'idée pure est dépouillée de tout élément matériel. C'est l'objet extérieur et réel de l'expérience opposé à l'idée.

A la vérité, nous atteignons directement l'idée pure ; tandis que, ne pouvant dépouiller notre nature d'hommes, nous ne voyons la matière qu'à travers notre propre sensation, et n'arrivons que par le raisonnement à la concevoir telle qu'elle est. La différence entre ces deux procédés, *intuition, raisonnement*, est la seule différence entre les deux critiques. Car pour le fond, la connaissance de la matière pure, et débarrassée de la sensation humaine, est précisément la connaissance que les physiciens cherchent à acquérir ; et par conséquent la physique, c'est la critique de la matière pure.

Les physiciens procèdent par la méthode expérimentale et sont renseignés par la sensation ; mais aussitôt qu'ils ont reçu ces renseignements, ils en tirent toute autre chose et construisent un univers mécanique sans forme ni couleur, ni parfums, ni chaleur. Il est fait d'espace et de mouvement.

Les physiciens finissent par oublier ce que nous appelons le monde humain, tant l'habitude de vivre dans un autre monde, construit par l'induction et la critique, leur a fait perdre de vue ce que les yeux leur montraient d'abord. « Nous sommes amenés, dit, par exemple, M. Violle, à regarder la matière comme sans cesse animée de mouvement; et s'il est possible, par la pensée, d'isoler la matière du mouvement et de concevoir soit la matière sans mouvement, soit le mouvement sans matière, ce ne sont là que des abstractions : la réalité, c'est la matière animée de mouvement[1]. »

Le passage est curieux, en ce qu'il fait voir à quel malentendu l'on arrive : on nomme *abstrait* ce qui est essentiellement concret pour le commun des hommes. M. Violle a raison, s'il veut parler de la réalité objective, telle que la physique et les mathématiques nous la font connaître. Il a tort, s'il parle de la réalité sensible ; car en celle-ci nos yeux nous montrent la matière en repos, à

---

1. Violle. *Physique*, vol. I, p. 31.

moins que quelque cause étrangère ne vienne l'agiter.

C'est le raisonnement scientifique, mais non l'apparence sensible, qui rapproche et rend inséparables les idées de mouvement et de matière. De quel côté est donc l'abstraction si l'on veut garder au mot son sens véritable?

La physique procède par expériences, telles que nous les avons décrites plus haut, et par inductions. Elle se sert, au début, de la sensation, elle en fait abstraction ensuite. Un édifice complet, comme celui de l'optique, peut être conçu par un aveugle-né : il n'imaginera pas les sept couleurs. Mais il se représentera les rayons réfléchis, réfractés, les ondes de longueur inégale, les interférences. Il raisonnera comme nous faisons au sujet du spectre invisible ; car pour les voyants même, il n'y a qu'une partie des phénomènes optiques qui soient par surcroît des phénomènes lumineux.

La physique est la conception de la matière par notre esprit, abstraction faite des sensations que la matière produit en nous, mais affirmation faite de la réalité extérieure qui les provoque.

Maintenant, il faut nous demander ce que valent nos doctrines chimiques, physiques et astronomiques? Pouvons-nous, cette fois, croire que nous possédons un système adéquat à la réalité pure, extérieure à nous? La raison a-t-elle percé le voile de la sensation? Et ne sommes-nous plus, comme disait Platon, prisonniers en nous-mêmes?

Nous avons essayé d'exposer comment se fondent et se confirment les théories physiques.

On nous dira : « Soit, l'expérience est une forme de raisonnement; mais il faut toujours recourir à la sensation. Elle a toujours sa place dans le raisonnement expérimental. Vous l'avez reconnu, et reconnu en même temps que très peu de phénomènes se transformaient en sensations : une seule gamme lumineuse et quelques gammes sonores. Vous avez reconnu enfin que d'autres yeux et d'autres oreilles pourraient voir et entendre ce qui est obscur et silencieux pour les vôtres; que les sensations ne sont que des signes, sans ressemblance avec les objets, et que d'autres âmes pourraient connaître d'autres signes; c'est-à-dire être capables d'autres sensations. Ce qui pourrait s'appeler : converser avec la nature, en un autre langage. »

Tout cela est vrai; et nous allons donner ici encore des armes contre nous. Si l'on veut multiplier encore les raisons de se défier des sens, elles seront faciles à citer. Quand nous parlons de la vue nouvelle qu'aurait de la création un

autre homme doué d'autre sens, nous n'avons pas
besoin d'imaginer un être inconnu, nouvel habitant du monde. Même parmi ceux que nous voyons
autour de nous, dans le monde actuel des vivants,
certains êtres sont doués de sens différents des
nôtres. Nous ne parlons pas des exemples nombreux et curieux de télépathie recueillis depuis
quelque temps par M. Charles Richet et d'autres
physiologistes : il ne s'agit pas là de vraies expériences puisqu'elles ne peuvent être répétées.
Le raisonnement expérimental, raisonnement au
cours duquel est invoqué un fait sensible, n'aura
nulle valeur si le fait sensible n'a été ou ne
peut être vu de tous les yeux, aussi clairement
qu'est aperçue de tous les esprits une vérité nécessaire intervenant au cours d'un raisonnement
géométrique. Des exemples extraordinaires d'impressions visuelles ou auditives produites par des
objets que des centaines de lieues séparaient du
sujet, ne constituent pas de vraies expériences :
car les conditions de ces phénomènes ne sauraient
être déterminées, et reproduites.

Mais il est des phénomènes du même ordre,
que l'on peut soumettre à l'expérience. Les animaux possèdent des sens beaucoup plus fins que
les nôtres et probablement même des sens que
nous n'avons pas. Comment les pigeons trans-

portés à cent lieues, en des paniers fermés, retrouvent-ils le chemin de leur colombier? Et des femelles d'une espèce de papillons, inconnue à Paris, assez commune dans l'Est, jamais rencontrée au delà de Fontainebleau, ayant été laissées captives sur l'appui d'une fenêtre du Muséum : comment se fait-il que des mâles arrivèrent au bout de peu de jours? Par quel instinct furent poussés ces frêles voyageurs, légers comme des feuilles mortes, à travers les plaines de la Brie et dans le dédale des toits de Paris ?

On aurait tort de croire que les sens ne diffèrent chez les vivants que par le plus ou moins de puissance. Sir John Lubbock a montré des différences de nature dans le sens de la vue. Certaines fourmis, et surtout un insecte aquatique : *Daphnia pulex*, voient le rayon ultra-violet. Les Daphnias aiment le jour, et quand on éclaire la moitié du bac, où elles sont enfermées, et qu'au bout de peu de temps on le sépare en deux compartiments, au moyen d'une cloison mobile, on trouve les insectes au nombre de 95 p. 100 dans le compartiment éclairé. Donnez-leur maintenant le choix entre l'ombre absolue et le rayon ultra-violet, c'est-à-dire entre deux ombres également profondes et impénétrables pour vos yeux ; et vous les retrouverez presque tous encore dans l'ultra-violet : c'est pour eux la lumière.

M. Beauregard, dans un travail récent, nous donne à penser[1] qu'il peut exister de semblables différences pour le sens de l'ouïe. Les grandes roussettes de l'Inde, animaux frugivores, ont l'oreille organisée pour entendre les sons graves. Elle est bâtie comme celle d'un mouton; au contraire, les chauves-souris de nos pays, qui sont insectivores, n'entendent probablement que les sons aigus.

Le monde humain est donc différent du monde de ces animaux; et, ainsi que nous l'avons dit déjà, la même réalité peut produire, en d'autres yeux et d'autres oreilles, d'autres effets, et par conséquent faire éclore un monde tout différent.

Les apparences du monde ne sont pas les mêmes pour ses divers habitants. Si donc, il peut y avoir d'autres sens, si ceux que nous avons ne portent que sur telle ou telle série restreinte de phénomènes, s'ils ne nous fournissent que des impressions humaines et non des renseignements sur la réalité des choses, quelle confiance aurons-nous d'abord en nos sensations, et ensuite en ceux de nos raisonnements où, à la place de l'une

---

[1]. *Comptes rendus de l'Académie des sciences*, juin 1804.

des propositions, figure l'affirmation d'un fait sensible?

Or, même après toutes ces concessions faites, nous croyons qu'on peut ajouter foi aux raisonnements fondés sur l'expérience externe. Il ne faut pas accepter tous les renseignements fournis par les sens; mais il en est qu'il faut accepter.

L'effet produit peut être changé, et un être sensible autre que nous peut voir autrement. Cela est vrai. Mais peu importe l'effet. Cet autre être sensible saura que la cause extérieure est ou n'est pas en action; et il en sera averti en même temps que nous.

Supposons ceci : l'univers demeure et l'homme, spectateur de l'univers, est remplacé par un autre être sensible.

Supposons d'abord la vie éteinte sur la surface de cette terre. Il suffirait pour cela que la température du globe montât ou baissât de quelques degrés; car les conditions de la vie sont impérieuses et ses limites sont étroites. Les mondes continuent aveuglément leurs évolutions dans l'espace.

Certainement il n'y aura plus en l'univers de chaleur, de lumière, de sons; mais il y aura toujours des résistances et des mouvements.

Si alors Dieu crée un nouvel être vivant et

conscient, et s'il plaît à Dieu de le douer de sens nouveaux, notre vieux monde pourra avoir changé tout à fait pour lui d'aspect et de parure. Cependant, on ne conçoit pas, l'univers étant resté ce qu'il est, que l'ordre des phénomènes puisse être renversé pour le nouveau vivant.

Par exemple ce nouveau vivant pourra être impressionné autrement que nous par la lumière. Encore faudra-t-il que la lumière soit. Il ne verra pas le jour à travers un corps opaque; il n'en sera pas privé derrière un corps transparent. Il y a passage ou arrêt de la lumière; il y a ou il n'y a pas de rayon : on peut le voir différemment quand il est là ; mais non pas voir ce qui n'est pas. Un corps qui arrête pour nous la propagation des ondes de l'éther, l'arrêtera aussi pour lui. Une surface réfléchissante réfléchira pour lui aussi les rayons ; les phénomènes de la réfraction, de la polarisation existeront pour lui comme pour nous. Quelle que soit sa sensation, elle naîtra en même temps que la nôtre, et dans les mêmes conditions. Cependant nous ne voyons pas le rayon ultra-violet : admettez que cet être le voie. Il ne sera pas mieux renseigné que nous sur le monde extérieur; car, par d'autres moyens, nous savons aussi bien que lui que le rayon en question existe réellement.

En somme, bien qu'il ne voie pas ce que nous voyons, bien que le champ des rayons visibles puisse être autrement placé pour ses yeux, bien que chez cet être doué d'autres sens, les vibrations de l'éther puissent produire des impressions inconnues de nous; toutes les lois de notre optique resteront vraies.

L'aspect changera, non la loi. Le clair et l'obscur, quelles que soient les impressions produites, resteront opposés. Ce que nous venons de dire de la lumière, nous pourrons le dire aussi de la chaleur et de l'électricité. Dès lors, il devient très vraisemblable que cet être nouveau enseignera une physique toute pareille à la nôtre. Abstraction faite des apparences sensibles, le raisonnement le conduira au point où nous sommes. Car il peut y avoir plusieurs manières de sentir; mais il n'y a qu'une manière de raisonner.

Il ne faut pas confondre la contemplation et l'expérience. La contemplation peut varier à l'infini. L'expérience est toujours la même.

Quand vous admirez un coucher du soleil, des montagnes, ou la mer, vous savez que le monde existe hors de l'homme, mais que le spectacle du monde est tout humain et serait différent pour un être doué d'autres sens.

Mais, au lieu de ce grand spectacle, regardez,

avec Ingenhouz, des petits bâtons faits de métaux divers, enduits de cire, et dont une extrémité plonge dans un auget plein d'eau bouillante. La cire fondra plus ou moins haut suivant que les métaux auront été plus ou moins bons conducteurs de la chaleur. Ici, l'impression, le spectacle sont réduits au minimum : le fait, l'effet produit par un même corps chaud sur divers corps, la loi naturelle enfin se découvre. Et si je continue à dire qu'un esprit doué d'autres sens pourra avoir devant les petits bâtons d'Ingenhouz un autre spectacle, les voir plus grands ou autrement colorés, ou de toute autre apparence ; si la chaleur produit en lui l'effet que produit en moi le froid ; si même il la perçoit autrement, que sais-je ? par la vue ou l'odorat, au lieu du toucher, je n'en resterai pas moins persuadé que l'ordre des phénomènes reste le même ; et que, par conséquent, la loi sera pour lui ce qu'elle est pour moi que, d'une manière ou d'une autre, il arrivera à la même formule mathématique.

L'effet produit sur des êtres sensibles par une même cause, la chaleur, peut être variable. Mais la cause sera ou ne sera pas présente. Et d'autres sens que les miens seront affectés autrement par la même cause ; mais ne seront pas affectés du tout, sans cause. Et cela suffit ; le spectacle peut changer, mais non l'ordre des faits. Le spectacle des phénomènes est subjectif, l'ordre des phénomènes est objectif.

On peut aller plus loin et se demander s'il est vrai que les impressions d'un être autrement constitué puissent être toujours absolument différentes des nôtres. Nous pensons qu'il y a une distinction à faire; à notre avis, il est des impressions différentes de la réalité; mais il est aussi des impressions adéquates à la réalité. Nous nous sommes expliqué ailleurs au sujet de la distinction entre les qualités primaires et secondaires. Il y faut revenir ; mais non pour en faire le même usage que Thomas Reid.

S'il est vrai que tous les phénomènes de son, de lumière, de goût, d'odeur aient pour cause des vibrations et ne soient, en somme, point autre chose que la matière en mouvement, cette identité des divers phénomènes est vraie dans l'objet, hors de nous. En nous, rien n'est plus faux : les sensations de son, lumière, goût, odeur n'ont aucune ressemblance ni entre elles, ni avec la cause extérieure qui les produit.

Mais il est d'autres sensations, précisément celles par lesquelles nous percevons le mouvement et la résistance, qui sont semblables à la réalité. Il faut dire, au sujet du mouvement, ce que nous disions au sujet de l'espace : ici l'idée est adéquate à la réalité extérieure. Et il faut admettre ici, quand un mouvement est perçu par nous, la formule : *agens agit simile sibi.*

L'espace est semblable à la vue que nous en avons; le mouvement d'un objet en tant qu'occupation successive de diverses portions de l'espace est également semblable à la vue que nous en avons. Il en est de même de la résistance opposée par un objet solide à un autre. Espace, mouvement, résistance, ne peuvent être représentés dans un autre esprit par une autre idée.

Nous ne voulons pas établir avec Reid une distinction entre les sensations; mais nous admettons cette distinction entre les qualités des objets. Les qualités secondaires, couleur, odeur, etc., sont proprement des qualités de nos sens, faussement regardées par nous comme qualités des objets. Les qualités primaires, étendue, impénétrabilité, mouvement, appartiennent en propre à la matière et sont semblables à l'idée que nous en avons. Nous ne connaissons les premières qu'après les avoir éprouvées. La connaissance des secondes est une connaissance *à priori*, antérieure à l'expérience, identique à la réalité, et simplement confirmée par la perception du monde extérieur.

Il devient dès lors évident que la matière pure n'est rien sinon étendue, impénétrabilité, mouvement. Tel est le monde physique. La critique scientifique le débarrasse de sa parure, qui n'a d'existence qu'en l'âme humaine; et l'austère et sombre édifice qu'elle élève, reste debout, même si nos yeux s'éteignent et nos oreilles se ferment; même si l'humanité périt; même si des âmes nouvelles, renaissant en présence de la même réalité, sont affectées par elle de nouvelles impressions et, par conséquent, la revêtent de nouvelles apparences.

Voici donc, en résumé, les motifs que nous avons de nous fier à l'expérience :

Premièrement, si les impressions produites en nous, peuvent être différentes en d'autres êtres vivants, l'ordre des faits extérieurs qui provoquent ces impressions est le même pour eux et nous.

Secondement, les impressions produites par les qualités primaires des objets sont adéquates à la réalité.

Rappelons enfin, que la critique n'aura de valeur qu'à la condition de recourir à la méthode des observations multiples. Il ne faut pas se fier à une seule sensation; au moyen de plusieurs observations successives, nous pouvons juger d'un effet *de la matière sur la matière*, et constater des changements produits hors de nous et auxquels nous sommes étrangers.

Nous pouvons maintenant répondre à la question que nous nous étions posée d'abord : que valent les théories scientifiques? Sont-ce de pures formes de langage ou l'expression de la réalité? Elles sont l'expression de la réalité. Ou bien la philosophie n'est qu'un vain amusement, et l'auteur de toutes choses nous a rendus les jouets d'une illusion, quand il nous a laissés croire que notre raison était faite pour connaître la vérité ; ou bien un peu de vérité nous apparaît ici. Laissez de côté ceux qui prétendent que l'univers n'est rien, un rêve, une hallucination persistante. Admettez qu'une réalité extérieure provoque en nous les phénomènes de la sensation, et vous vous convaincrez que si l'univers est quelque chose, il est, non pas tel que les yeux le voient, mais tel que la raison le conçoit.

Quand la raison aperçoit, à travers les apparences sensibles, des faits concordants ; quand elle s'empare de ces faits, oublie les apparences, recourt enfin aux idées générales d'espace et de mouvement, et emploie l'aide certaine du calcul mathématique, elle doit approcher de la connaissance réelle du monde extérieur. Je dis approcher, parce que tantôt de nouveaux faits, tantôt de nouveaux raisonnements viennent renverser d'anciennes théories. Stahl croyait encore à la matière du feu, et on sait pendant combien de siècles cette idée, ce mot, le *Feu*, ont embarrassé et retardé la science. Newton croyait à l'émission de corpuscules lumineux. Comte niait que l'homme pût jamais arriver à une connaissance scientifique de la matière contenue en les astres. Avant Pasteur, la contagion des maladies, bien plus, les phénomènes familiers des fermentations de la bière et du vin étaient inexpliqués.

Les théories vont se perfectionnant ; et, pour donner de l'assurance dans leurs recherches, les hommes peuvent affirmer deux vérités :

D'abord, au point de départ de la philosophie, s'il est vrai que les efforts de la raison, encore trop peu renseignée par l'expérience, n'aient réussi qu'à ouvrir la route ; si la cosmologie d'Empédocle, si celle des Hindous, si la physique d'Aristote sont encore bien loin de la réalité ; cependant, en le plus rudimentaire de ces systèmes, en les plus étranges inventions de ces philosophes primitifs, il y a une part de vérité plus grande que dans les idées de tel positiviste du dix-neuvième siècle finissant, homme de bon sens, homme de progrès, qui voyage par le chemin de fer, correspond par le téléphone, et n'a jamais douté que ses sensations ne fussent les images exactes de la réalité. Il les confond même absolument avec la réalité et il qualifie une sensation de fait matériel, fait tangible. Oui, les imaginations des anciens, le cercle de l'eau, inventé par Empédocle, et le cercle de feu offraient quelque ressemblance avec la réalité des choses ; tandis que la conception de beaucoup d'hommes civilisés qui se croient de sens commun, n'en offre aucune.

En second lieu, si nous ne considérons plus les premiers essais, mais le résultat des longs efforts des hommes, nous voyons qu'ils réussissent à construire des systèmes qu'on peut appeler parfaits. Un système est parfait, une science est parfaite lorsqu'elle est devenue mathématique, c'est-à-dire lorsque, par les conséquences mathématiques d'un principe admis, tous les phénomènes sont expliqués ou même prévus.

On peut citer plusieurs de ces systèmes. Pour ce qui est, par exemple, des lois de la combinaison, de la compression, du mélange des gaz, on a dit : Si les atomes existent et sont doués de telle et telle propriété, tout sera expliqué mathématiquement. La conclusion : « Donc les atomes existent », nous semble être absolument légitime. Il en sera de même de la théorie des ondulations et de l'existence de l'éther : les phénomènes calorifiques et lumineux sont expliqués mathématiquement, si l'éther existe. Donc l'éther existe.

L'atome, l'éther, c'est la matière pure. Nos sensations et les renseignements que nous tenons d'elles nous ont mis sur la voie ; mais le phénomène une fois constaté, la raison met en œuvre les matériaux qui lui sont fournis.

Le nom de métaphysique avons-nous dit, ne devrait pas être refusé à ce travail de la raison, si par monde physique on entend le monde qui frappe nos sens. Ici en effet, comme quand elle étudie l'homme et Dieu, la raison juge les faits à la lumière des idées nécessaires et éternelles qu'elle possède. Elle construit un édifice qui n'a que le pied sur la terre : les étages s'élèvent dans le monde des idées.

De quelque côté que nous nous tournions, et quelles que soient les connaissances humaines que nous considérions, nous apercevons le faîte d'un de ces palais construits par la raison à son usage. L'homme est obligé de les bâtir à l'image et à la forme, si je puis dire, de son âme, comme certains animaux bâtissent des nids et des tanières à la forme de leurs corps. Il ne peut pas se contenter de voir ; car, d'une part, il sait qu'il ne voit que des apparences et, d'autre part, les faits n'ont pas d'intérêt pour lui s'il ne peut arriver à les expliquer, à connaître leur raison d'être et leur place dans la nature. Il faut qu'il comprenne, et comprendre, pour lui, c'est construire un système rationnel, embrassant les phénomènes et en rendant compte.

Un homme est témoin d'un phénomène, la réflexion, par exemple, d'un rayon de lumière. Il ferme les yeux, il oublie ses sensations. Est-ce de son, est-ce de lumière qu'il s'agit? Peu importe; il ne considère que la marche du phénomène, et il arrive à cette conception abstraite: un mouvement vibratoire propagé dans un milieu élastique.

Ainsi naît une théorie; et si elle nous explique les phénomènes, il faut bien que, tout en étant conçue par la raison, elle soit aussi conforme à la réalité extérieure. Car si cet homme ajoute alors : « Je dis mouvement vibratoire, milieu élastique, par manière de parler; ce sont là des fictions de mon esprit »; c'est qu'il nie, au point de départ, l'impression venue de l'extérieur. A condition de réduire tous les phénomènes sensibles à n'être que des modifications de notre esprit, sans cause extérieure à nous, nous pouvons soutenir que l'atome, que l'éther, ne sont que des fictions de notre esprit. Mais c'est à cette condition seulement. Autrement, il faut bien admettre qu'on nous parle de choses réelles.

La croyance en l'existence du monde extérieur est déjà une croyance rationnelle, non une opinion provenant de la vue directe; ne l'oublions pas. Viennent maintenant des systèmes sur la nature et la constitution de la matière, et nous nous demandons si ces systèmes sont conformes à la réalité. Si l'on prétend que ce ne sont que des formes de langage, cette simple déclaration, quand on tire les conséquences, conduit au plus extrême idéalisme.

Si vous voulez aller jusqu'à accepter les idées de Berkeley, jusqu'à nier le monde extérieur, dites que la science n'est qu'une langue bien faite. Si le monde extérieur est pour vous une réalité, ne dites pas que les systèmes scientifiques sont des formes de langage. Car où serait alors la réalité? Est-elle dans ces images que les sens offrent à l'esprit, dans les couleurs et les sons? Non, puisque les couleurs, les sons et tout le reste n'existent que dans notre âme émue; et que, l'homme étant supprimé, il n'y aurait plus ni rouge, ni violet, ni sons aigus, ni sons graves, ni chaud, ni froid. A travers le monde humain, formé de l'ensemble de ces impressions; à travers le voile tendu entre le monde et nous, nous apercevons la réalité extérieure et notre raison la rebâtit comme à tâtons, d'après les renseignements qui nous arrivent, et abstraction faite des sensations.

La réalité extérieure ne consiste donc pas dans les fantômes que les sensations nous montrent. Elle est dans ces êtres que la raison a reconstitués pour rendre un compte mathématique des phénomènes. La réalité, c'est l'atome, c'est l'éther, puisque, premièrement, il y a un monde extérieur et que, secondement, les choses se passent comme si l'atome et l'éther étaient des réalités.

IX

LOIS

Montesquieu définit ainsi les lois : « Les rapports nécessaires qui dérivent de la nature des choses ».

La définition est bonne et peut s'appliquer aux lois physiques. La nature des choses ne nous est connue que par l'expérience; les rapports nécessaires qui en dérivent sont déduits par la raison. Ils sont mathématiques.

La nature des choses est-elle arbitrairement fixée et pourrait-elle être différente de ce que nous voyons? Oui; car d'abord, ces choses pourraient ne pas être du tout; notre esprit peut se les représenter comme n'étant pas. Ceci est une réponse générale qui nous paraît parfaitement légitime. Il n'était pas nécessaire que l'univers existât, et existât tel qu'il est.

Dans un des chapitres précédents, nous avons examiné la possibilité d'un univers sans espace, un monde d'êtres pensants et sentants. Tous les hommes en ont la conception : et les philosophes idéalistes qui nient la matière, et les critiques qui prétendent que l'espace est la forme générale de nos sensations, et tous ceux que la Foi religieuse, ou même, à défaut de la Foi, un invincible instinct inhérent à notre nature ont portés à affirmer l'immortalité des âmes. La non-existence de l'espace et de la matière est donc concevable et par conséquent possible ; et de même, la non-existence des lois régissant des phénomènes dont l'espace est le théâtre et dont la matière est l'agent.

Cependant la réponse n'est peut-être pas très complète. Car on peut dire : étant donnée l'existence de l'espace et de la matière, les choses pouvaient-elles se comporter autrement ?

A cette nouvelle question, posée d'une manière trop générale, nous avons répondu déjà en ce qui concerne les impressions purement humaines. Oui, les effets produits sur nos sens pourraient être tout différents. Mais nous savons maintenant distinguer la machine universelle des sensations produites en nous. Nous apercevons une cause matérielle, un être extérieur à nous, existant et opérant dans l'espace, suivant une règle invariable : les effets tels que l'éblouissement de nos yeux, la brûlure de nos mains devant la lumière ou la chaleur, effets qui pourraient être ou ne pas être, sont comparables au vent produit par un grand volant qui tourne. Cela ne fait pas partie du phénomène. Cela peut l'accompagner, s'il y a de l'air autour de la roue, s'il y a des yeux ouverts et des mains tendues devant la flamme.

Serrons donc la question de plus près, et demandons-nous, toute impression de nos sens mise de côté, s'il est concevable que la matière obéisse à d'autres lois que celles que nous connaissons.

En vain, on viendrait ici parler de la liberté, de la toute-puissance de Dieu. Oui, Dieu aurait pu ne pas créer le monde : ni l'existence de la matière, ni celle de nos esprits n'étaient nécessaires ; nous l'accorderons volontiers.

La véracité divine, invoquée par Descartes ne peut nous garantir que la réalité actuelle de l'espace : il existe pour la matière et pour nous ; il n'a pas, plus que la matière et que nous, une existence éternelle et nécessaire.

Mais étant donnés ces actes de Dieu, et, je le répète, ces actes arbitraires de sa volonté par lesquels l'espace et la matière ont été créés, la matière aurait-elle pu obéir à d'autres lois? Je rappelle la définition donnée au début. Il faut distinguer ici la nature des choses et les rapports. La nature est peut-être contingente ; mais les rapports sont nécessaires.

Point de doute possible pour tout ce qui concerne les conséquences mathématiques de certains faits primordiaux. Elles sont nécessaires. Si la vitesse d'une pierre tombant de 20 mètres est connue, la vitesse d'une pierre tombant de 50 mètres est calculée avec une absolue certitude. Le créateur a pu poser arbitrairement les prémisses; nous tirons pour lui la conclusion, et elle est obligée.

Si la toute-puissance divine pouvait, dans un autre monde, changer les lois mathématiques, certes cette fois, la véracité divine serait en défaut. Nous serions des fous, mais des fous à la folie desquels tout cet univers donnerait raison : la marche des étoiles, les mouvements des airs et des eaux auraient été combinés tout exprès pour nous entretenir dans notre folie : bien plus, la certitude absolue, saisie par notre raison, lorsque débarrassée de toute considération extérieure, elle s'empare d'une vérité mathématique, cette certitude serait un leurre; et Dieu nous tromperait, non plus dans les apparences qu'il offre à nos sens (il nous a fait savoir qu'elles étaient contingentes et passagères), mais dans le secret de notre pensée, au moment même où il nous fait croire invinciblement qu'il nous dit vrai.

Pourquoi d'ailleurs vouloir prouver l'évidence? Les lois mathématiques sont éternelles, et leurs applications sont indiscutables, si les faits auxquels on les applique se renouvellent sans changements; ce qui est le cas.

Cette régularité étant absolue, les calculs mathématiques tireront d'un fait, une fois constaté, des conséquences parfois fort éloignées et qui n'auront plus besoin d'être soumises à l'observation.

Ainsi, du coin de l'univers qu'ils habitent, les hommes ont mesuré les vitesses, les volumes, les densités des corps célestes.

Ainsi Leverrier a pu décrire en tous ses caractères astronomiques, une planète qu'aucun œil humain n'avait aperçue. Ainsi on a pu calculer l'aplatissement de la sphère terrestre d'après quelques variations des battements du pendule.

Ainsi, un jour peut-être, on calculera la vitesse et la grandeur des atomes, et on connaîtra la constitution intime de la matière. Pour notre raison, tout phénomène observé devient une loi parce que nous savons que ce phénomène se répétera dans les mêmes circonstances. Et si le phénomène ne se répète pas, nous pouvons remonter à la circonstance, insensible pour nous, qui est cause du changement; nous pouvons la calculer, la désigner, la décrire ; dire par exemple, quand les battements du pendule transporté d'un point à un autre du globe, cessent de s'effectuer en le même temps : « c'est que le monde qui nous porte n'est pas sphérique et qu'il est aplati en ses pôles ».

Voilà une qualité qui appartient à un objet matériel, qu'aucun de nos sens ne perçoit, et que l'induction nous conduit à affirmer ; pourquoi ? Parce que dans les mêmes conditions, les mêmes faits doivent se répéter. Si les faits ne se répètent point, c'est que les conditions ont été changées et c'est à nous de chercher en quoi elles ont été changées.

La répétition du même phénomène dans les mêmes conditions est ce que nous appelons la loi.

Considérez la matière en action : une pierre qui tombe, un miroir qui réfléchit un rayon de lumière ; et vous verrez les mêmes faits se reproduire dans les mêmes circonstances. Après avoir éprouvé la première sensation, je sais quelle sera la seconde ; je puis calculer où et quand elle se manifestera. La pierre mettra tant de temps à tomber ; le rayon sera réfléchi en tel endroit. Telle est la loi. Cette répétition identique des mêmes faits dans les mêmes circonstances est-elle nécessaire ? Nous sentons-nous forcés d'y croire ?

Oui, sans doute. Une chose ne peut pas être et ne pas être; la pesanteur, par exemple, ne peut pas être et ne pas être.

On dira : « elle peut être aujourd'hui et ne pas être demain : qui empêche que la loi d'attraction cesse tout à coup d'être vraie? Prétendrez-vous que l'hypothèse est impossible, vous pour qui cette loi est un mystère et qui êtes incapable d'en soupçonner jamais la cause? »

Notre ignorance importe peu ici. Supposer des lois intermittentes, c'est faire intervenir le temps, réalité contingente. Et c'est sortir du domaine des réalités nécessaires, où nous essayons de pénétrer; de ce domaine que, parlant la langue des auteurs religieux, on peut appeler le royaume de Dieu. Pour Dieu, une chose ne peut pas être et ne pas être; et c'est prononcer une phrase dénuée de sens, que de dire : une chose, une loi peut, de par la volonté de Dieu, être aujourd'hui et n'être pas demain. Il n'y a point d'aujourd'hui, point de demain, point de succession dans l'Éternel.

Maintenant, prenez plaisir, si vous le voulez, à supposer que la loi d'attraction est abolie; à imaginer les mondes cessant leurs révolutions pour s'en aller tout droit dans l'espace infini, comme la pierre échappée de la fronde; à vous représenter les atomes séparés, sans cohésion, et la matière délayée dans l'espace, comme elle le fut, suivant Épicure, aux premiers temps du monde. J'aime autant — et j'en ai le droit — supposer que le monde, la matière, l'espace ne seront plus, que de supposer qu'une loi de la matière peut changer.

La loi est invariable, et ses conséquences sont nécessaires.

Nous voici donc rassurés sur ce que Montesquieu appelle les *rapports nécessaires*. Mais revenons à *la nature des choses*.

Si nous n'avions pas besoin d'expériences pour connaître la nature des objets extérieurs, si, venant au monde, nous apportions avec nous la notion de leurs propriétés générales, ce serait un grand argument contre l'existence de la matière ; nous pourrions croire que nous tirons tout de notre fonds et que nos connaissances accrues ne sont que des facultés développées.

Mais tel n'est pas notre sort. La relation entre la cause matérielle et l'effet matériel ne s'apprend que par expérience. Car la cause ressemble très peu à l'effet, lequel est imprévu et ne peut être découvert en elle. Nous ne passons pas de l'un à l'autre par pure opération de raisonnement. Quand un premier phénomène a été suivi d'un second, nous savons que, les mêmes conditions étant remplies, ce second phénomène se reproduira. Mais, à notre premier essai, nous ne pouvions prévoir ce qui devait arriver. Le premier phénomène ne pouvait nous inspirer aucun soupçon du second.

La science est faite d'une part d'observation et d'une autre part de raisonnement. Tout ce qui dépend du raisonnement est vrai, éternellement vrai; tout ce qui appartient à l'observation est contingent, subjectif, incertain. Il faut appliquer la critique à nos connaissances physiques et naturelles, et séparer ce qui nous est connu *a priori* de ce qui nous est fourni par l'expérience.

L'expérience nous apporte des sensations qui tiennent à la fois de la nature des choses perçues et de notre propre nature; elles proviennent des objets extérieurs; mais elles revêtent des apparences particulières en passant par nos organes; et il n'est pas besoin de répéter que nos yeux font les couleurs et que nos oreilles font les sons. Nos sensations fussent-elles conformes à la réalité, notre raison nous dit que cette réalité pourrait être différente; et cela va de soi, car si la réalité était nécessaire, la raison l'atteindrait directement et il n'y aurait pas besoin de l'expérience.

Tout ce qui provient de l'expérience est donc doublement contingent; à cause de nos sens qui traduisent les phénomènes à leur manière; et de ces phénomènes eux-mêmes qui auraient pu être réglés autrement.

Il n'en est pas ainsi de toute la partie de la science qui procède de notre raison. Étant donné que les faits sont ce que nous voyons, nos raisonnements sont justes : ils seraient justes et seraient déduits de même, s'ils étaient appliqués à d'autres faits. Les mathématiques sont vraies partout et s'appliquent à tout. Supposez que nos yeux, comme ceux de la Daphnia, perçoivent les rayons ultra-violets ; nos raisonnements à propos de la lumière seront identiques ; et, en somme, l'optique ne changera pas. Allez plus loin : supposez que dans un autre univers, l'espace ne soit plus cet espace à trois dimensions qui est la forme générale de notre univers. L'espace à quatre dimensions peut-il être conçu ? M. Tait prétend que oui. En ce cas, les problèmes relatifs aux masses et aux vitesses seront plus compliqués, mais ne changeront pas de nature ; la mécanique sera la même.

Ainsi les conséquences sont inévitables, constantes, nécessaires. Nous les découvrons par pur raisonnement, le point de départ étant connu. Mais ce point de départ est désigné par l'expérience et la raison ne peut prévoir où il sera. Les applications se déduisent nécessairement. La loi première est contingente; elle pourrait être différemment réglée.

Tout ceci est conforme à la définition de Montesquieu.

On y distingue deux idées : la nature des choses, les rapports nécessaires. Quand la nature des choses est connue, les rapports sont nécessaires.

Mais la nature des choses est contingente et n'est connue que par l'expérience.

Et cependant peut-on dire qu'elle soit tout à fait imprévue? Toute recherche est entreprise avec une idée préconçue et toute découverte produit, non la surprise, mais plutôt la satisfaction de l'esprit.

Mariotte, par exemple, a-t-il dû être étonné, en constatant que les gaz se réduisaient, sous une pression doublée, à la moitié de leur volume? Cela n'était pas nécessaire. Et cependant il semble que cela était attendu, que cela devait être.

« J'ai remarqué, a dit Descartes[1], certaines lois que Dieu a tellement établies en la nature et dont il a imprimé de telles notions en nos âmes, qu'après y avoir fait assez réflexion, nous ne saurions douter qu'elles ne soient exactement observées en tout ce qui est ou qui se fait dans le monde. »

1. Descartes *Disc. de la Méthode*, 6e partie au début.

Ces pensées se présentent souvent à l'esprit, lorsqu'il étudie la nature. Ses lois sont contingentes, ou du moins nous semblent telles, et nous le sembleront toujours. Car, en supposant qu'elles possèdent le caractère de la nécessité, il faudrait, pour l'apercevoir, connaître d'abord tout l'enchaînement de ces lois, c'est-à-dire tout savoir. Peut-être alors apparaîtrait une loi unique, et telle que notre raison ne pût en concevoir le contraire, une loi nécessaire. Peut-être..., mais rien n'est moins certain, et en attendant que nous sachions tout, ce que nous apprenons demeure pour nous dans le domaine du contingent.

Les lois sont contingentes; et cependant elles sont si vraisemblables, si raisonnables, qu'au moment où on les apprend, on croit s'en être avisé d'avance; il semble que les choses ne pouvaient être autrement qu'elles sont. On répond que *naturellement*, elles devaient être ainsi; et entre les deux expressions philosophiques de contingent et de nécessaire, l'usage a créé cette troisième expression : *naturel*, la nature occupant une place à part, entre l'arbitraire et la fatalité.

X

TROIS ÉLÉMENTS

Dans l'univers matériel il y a trois éléments, l'air, l'eau et la terre.

Nous prions qu'on veuille bien ne nous point accuser d'ignorer la découverte des soixante et quelques corps simples, et d'en revenir aux éléments, oubliant même le quatrième, le feu.

Ici, les mots, seulement, ont changé. Il faut dire, aujourd'hui, que suivant la température, et la pression supportée, tous les corps passent par trois états, l'état solide, l'état liquide et l'état gazeux.

On peut ajouter, qu'étant données la température et la pression moyenne de notre monde, l'oxygène et l'azote y sont gazeux, l'eau y est liquide. Les métaux, la chaux et la silice, le charbon et beaucoup de substances organiques y sont solides.

Voilà pourquoi l'air, l'eau et la terre représentent pour nous les trois règnes de la matière.

Les mots même n'avaient pas besoin d'être changés... Car en dehors des laboratoires et des usines, il n'y a guère d'autre gaz en ce monde que l'air, ni d'autre liquide que l'eau.

Le mélange d'azote et d'oxygène dans lequel nous vivons, représente la somme presque totale de matière existant à l'état gazeux en notre planète. Joignez-y quelque faible partie d'acide carbonique sortie de nos poumons, un peu d'acide sulfureux autour des solfatares, quelques bulles d'éthylène, au-dessus des marais; l'hydrogène sulfuré, l'acide carbonique sortant du cratère des volcans. Mais dans l'ensemble de la nature, ces gaz comptent peu, et leur quantité est négligeable.

De même, il n'y a guère, en ce monde, d'autre liquide que l'eau. Nous connaissons bien d'autres substances liquides, mais elles sont artificiellement produites comme l'alcool, ou l'éther. L'eau ne remplit pas seulement le lit des fleuves et des étangs, et le vaste bassin des mers; mais elle est le sang des animaux, la sève des plantes, le jus des fruits.

Des globules d'albumine sont en suspension dans le sang, des acides organiques et des sucres sont en dissolution dans la sève des plantes ou dans le jus des fruits ; mais la majeure partie, c'est l'eau.

L'air, l'eau, représentent donc, à peu près complètement dans notre planète l'état gazeux et l'état liquide.

Il est moins simple de parler de la terre : ce n'est pas là un composé défini comme l'eau, ou un mélange de deux corps simples, en proportions, à peu près constantes, comme l'air.

C'est l'ensemble des corps qui, à la température où nous sommes, restent à l'état solide, et ces corps sont nombreux.

Dans un autre monde doué d'une autre température, et supportant une autre pression, il en serait autrement. Lavoisier a développé cette pensée dans une page restée célèbre. Déjà, en allant vers les pôles, on trouve l'eau devenue solide dans de plus froides régions. Si, au contraire, notre monde était plus chaud, nos eaux passeraient à l'état de vapeurs, et le lit des rivières se remplirait de liquides nouveaux. L'atmosphère deviendrait plus épaisse, et les solides diminuant, la terre, la carcasse du globe resterait amincie et disloquée.

Mais il y aurait encore des solides, des liquides et des gaz ; en d'autres termes, de la terre, de l'eau et de l'air.

Pouvons-nous concevoir d'autres formes de la matière? Il semble que non. Ces trois formes sont bien distinctes, et nous n'imaginons pas, entre elles, d'intermédiaires.

Ou les parties de la matière sont liées entre elles et l'ensemble se tient comme dans le bois ou la pierre; ou bien elles glissent, elles coulent les unes sur les autres, suivant la pente où les entraîne leur pesanteur individuelle, sans se fuir mais sans s'attacher aucunement les unes aux autres. Ou bien, elles se fuient, elles s'écartent, elles se répandent à travers l'espace.

De même que l'espace a trois dimensions, la matière a trois états. On peut trouver, peut-être d'un certain point de vue, quelque rapport entre ces trois dimensions et ces trois états.

Le solide, seul, présente des lignes, c'est-à-dire des intersections de plans. Le liquide se répand suivant un plan parfait. Et le gaz ne présente ni plans, ni lignes; on n'en peut mesurer que le volume.

On parlera de la longueur d'un objet solide, de la surface d'un liquide, et du volume d'un gaz. Ce dernier n'a ni longueur, ni surface.

La ligne suppose les molécules liées, la surface les suppose épandues, et une sphère de rayon de plus en plus grand, les suppose s'écartant uniformément du centre autour duquel elles étaient resserrées, et se gonflant dans l'espace.

Inutilement, on essaiera de concevoir une quatrième forme, quand on considérera la matière, à l'état moléculaire. Étant donnés l'espace et le mouvement, comment les particules de la matière peuvent-elles se comporter par rapport à l'espace et au mouvement? De ces trois manières, ni moins, ni plus, chacune des trois manières pouvant être définie par l'un des trois mots : cohésion, liberté, éloignement.

Ces trois états de la matière, n'existent pas ensemble dans tous les mondes.

Parmi les astres, les uns sont des boulets de pierre et de métal ; d'autres sont des tourbillons d'eau pure, des gouttes de cinquante mille lieues de tour, océans sans rives et sans fonds; d'autres enfin, comme le Soleil, sont des globes de lumineuses et brûlantes vapeurs.

En se plaçant à d'autres points de vue, hors des considérations physiques, on trouvera chacun des trois règnes de la matière, jouant dans la nature, un rôle distinct.

Quel est le propre de l'état gazeux? C'est de rendre manifestes les lois générales qui gouvernent la matière.

Les corps liquides et solides se compriment

inégalement. Sur une quantité de chaleur qu'ils absorbent, et qui se transforme en travail, une certaine partie ne paraît pas dans le travail extérieur de la dilatation, mais est dépensée dans le mystérieux *travail intérieur* de la désagrégation des molécules. Les corps solides ou liquides auront donc une compression ou une dilatation inégale.

Composés ou simples, lourds ou légers, tous les gaz se réduiront, sous une pression deux fois plus grande à la moitié de leur volume initial.

C'est la loi de Mariotte.

Tous, pour une même augmentation de température auront sensiblement[1] la même augmentation de volume. Un deux cent soixante-treizième par degré.

Enfin, pour tous, à la même température, et sous la même pression, la densité et le poids moléculaire seront exprimés par le même nombre, ce qui a permis à Avogadro d'affirmer que le même volume de tous les gaz contenait le même nombre de molécules.

---

1. $\frac{1}{273}$ donnerait pour coefficient de dilatation 0,003663. Regnault a trouvé pour l'air 0,00367 ; pour l'acide sulfureux 0,003903 ; pour le cyanogène 0,003877. La loi de Gay-Lussac n'est pas absolue. La loi de Mariotte ne l'est pas non plus. C'est une *loi limite* applicable aux gaz parfaits.

Quand les molécules sont libres, quand elles flottent isolément, alors apparaissent les caractères généraux de la matière, et non plus les traits distinctifs de telle ou telle agglomération.

La mécanique céleste, la gravitation n'a été connue que par l'étude de corps célestes très éloignés les uns des autres.

Il y a ici une analogie; et une vessie gonflée de gaz est un ciel où se meuvent des corps extrêmement distants les uns des autres.

L'état gazeux est la condition du plein exercice des lois physico-chimiques. Nous ne voulons pas dire que ces lois cessent jamais de s'exercer; et qu'elles ne soient plus vraies lorsque, par exemple, au point critique, le gaz se comprime plus que de raison, et que le ressort étant rompu, les molécules se resserrent et passent à l'état liquide.

Elles restent vraies, mais les faits se compliquent, et les lois ne se manifestent plus à nous dans leur simplicité.

Les phénomènes sont de plus en plus simples, les caractères de plus en plus généraux, les lois de plus en plus approchées, à mesure que les molécules gazeuses s'éloignent. Mais les lois ne sont que des lois *limites*, et il n'y a pas de gaz parfait.

L'état gazeux est donc le règne de la loi physico-chimique. Lavoisier a eu un trait de génie (on en jugera plus loin) en donnant à son fameux traité le nom de *Chimie pneumatique*. Aujourd'hui toute la chimie est pneumatique. Elle ne trouve de lois générales qu'en considérant les corps à l'état gazeux.

Pour l'état gazeux, il y a une limite inférieure, *le point* de volatilisation. Tous les gaz, même ceux qui étaient naguère réputés permanents, passent à l'état liquide, à une certaine température, et sous une certaine pression. On le sait depuis la publication des beaux travaux de M. Cailletet. Mais de l'autre côté, ce règne de la matière est indéfini. Une bulle d'air peut emplir tout l'espace, sans cesser d'être gaz.

Pour l'état solide, il y a une limite supérieure, le point de fusion. A une certaine température et sous une certaine pression le corps devient liquide. Mais il n'y a pas de limite inférieure. Au-dessous du point de fusion, la température peut baisser indéfiniment, la pression augmenter indéfiniment, sans que la matière cesse d'être solide.

Supposez donc que la température baisse toujours, la matière solidifiée se contractera de plus en plus ; le glaçon ne fera que durcir.

Élevez, au contraire, constamment, la température, la matière disjointe se dilatera toujours, et le gaz s'envolera plus subtil et plus léger, à travers le ciel.

A ces deux états, le solide, le gazeux, il n'est donc de limites que d'un côté. Au contraire la durée de l'état liquide est comprise entre deux limites précises, le point de fusion, le point de volatilisation.

L'état liquide est un état intermédiaire entre deux infinis.

Or, telle est la vie.

Toutes les forces, toutes les durées, tous les espaces, n'ont qu'une valeur relative, et à propos de toutes les sortes de grandeurs, notre esprit va se perdre dans l'infini. Il nous est loisible d'imaginer un système planétaire tout entier, occupant dans l'espace le volume d'un grain de sable. Il nous est aussi facile d'imaginer un monde gigantesque, où chaque grain de sable, serait aussi gros que tout notre système planétaire.

Mais la vie est étroitement limitée. Elle l'est dans la durée : elle commence et finit. Elle est limitée dans le nombre : il n'existe, à la fois, qu'un nombre déterminé de vivants. Elle est limitée dans l'espace : chacun des vivants occupe un volume défini ; nous connaissons les plus grands, et aussi les plus petits. Il n'y a pas de cyclopes qui marchent dans la mer profonde, et il n'y a pas de population de nains plus petits encore que ceux que nous apercevons au moyen de nos microscopes. Car nous pouvons filtrer exactement l'eau où pullulent ces microbes, et nous servir de la terre poreuse comme d'un crible, à travers lequel passe le liquide, mais dont les mailles sont trop étroites pour donner passage aux plus petits corps vivants.

La vie n'anime que des formes qui ne descendent pas à l'indéfinie petitesse et n'atteignent pas à l'indéfinie grandeur. Ce sont même ces formes vivantes qui nous servent de mesure et d'unité quand nous parlons d'objets grands ou petits ; nous les comparons à la moyenne des vivants.

La vie est limitée encore dans ses conditions : que la température de ce monde augmente ou diminue, pendant quelques heures, de quelques degrés, et ce monde sera désert, stérilisé comme un ballon de culture du laboratoire de M. Pasteur.

Cette manière d'être, cette existence resserrée de l'un et de l'autre côté entre d'étroites limites, sont aussi celles de l'état liquide. Le liquide d'ailleurs est nécessaire aux échanges vitaux, et la température et la pression qui conviennent à la vie, sont aussi celles qui maintiennent l'eau à l'état liquide. En ce monde, où l'eau est l'élément liquide, les conditions de température et de pression qui la maintiennent en cet état sont les conditions mêmes de la vie. On peut donc voir, en l'état liquide, la condition et, au besoin, le symbole de la vie.

L'état solide est la condition de la forme. Ni le liquide, ni le gaz ne possèdent la forme. Sans le solide, il n'y aurait pas d'objets, à proprement parler. Un fleuve et un lac n'ont de forme et d'individualité que par leurs rives. Les nuages mêmes, prennent, pour nos yeux, l'apparence d'objets solides. Ingres disait : « La fumée même doit s'exprimer par le trait[1]. »

Voilà pourquoi ces trois règnes de la matière évoquent pour nous trois idées :

La loi, la vie, la beauté.

Hors du premier, la loi physique qui régit les molécules, se dissimule à nos recherches : il faut que les molécules soient libres et distantes, pour que la loi se montre. Le second est la condition de la vie. Sans le troisième, il n'y aurait ni individus, ni objets ayant une forme dessinée par des lignes, et par conséquent, la beauté n'existerait pas, telle, du moins, que nous la voyons, et qu'elle a été répandue pour la joie de nos yeux dans la nature.

Air, terre et eau ; de ces trois éléments, Dieu a

1. Ingres. *Notes et pensées*.

construit notre palais terrestre. Ce sont les trois sortes de matériaux du divin ouvrier.

« L'air, dit M. Félix Leblanc, dans le *Dictionnaire* de Wurtz, est invisible, sans saveur, sans odeur, parfaitement élastique, compressible, pesant. » Si la quatrième qualité, l'élasticité parfaite, appartenait réellement à l'air, et si la dernière ne lui appartenait pas, cette matière devrait échapper absolument à nos sens.

La vue n'en existe point; l'ouïe, l'odorat, ne nous révèlent aucun caractère. Qu'est-ce que l'élasticité parfaite? C'est la propriété qu'ont les molécules déplacées, de reprendre aussitôt leurs places, sans résistance, comme sans retard : et voici le toucher en défaut.

Reste la pesanteur de l'air : mais c'est là une réalité dont notre raison, seule, est arrivée à nous convaincre. Nos muscles et nos nerfs ne nous en avaient pas avertis; plongés dans l'air, pénétrés par lui, nous n'en sentons pas le poids.

L'air est donc de la *matière invisible*, impalpable, insaisissable. J'entends l'air tranquille et pur.

Voyez la terre toute striée de rides, et hérissée de hautes aspérités. Les eaux descendent en ruisseaux le long des montagnes; elles sont retenues dans le creux des lacs; elles coulent majestueusement dans le lit des fleuves et se réunissent toutes dans l'Océan, que Thalès croyait insondable, et d'où émergent les continents et les îles. L'une et l'autre matière, solide et liquide, sont enveloppées d'une substance plus transparente, plus légère et plus mobile. L'air est invisible pour nous, mais, à son souffle, nous voyons remuer les feuilles, onduler les herbes, et se soulever les vagues des eaux.

Quand l'air est en repos, c'est le néant, et c'est le vide, en apparence. Mais il est des jours, où il semble que le néant se transforme en un être horrible et puissant. L'air devenu palpable déploie une brutale et colossale force. Lorsque l'orage secoue une futaie, les maîtresses branches des arbres sont ployées, retournées, poussées toutes dans le sens du vent, comme le serait une légère chevelure. Le tronc des arbres est penché, et quelquefois brisé avec fracas. Des bruits, des cris retentissent; vous résistez vous-même, non sans peine, à une poussée violente, qui vous barre le passage, ou précipite votre marche. Il arrache le toit des maisons; il couche les navires sur le flanc.

Des torrents de matière fluide se précipitant de l'est à l'ouest, ou de l'équateur vers les pôles, rasant la croûte durcie de la terre, soulevant les lourdes eaux de la mer.

Puis, tout se tait, et les coups de la force invisible s'arrêtent.

Un soir d'été, l'air laisse pénétrer jusqu'à nous, sans la plus légère tache en sa transparence, toute la lumière des étoiles; il porte aux plus lointains échos, sans rien étouffer ni retenir, un cri d'enfant, un aboiement de chien, un murmure de ruisseau. Quand aucun souffle ne passe sur notre front et que les feuilles des arbres, même celles du peuplier et du tremble, s'arrondissent en masses blanches sous la lueur de la lune; alors, lui-même, l'air léger est livré au repos.

L'eau est la forme intermédiaire de la matière entre le solide et l'aérien.

L'eau reflète la couleur du ciel, claire ou sombre, avec mille nuances. Comme l'air, elle est rarement en repos; contrairement à ceux de l'air, ses mouvements sont perceptibles à nos yeux. Cependant elle est presqu'aussi transparente. A certaines heures les îles qui sortent de son sein paraissent des montagnes suspendues. Le fluide qui baigne leurs pieds donne presqu'aussi libre passage à la lumière, que celui qui enveloppe leurs sommets. Et les côtes des continents avec leurs golfes et leurs promontoires semblent des chaînes de montagnes abattues sur le flanc. Les cimes et les cols auraient perdu la station verticale, et se seraient couchés dans l'azur d'un autre firmament, suivant le plan de l'horizon.

L'eau n'a pas de consistance. Elle prend la forme des vases solides où elle est contenue. Elle suit les contours les plus délicats d'une vasque de marbre, et les sinuosités mille fois plus compliquées d'un ruisseau. Débordant de la vasque, elle tombe en nappes transparentes qui, si la chute est profonde, s'effrangent et se déchirent. Sortant du lit d'un fleuve, elle s'étend, cache les aspérités de la plaine, et fournit l'image parfaite d'un miroir plan et horizontal.

Ce n'est que dans l'immensité des mers qu'elle peut présenter à nos sens, la vue d'une surface courbe : la courbe même du globe terrestre suivant laquelle on voit descendre et disparaître les navires qui s'éloignent.

Un lac dormant au milieu des montagnes présente un singulier contraste. Dans les durs rochers de la rive les molécules de la matière sont rivées les unes aux autres par une ferme cohésion. Elles échappent, grâce à cette cohésion, aux lois de la pesanteur, en vertu desquelles les rochers se rompraient et s'ébouleraient, les molécules s'égréneraient, jusqu'à ce que le bloc escarpé fût répandu en couche de poussière. La matière solide élève ainsi de bizarres échafaudages, monte vers le ciel, forme au-dessus des eaux, des grottes, des masses surplombantes.

Les eaux, au contraire, s'étalent, suivant le plan de l'horizon. Toutes les eaux surajoutées, celles qu'un orage jettera du haut du ciel, ou bien celles qui tombent en cascades au fond du lac, vont se répandre sur toute la surface, et la faire monter insensiblement : sous une cascade du sable le plus fin, un amas se formerait ; ici, rien de semblable : les grains sont mille fois plus ténus, et roulent mille fois mieux les uns sur les autres.

Le contraste est complet entre la matière liquide et la matière solide, quand un lac est couché entre des édifices de rochers. Le contraste est moins frappant quand une lagune gît au milieu des sables. Les bords s'effacent, les surfaces sont presqu'aussi planes, et au même niveau ; seulement, le sable est un tapis, et l'eau est un miroir.

En l'air s'élèvent les vapeurs de l'eau, en lui se suspendent les nuages, décor toujours changeant, masses croulantes et reconstruites avec de nouvelles formes ; ce soir, rouges comme le cuivre, demain matin, blanches comme la neige, violettes ou noires avant l'orage.

Ce n'est plus l'air seulement, c'est le ciel. Un paysage se compose toujours de ces deux parties, le ciel et la terre. L'un et l'autre entrent pour une part inégale dans le tableau.

On pourrait dire, qu'entre l'un et l'autre, se joue constamment une scène à deux personnages, lesquels ne se ressemblent pas.

Dans l'un, tout est changement et fantaisie, des décors féeriques s'effondrent et se rebâtissent, des rideaux d'un bleu sombre, ou d'un noir de deuil, s'étendent ; tout à coup un rayon perce les rideaux, et le rouge et l'or débordent en traînées éclatantes. La terre répond, solide et invariable, éclairée seulement, ou obscurcie ; et elle reflète, en les atténuant, les changements de visage de son partenaire. Elle est moins sombre dans la tristesse, et moins brillante dans la joie. Elle s'illumine, mais avec moins d'éclat. Quelquefois cependant, elle paraît plus claire que le ciel ; c'est quand l'orage gronde dans les nuées.

Il n'est pas de pays plat, point de champ de la Beauce, ni de prairie de la Hollande, où le ciel et la terre ne nous offrent de merveilleux tableaux.

Quand la terre s'étend sans collines et sans arbres, et paraît s'effacer sous le ciel, ce pauvre paysage s'enrichit de toutes les nuances délicates de la lumière. Le ciel remplit presque tout le tableau.

Les pays de montagnes ont moins souvent

inspiré les peintres, soit que l'œuvre divine y défie leurs efforts, soit plutôt que les effets de la lumière y offrent moins de charmes.

La montagne, c'est le retour offensif de la matière opaque, se soulevant à la place des fluides, emplissant l'espace, et délogeant des hauteurs l'air et les nuées.

C'est la révolte de la terre élevant sa masse solide jusqu'aux inaccessibles régions où la vie ne peut ni apparaître ni durer, et où l'air même devient rare. C'est l'échafaudage sur lequel les géants voulaient escalader le ciel.

Aperçue de loin, la montagne présente un contraste singulier. Les premiers plans sont très riants; et ce que les gens de théâtre appelleraient la toile du fond, est lugubre. Des prairies, des ruisseaux bruyants, des haies, des peupliers, des champs de maïs ou d'avoines tardives, ornent, par exemple, la vallée d'Argelès. Des collines en pente assez douce, cultivées jusqu'à mi-côte, portent çà et là, des ruines d'abbaye ou des débris de tours seigneuriales.

Dans le lointain, serrées comme les rangs d'une troupe en armes, hautes et sinistres comme des fantômes, les montagnes, les vraies montagnes, lèvent leurs pointes neigeuses.

Pénétrez dans les étroits défilés qui les séparent,

élevez-vous par de lentes et pénibles marches le long de leurs flancs, et jusqu'à leurs épaules, vous rencontrerez encore de lugubres beautés.

Des murailles vous enserrent, murailles découpées en formes fantastiques, escaladées de tous côtés par des armées de pins qui montent à l'assaut, surmontées par des pyramides de rocs arides; on voit le ciel, mais seulement un coin du ciel, comme du fond d'un puits. S'il est pur, c'est un lambeau d'azur, accroché à la pointe des rochers ; s'il est brumeux, c'est un plafond qui écrase les contreforts de l'étroit défilé, en ferme la seule issue, et le change en prison. Souvent, dans les très hautes régions, comme de grandes corbeilles suspendues à deux mille mètres au-dessus de la mer, de larges vallées s'ouvrent entre les sommets, et leur neige éternelle semble une neige de printemps. Arrivé là, on oublie les longues montées et le chemin rocailleux. On foule une herbe aiguë et dure où paissent des troupeaux. Les ruisseaux ne grondent pas encore, n'ayant pas pris dans la pente leur cours précipité. C'est un second étage de la terre. Mais ne visitez ces lieux que pendant quelques jours d'été. Descendu des hauteurs, et jouissant du soleil d'automne, encore clair et chaud, et de l'été de la Saint-Martin, oubliez ce vallon plein de fleurs il y a trois semaines : il est encombré déjà de brumes et hérissé de glaçons.

La beauté n'apparaît pas seulement dans les trois règnes de la matière inerte, la terre, les airs et les eaux, mais aussi dans les formes que revêt la vie. Ces formes, d'une variété infinie, ne nous intéressent plus seulement par la noblesse des lignes et l'harmonie des couleurs, elles s'offrent à nous, comme un système de signes, traduisant les sentiments et les pensées.

Ainsi l'univers, fait des trois éléments, animé par la lumière, peuplé, égayé par les mille et mille formes de la vie, offre à nos yeux un spectacle qui remplit notre âme de joie. Ce que peut être cette satisfaction, nous aurions voulu savoir l'exprimer : comment n'en parlerait-on pas, en traitant du monde extérieur ? Mais si nous ne savons la décrire dignement, nous nous consolons en pensant que chacun la connaît. Tout homme que les soucis de l'ambition ou de l'intérêt commercial n'ont pas dégradé est un poète : il y a beaucoup de poètes muets, à la vérité. Tout homme qui a le loisir de regarder autour de lui, et le goût de penser à autre chose qu'aux fictions de nos sociétés civilisées, est facilement ébloui et pénétré d'admiration par ce qui l'entoure. Ce sentiment embellit sa vie.

Qu'est-ce que l'admiration ? Ce n'est pas simplement, comme on l'a quelquefois prétendu, une sensation agréable.

D'après le sensualisme, l'âme, cette table rase, recevant des impressions du dehors, et ne possédant rien en elle-même, sauf la possibilité de recevoir ces impressions, les trouverait agréables ou désagréables. L'habitude de rechercher les plus agréables la rendrait, peu à peu, plus délicate. Il est bien aisé de montrer qu'il s'agit d'un ordre de choses tout différent.

« Tandis que tous nos sens, dit très bien Cousin[1], nous donnent des sensations agréables, deux seulement ont le privilège d'éveiller en nous l'idée de la beauté. A-t-on jamais dit : voilà une belle saveur! voilà une belle odeur! cependant, on devrait le dire, si le beau est l'agréable. »

« Tous nos sens, a dit plus anciennement le Père André[2], n'ont pas le privilège de connaître le beau.

« Il y en a trois que la nature a exclus de cette noble fonction. Le goût, l'odorat, et le toucher. Sens stupides et grossiers, qui ne cherchent, comme les animaux que ce qui leur est bon, sans se mettre en peine du beau. La vue, l'ouïe, sont les seules de nos facultés corporelles qui aient le don

---

1. *Du Vrai, du Beau et du Bien*, p. 138.
2. Le Père André. *Essai sur le beau*, 1er discours, p. 4.

de le discerner. Qu'on ne m'en demande point la raison; je n'en connais point d'autre que la volonté du Créateur qui fait, comme il lui plaît, le partage des talents. »

Or ces deux sens privilégiés, l'ouïe et la vue, la vue surtout, diffèrent des autres, en ce que les plaisirs qu'ils nous donnent, ne deviennent plaisirs que lorsque la raison en a jugé. Ce n'est pas le simple fait de la perception qui les chatouille agréablement, ou péniblement.

Le laid ne fait pas de mal à mes yeux, pas plus que le beau ne leur cause de jouissance; c'est ma raison qui sera satisfaite ou blessée devant le spectacle qu'ils lui apportent. Au contraire, c'est ma langue même qui souffre, ou qui jouit au contact d'une drogue amère, ou d'un vin excellent; et ma raison n'y a rien à voir.

Les trois sens inférieurs sont donc par eux-mêmes des sources de jouissance ou de peine. Au contraire, la vue, sens privilégié, est aussi indifférente à ce qu'elle perçoit, que le cristal qu'un rayon violet ou rouge traverse; elle est le canal qui fournit à la raison une occasion de plaisir ou de dégoût.

Comment la raison juge-t-elle de cette vision?

Comment reconnaît-elle le caractère de la beauté? À quels signes l'âme se sent-elle attirée ou repoussée?

Seul, parmi les vivants, l'homme découvre la beauté des choses, de même que seul, il découvre l'explication des phénomènes. Son âme, en effet, n'est pas une table rase, et elle apporte, en naissant, des idées. Quand elle veut chercher à découvrir des lois physiques, mise par les sens en présence d'idées adventices, telles que les formes et les couleurs, elle se réfère aux idées éternelles de substance, de cause, d'identité qui sont en elle. A cette lumière elle entreprend la critique des phénomènes sensibles, et à travers l'écran de la sensation elle pénètre jusqu'à la réalité.

En présence du même monde, mais considéré au point de vue du beau, elle se réfère de la même manière à un certain type idéal que seule elle possède. L'opération intellectuelle est la même. Un savant, quand il découvre la cause d'une série de phénomènes, et montre dans une loi nouvelle l'application d'une loi plus générale, reconnaît une concordance entre le monde extérieur et les idées innées en son esprit. Il en est de même, quand le beau se montre à nous. Un accord s'établit, entre ce qui était en nous, et ce que nous apercevons hors de nous.

Cet accord ne se rencontre pas, et ne s'établit pas sans travail, soit que nous nous contentions de contempler les œuvres de la nature ou de l'art, soit que nous ayons l'ambition de faire, nous-mêmes, œuvre d'art. Comme la recherche de la vérité scientifique, la recherche de la beauté exige de l'homme autant de peines qu'elle lui donne de joies.

« Le beau, dit Eugène Delacroix, ne se transmet, ni se concède comme l'héritage d'une ferme. Il est le fruit d'une inspiration persévérante qui n'est qu'une suite de labeurs opiniâtres.... Il sort des entrailles avec des douleurs et des déchirements, comme tout ce qui est destiné à vivre; il fait le charme et la consolation des hommes, et ne peut être le fruit d'une application passagère ou d'une banale tradition. »

Cela est vrai; mais le plaisir n'est pas seulement celui de la difficulté vaincue. La simple perception du monde extérieur est le fait de la vie; elle est commune à tous les vivants; mais la connaissance du vrai et du beau, dans le monde, est le privilège de l'homme. Privilège que beaucoup laissent perdre. Celui auquel un travail acharné a permis de le reconquérir est semblable à un souverain déchu qui, par sa vaillance, aurait reconquis sa couronne. C'est le retour du soleil après la nuit. Quelquefois, sur les hautes montagnes, les voyageurs sont enveloppés subitement, à l'improviste, d'un nuage épais. Ils s'arrêtent;

craignant de perdre le sentier, aveuglés par la brume, entendant bien loin au-dessous d'eux, d'invisibles cascades; tout à coup, le brouillard fuit, les rochers et les arbustes humides brillent au soleil, et tout le paysage semble un joyau neuf, tiré d'une enveloppe d'ouate. Ainsi, quand nos regards ont percé tous les voiles, la notion du beau nous apparaît, et nous pensons la retrouver comme si nous l'eussions possédée, jadis, et qu'on nous l'eût enlevée. C'est comme un souvenir qui tout à coup réapparaît.

Pouvons-nous analyser ce vague et lointain souvenir? C'est fort difficile. Quand nous regardons un objet qui se distingue par une qualité particulière, l'idée du beau est l'idée de cette qualité portée à sa perfection.

Un paysage nous cause, entre beaucoup d'impressions diverses, une impression qui prime les autres. Fraîcheur, charme intime, ou bien majesté, grandeur, terreur même, sont des mots par lesquels nous cherchons à désigner ce qui nous a semblé être le caractère dominant. Un peintre a compris ce caractère, et l'a fait ressortir, en laissant au besoin dans l'ombre d'autres caractères secondaires; en quoi il a accompli une œuvre vraie, même si elle n'est pas exacte. Car la vérité est l'expression du caractère dominant, et non la scrupuleuse reproduction de tous les détails. Il a fait œuvre d'art en dégageant et en rendant visible pour d'autres ce caractère ; et comment l'a-t-il pu faire ? En trouvant dans son âme d'artiste l'idée et, en réalité, le souvenir de ce que peut être, dans sa perfection, cette qualité principale qui se manifeste dans l'objet actuellement contemplé. De même, s'il peint des êtres vivants, il devra dégager, abstraire pour ainsi dire le caractère particulier de l'individu ou de l'espèce.

L'homme en présence de chaque chose, a l'idée de ce qu'elle devrait être ; peut-être même un souvenir de ce qu'elle a été. Quand une chose nous paraît approcher de la perfection nous croyons la reconnaître. Nous ne sommes pas surpris, et nous éprouvons de l'admiration, non de l'étonnement. Nous pensons seulement rencontrer ce que nous cherchions et désirions depuis longtemps. L'œil découvre ; le sens du beau retrouve et compare.

Quel est le terme de comparaison ? Si nous comparions les objets présents à des objets déjà vus, nous pourrions les déclarer différents ; mais nous faisons plus : nous les déclarons inégalement beaux. Pourquoi ?

Il faut que le terme suprême de nos comparaisons précède en nous toute perception extérieure. Oui, de toute nécessité, en une partie mystérieuse de notre âme, peut-être en notre mémoire, réside un certain type auquel nous rapportons les objets présents.

Platon qui prêtait à l'homme plusieurs vies successives, supposait son esprit rempli du vague souvenir des beautés aperçues pendant les vies passées, et comme éclairé de leur reflet.

Nous n'avons pas besoin de cette poétique supposition. Il nous suffit de penser que l'homme est sorti des mains de Dieu, avec la faculté de connaître le beau, comme le bien, et le vrai. L'idée du beau, comme celles du bien et du vrai précèdent l'expérience; celle-ci peut les développer, non les faire naître.

S'il est vrai de dire que l'idée de l'espace précède la perception, si l'enfant encore muet qui tend la main vers un objet, possède déjà cette notion; les notions qui nous permettent de reconnaître la vérité dans une théorie physique, ou la beauté dans un objet matériel, précèdent aussi la perception des phénomènes extérieurs.

Est-ce à dire que le beau n'a qu'une seule forme et ne se peut concevoir que d'une seule manière? Certes non, et à ce sujet un exemple tiré des lois physiques peut nous éclairer.

L'existence de ce monde ne peut pas être considérée comme une nécessité éternelle. Depuis qu'il existe, il a subi des révolutions. Les astres qui sont aujourd'hui solides et froids, ont été des globes de vapeurs incandescentes. Mais sous toutes ses formes, et avec ses apparences diverses, la matière a toujours obéi aux lois de la physique mathématique. Que ce monde périsse, et qu'un autre renaisse différent, les phénomènes du monde nouveau pourront être soumis encore à la critique, et aucun ne viendra donner un démenti aux lois dans lesquelles notre esprit reconnaît les caractères d'éternité et de nécessité. Elles peuvent admettre des applications différentes; elles ne peuvent pas être contredites.

Or, il en est ici encore du beau comme du vrai. Les formes du beau se sont modifiées; les goûts des hommes, leur manière de voir et d'interpréter la nature a subi de profonds changements. Mais les règles sont éternelles, si les applications varient à l'infini.

Les historiens ont décrit ces changements, et comme il arrive souvent, ils ont raconté les faits sans en expliquer les causes. Le livre de M. Doudan mérite cependant le titre que l'auteur avait choisi : *Des Révolutions du goût.*

Les lieux où nous vivons, dit-il, exercent d'abord sur nos âmes une influence certaine. « Les montagnes d'Écosse, écrit Doudan [1], éclairées d'une lumière sobre et triste, disposent les esprits des poètes des lacs à des pensées graves...

« On y rêve à une sagesse bienveillante, profonde comme les eaux de ces lacs, qui inspire le goût du silence des passions, les vertus de famille, dans ce cadre charmant d'un horizon limité. Le Tasse, au contraire, errant sur les rochers de Sorrente, à la vue d'une lumière éblouissante, d'une mer éclatante où nagent les îles du golfe, rêve les nobles passions de la guerre. »

Les hommes subissent aussi l'influence des institutions politiques. « Il serait singulier que sous le regard vigilant de Tibère, les hommes se sentissent la même allégresse d'esprit qu'aux jeux Olympiques, pendant le temps de Sophocle et de Platon. »

Et enfin celle des religions.

« Vous voyez, dans la littérature, pâlir ou se colorer le monde extérieur, suivant que les dogmes s'imposent plus ou moins sévèrement aux hommes. On dirait que la nature se cache à l'aspect des dieux qu'elle ne connaît point. Elle s'épanouit et rayonne dans les chants de Lucrèce qui a secoué le joug de la théologie romaine. Elle n'est qu'une

---

1. Doudan. *Pensées et Fragments*, p 252.

ombre sans couleur pour les solitaires de Port-Royal, élevés pourtant dans l'étude de la riante antiquité de la Grèce. Les bois sont muets autour d'eux, comme quand le tonnerre lointain fait taire les oiseaux sous la feuillée.... Le temps est proche où le dogme s'affaiblissant laissera l'homme attentif aux merveilles parmi lesquelles il vit : dans un siècle incrédule, Rousseau voit enfin la beauté de ces monts, de ces eaux que saint Bernard regardait d'un œil méprisant. »

Il y aurait beaucoup à répondre. Les théologies romaines et grecques, pour employer le mot de M. Doudan, ne consistaient au fond qu'en l'adoration du soleil, des montagnes, des forêts et des eaux.

Et, quant aux chrétiens, leurs dogmes permettent de louer Dieu dans ses œuvres. Je ne sais si saint Bernard méprisait les monts et les eaux que Rousseau sut remettre en faveur. Saint Bruno et les fondateurs d'abbayes ne paraissent pas ordinairement avoir dédaigné de chercher en de beaux lieux la retraite de leurs pieux disciples. Et saint François d'Assise a écrit l'immortel Cantique des Créatures.

Mais la thèse de M. Doudan serait justifiée s'il avait, au lieu du dogme et de la religion chrétienne, rendues responsables les doctrines des philosophes pour lesquels l'âme est un exclusif sujet d'études et le monde n'est rien.

A propos de la perception extérieure, nous avons montré un va-et-vient, une sorte de reflux dans les opinions philosophiques des hommes, tantôt confinés en eux-mêmes, et doutant de ce qui est extérieur, tantôt, au contraire, renonçant à leur personnalité pour se fondre en quelque sorte dans l'ensemble des forces de la nature.

Le même phénomène se produit à propos de la recherche du beau. La beauté morale et l'expression des sentiments occupent seule l'attention des uns. Les autres se plaisent à regarder autour d'eux, et les merveilles du monde matériel les charment plus que le spectacle de nos passions. C'est ainsi, comme le dit si bien M. Doudan, qu'on voit pâlir et se colorer le monde extérieur.

Les siècles ont passé, les royaumes ont disparu, le sable montant a enterré des capitales, et la civilisation a été refleurir dans des pays autrefois couverts de forêts. Chaque peuple a poursuivi son idéal. L'éducation, la foi religieuse, la philosophie régnante, la politique même ont pu imprimer leur caractère à l'œuvre de ce peuple. On pourrait dire qu'au moral comme au physique, chacun s'est servi des matériaux qui étaient à sa disposition. Mais tous les hommes se sont livrés à la même recherche, et ont été guidés par la même idée. Si nous regardons derrière nous la longue série de leurs œuvres, nous y reconnaissons les manifestations diverses de cette idée éternelle du beau, qui est demeurée la même, en notre humanité vieillie, et vivra tant que vivront des âmes humaines.

Les Égyptiens ont dressé des aiguilles de granit rose, ils ont entassé les gradins des pyramides pour voir l'ombre de ces montagnes artificielles s'étendre le soir sur les plaines. Ils ont bâti, dans des temps fabuleux, ce sphinx gigantesque, sur lequel la poussière des siècles a monté, plusieurs fois déjà, comme une lente marée, et qu'on a récemment dégagé des sables d'où le roi Chéphren l'avait dégagé déjà, il y a quatre mille ans. Les sculpteurs de Babylone ont exprimé la vigueur ou la grâce des animaux : bœufs, chevaux ou gazelles. La vie apparaît, du moins chez les bêtes : les bœufs tirent sur le joug, les chevaux s'élancent attelés à des chars légers, les gazelles bondissent ; les hommes énormes et lourds, la barbe longue et frisée, gardent la froideur impassible et souriante des statues d'Égypte, soit qu'ils tirent de l'arc, ou qu'ils maintiennent leurs petits chevaux empanachés, ou même qu'ils étouffent un lionceau entre leurs bras.

Le peuple grec, pendant un petit nombre d'années, semble avoir atteint la perfection de l'art : de quel éclat a brillé dans l'univers ce point de l'espace qu'on appelle Athènes, et cet instant de la durée infinie qui fut le siècle de Périclès!

Les Romains conquérants et disciples des Grecs, ont été moins inspirés par la poésie et la philosophie. Ils ont consacré leur œuvre à la politique, et à l'histoire.

Au lieu de figures de déesses et de muses, ils ont laissé des collections d'empereurs, de proconsuls, de moralistes; portraits dignes quelquefois de servir d'illustrations aux *Annales* de Tacite. Leurs architectes bâtissaient de pompeux monuments à la gloire des empereurs divinisés. On n'y voit plus, comme au Parthénon, courir le long des frises de jeunes cavaliers caracolant sur de petits chevaux sans harnais et sans bride. Mais on y aperçoit les emblèmes et les solennelles inscriptions du culte officiel. De leurs temples, de leurs aqueducs, de leurs remparts, de leurs théâtres, demeurent encore debout des colonnes, des pans de murs, et des arcades, solides débris, plus imposants encore quand nous les rencontrons, soudain, au coin d'une rue de province, au milieu de pittoresques baraques du xve siècle.

Quand les barbares eurent jeté bas l'édifice

romain, et que de nouvelles sociétés sortirent de ses ruines, de nouvelles formes apparurent. La peinture, d'abord simple historienne des faits de chaque jour, représenta en traits grossiers, sans couleur et sans perspective, des chasses, des combats; ou bien le travail des champs, des laboureurs et leurs charrues, des vignerons et leurs pressoirs. Mais elle voulut bientôt retracer la vie du Christ, de la Vierge et des saints; alors la foi vive et sincère, l'ardente recherche de l'idéal, la portèrent tout d'un coup à un très haut degré de perfection.

Les architectes du moyen âge firent plus encore pour la gloire de leur temps. Quelle œuvre humaine a jamais exprimé à la fois, et réuni dans une synthèse admirable, les idées de tout un siècle? C'est le mont Saint-Michel. Le monastère est bâti, loin des hommes, sur un rocher que l'océan entoure à marée haute. Au pied du rocher règne une ceinture de murailles, avec tout l'imposant appareil des défenses militaires d'il y a six cents ans. C'est un château fort, dont les tours sont battues par les vagues. Mais montez plus haut, montez le long des vieilles maisons, par la rue escarpée du bourg; puis, franchissez les vestibules, les escaliers, les cloîtres, les salles basses, les esplanades, les trois églises superposées. Montez toujours : à trois cents pieds en l'air, au milieu de l'océan, sur l'extrême sommet d'un récif, se pose la *Merveille*. Dentelles de pierre, rinceaux fins et souples comme des branches de frêne, ogives légères, éclatantes rosaces, chapiteaux ornés de feuillages ou d'étranges figures, gargouilles hardies, accrochées au mur par leurs griffes, et tendant le cou au-dessus de l'abîme ; toutes les étrangetés, toutes les délicatesses, tous les rêves de l'art gothique, sont réunis dans ce sanctuaire aérien, digne demeure du mystérieux archange.

Et tout le moyen âge est là représenté. Un chevalier partait pour la Terre sainte, vêtu de grosses mailles de fer, ses grands éperons aux talons, son lourd bouclier attaché à la taille. De cette armure pesante et grossière, sortait une belle et naïve tête levée vers le ciel, éclairée par la foi, animée d'ardeurs guerrières.

Tel un matin, du haut des falaises d'Avranches, apparaît ce géant, le mont Saint-Michel, avec sa lourde armure de tours, et sa radieuse couronne.

A Chambord, à Blois, à Paris, a brillé chez nous la Renaissance. Les compagnons de Henry II portaient encore des cuirasses, mais elles étaient ciselées et damasquinées. Le château de Chambord, exactement construit sur le plan d'une citadelle du moyen âge, possède son donjon à quatre tours; mais quelles charmantes tours et quel élégant donjon ! Le mont Saint-Mchel était un guerrier des croisades; Chambord est un chevalier de cour.

Plus tard les Mansard, les Lebrun, les Lenôtre, ornaient les palais de Louis XIV, et pliaient la nature aux goûts sévères et majestueux du grand roi.

Plus tard encore, voyez la société spirituelle et polie du xviii° siècle peinte par Nattier et Watteau, logée par Gabriel, meublée par Boule et Gouthière et par les grands décorateurs des manufactures royales d'Aubusson et de Beauvais; décrite par Diderot, Mme d'Epinay et Marivaux.

La Révolution déclame, sur un mode soi-disant romain, aussi bien dans l'art qu'à la tribune des assemblées. Le page de Watteau, celui qu'on appelle l'*Indifférent*, retrouverait son joli geste de dédain, devant un *Léonidas* de David; et Marivaux se boucherait les oreilles au bruit d'une lourde harangue de Danton.

Les formes que prend l'idée du beau peuvent changer indéfiniment. L'idée reste la même, et nous la reconnaissons sous ses divers vêtements.

« La beauté, a dit Cousin, comme la vérité, n'appartient à aucun de nous, personne n'a le droit d'en disposer arbitrairement; et quand nous disons : Cela est vrai, cela est beau, ce n'est plus l'impression particulière et variable de notre sensibilité que nous exprimons : c'est le jugement absolu que la raison dicte à tous les hommes. »

C'est la même pensée qui a été exprimée par Eugène Delacroix lorsqu'il a dit :

« En présence d'un objet vraiment beau, un instinct nous avertit de sa valeur, et nous force à l'admirer. »

Cette admiration ne provient pas d'une sensation agréable ou désagréable ; un jugement est porté par notre raison, prononçant l'accord entre notre perception présente et notre idée du beau.

De la même manière, devant le même univers fait des trois mêmes éléments, air, eau et terre, notre raison, éclairée par l'idée du vrai, découvre la loi des phénomènes physiques.

Il y a cependant une distinction à faire entre ces deux travaux de l'esprit. Dans la recherche des lois physiques, la science dépouille le monde extérieur de toutes les apparences produites par nos sensations, et dont l'ensemble constitue ce que nous avons appelé le monde humain. Elle supprime tout ce qui n'a d'existence qu'en l'homme, et pénètre les secrets de la matière pure.

Dans la recherche du beau, au contraire, l'artiste vit exclusivement au milieu de ce monde humain. Peu lui importe, la réalité objective, et ce qui resterait du monde, si nos yeux étaient fermés et nos oreilles bouchées.

Le monde n'existe pour lui que par les effets produits en nos sens. Il ne s'inquiète pas des vibrations de l'éther, ou de l'air ; mais contemple les visions dont nous sommes éblouis, et écoute les harmonies qui résonnent en nous.

Ainsi l'idée du beau l'éloigne déjà de la réalité matérielle et du monde extérieur.

Avec l'idée du bien, l'âme s'élève à un troisième degré, où la réalité matérielle ne l'intéresse plus aucunement. Elle n'est plus occupée que des autres âmes, ses semblables, et de Dieu.

XI

QUATRIÈME ÉLÉMENT

Les savants nous assurent que la matière et le mouvement sont inséparables. Ils nous enseignent que « la réalité, c'est la matière animée de mouvement[1] ».

La réalité est telle : croyons-le si on nous le démontre. Mais ce n'est pas là, avons-nous dit, la réalité sensible. C'est la réalité reconstituée par le raisonnement critique et abstraction faite de ce que nos sens avaient perçu.

Nous pouvons bien, en effet, répéter ici ce que nous disions à propos du plein et du vide. Pour nos yeux et nos mains, il y a dans l'univers des pleins et des vides, et beaucoup plus de vides que de pleins, et nous ne percevons les objets que par opposition au vide qui les environne. Pour nos yeux et nos mains, il y a dans l'univers des objets

---

1. Violle. *Physique.*

en mouvement et des objets en repos. Et le plus souvent de beaucoup en repos.

La terre remue : Galilée nous l'a appris. Mais les hommes s'en aperçoivent si peu que tous haussèrent les épaules à cette nouvelle et Galilée fut jugé fou, au nom de la sensation, avant que la raison n'eût trouvé le temps de le proclamer sage.

Le mouvement est très rarement perceptible en la nature. Nous voyons, à la vérité, l'eau couler plus ou moins vite, en cascade ou en rivière, le long des pentes du sol.

Nous avons conscience de la course de l'air quand des torrents de cette matière invisible se précipitent de l'équateur vers les pôles, rasant la croûte durcie du globe, et agitant, à la surface, les lourdes eaux de la mer.

Mais le repos est l'état normal, en apparence, des objets qui nous environnent. Où est le mouvement? Dans les corps vivants? Ils tiennent peu de place dans le monde. Leur agitation ne se voit que dans les fourmilières, ou dans les villes. Encore faut-il les contempler de près. Montez sur un lieu élevé et regardez les villes; dans Paris même, n'était le bruit confus qui s'élève, rien n'annonce l'agitation. Et ce bruit, vous l'entendez de Montmartre. Contemplée de Clamart, la grande capitale est aussi morte et silencieuse que Palmyre ou Pompéi. Notre tumulte ne s'étend pas loin.

La campagne, les arbres, les champs, les rochers donnent l'image du repos. Si deux bœufs avancent le long d'un sillon, à peine les voyez-vous remuer. Tout est immobile dans la nature, ou du moins c'est ainsi qu'elle se montre à à nous. Ses lents travaux, comme le dépôt des couches géologiques; ses travaux plus rapides comme la poussée de l'herbe dans les champs, échappent également à notre vue. Les astres cheminent dans le ciel avec d'incroyables vitesses, mais les voyons-nous courir? Moins que nous ne voyons avancer sur le cadran, la petite aiguille de l'horloge; et pour être témoin de leur ascension au-dessus de l'horizon, il faut passer de longues heures de nuit à les observer. Et cependant, disent les physiciens, le mouvement et la matière ne sont jamais séparés dans la réalité pure. L'un n'existe pas sans l'autre.

Voici, maintenant, comment parle un philosophe : « La scolastique, dit M. Lemoine[1], a souvent imaginé des forces qui n'étaient pas des substances, entités chimériques, vertus plastiques, coërcitrices, vivifiques, morbifiques, s'ajou-

---

[1]. *Dictionnaire des sciences philosophiques.* Art. *Force.*

tant à un corps, se retirant d'un autre, essentiellement indépendantes de la matière où elles agissaient temporairement. Aujourd'hui la philosophie et la science s'accordent généralement à reconnaître qu'il n'y a pas plus de substance qui ne soit pas une force, que de force qui ne soit une substance. »

Ce philosophe est d'accord avec les physiciens. Si la matière est toujours et par nature en mouvement, l'idée de force disparaît en tant qu'entité séparée. C'était une idée que nous tirions de nous-même et de ce que nous éprouvons quand nous travaillons à déplacer un objet lourd. Notre effort était pour nous bien distinct de l'objet; et de même que notre main pouvait lancer une pierre, nous voyions l'arc détendu lancer une flèche, les gaz, dilatés dans le canon, lancer un boulet; enfin des forces de la nature agir avec bien plus de puissance, mais à la manière de la nôtre, c'est-à-dire imprimer le mouvement à ce qui ne le possède pas.

La matière, étant toujours en mouvement, l'idée d'un agent étranger à elle et lui donnant une qualité qu'elle ne posséderait pas, doit être abandonnée, puisqu'elle possède cette qualité par sa nature même. « Vous ne pouvez, dit sir William Thomson, définir la matière de façon à satisfaire les métaphysiciens: un naturaliste se contente de dire que la matière est ce qui peut être perçu par les sens. » Et il ajoute : « La matière est ce qui peut ou subir ou déployer la force. »

Les idées de force et de matière sont déclarées inséparables et même la première ne subsiste pas. Car si la matière est tout ce qui peut déployer la force en même temps que la subir, c'est une manière de dire que tous les atomes de matière possèdent l'énergie motrice et que, de leurs rencontres, résultent seulement des changements de direction ou de vitesse.

Le mot *force* indique quelque chose de distinct de l'objet matériel agissant ou n'agissant pas sur lui. Le mot *énergie* désigne une qualité résidant en lui; et c'est celui qu'on emploie et qu'on doit employer maintenant.

Ceci étant admis, l'opinion qui règne parmi les philosophes comme parmi les physiciens est-elle nécessaire? Nullement. Ce n'est pas un jugement *a priori*. Je veux bien, en effet, que l'on me démontre que ce que je vois n'est pas vrai; mais comment admettrai-je que ce n'est pas concevable? Je vois une flèche voler : autrefois Zénon m'eût démontré que le fait est impossible. « Soit, aurais-je dit; mais vous ne me prouverez jamais que le fait de la matière en mouvement ne puisse imaginer. Je veux bien me tromper; mais ce que mes yeux ont vu peut être conçu par ma raison. »

De même, aujourd'hui, la physique m'explique qu'il est impossible que la matière soit jamais en repos. Soit, dirons-nous encore, cela résulte d'expériences et de raisonnements. Mais la physique ne nous fera pas avouer que le repos de la matière est inconcevable ; il nous suffit de l'avoir vue immobile.

Il faut maintenir la différence entre l'*impossible* et l'*inconcevable*. Je veux bien reconnaître que ce que j'ai vu n'est pas vrai ; mais non que cela est absurde.

Au surplus, pour ce qui est du repos possible de la matière, la raison jugeant sans tenir compte des sens, arrivera à une conclusion semblable.

On ne conçoit pas le mouvement sans la matière, car fixer son regard sur un point de l'espace vide, et supposer ensuite ce point transporté en un autre point, c'est promener son imagination d'un point à l'autre, et non pas être témoin d'un mouvement. Mais inversement, on conçoit très bien la matière sans le mouvement, et une portion de l'espace pleine demeurant invariablement à sa place. C'est même ainsi qu'on la conçoit d'abord. Il le faut bien, puisque l'impénétrabilité suppose précisément la résistance au déplacement. Nous admettons ensuite que cette résistance peut être vaincue, que ce qui remplissait une portion de l'espace peut aller en remplir une autre ; mais notre première idée d'un espace plein, impénétrable, était l'idée d'une substance en repos.

« L'idée que nous avons des corps, a dit Poinsot[1], est telle que nous ne supposons pas qu'ils aient besoin de mouvement pour exister. Ainsi, quoiqu'il n'y ait peut-être pas dans l'univers une seule molécule qui jouisse d'un repos absolu, même dans un temps limité très court, nous n'en concevons pas moins clairement qu'un corps peut exister en repos. »

Il se peut donc que le mouvement soit partout, mais suivant l'apparence prêtée à la nature pour l'usage de mes sens, cela n'est pas ; au témoignage de mes yeux, le repos de la nature est la règle, le mouvement, l'exception. Et ma raison, d'accord avec eux, conçoit d'abord l'espace vide, puis une portion de l'espace occupée, à l'exclusion de tout autre occupant ; c'est l'idée de la matière ; elle est immobile ; elle peut cependant être poussée en une autre portion de l'espace. Mais ce déplacement n'est pas nécessaire et elle peut rester éternellement en repos. Elle le fera si aucun agent du

---

[1]. Poinsot, *Statique*, Préliminaire, I.

dehors n'intervient; et il devait sembler d'abord que si ce repos était troublé, ce serait en vertu d'une cause étrangère à la matière.

Ainsi naît l'idée de force. Tous les objets qui me paraissent en repos sont, à la vérité, dans un repos relatif, étant entraînés dans le mouvement général de la terre; mais la remarque importe peu en ce qui concerne la cause étrangère qui vient changer ce repos relatif en un mouvement relatif. Elle agit, pour déplacer un poids, dans un wagon ou un bateau en marche, absolument comme elle agirait dans le wagon ou le bateau arrêtés.

Appelons-la *énergie*, ce mot étant mieux approprié à la doctrine actuelle ; et admettons que l'énergie est inséparablement liée à la matière. Il faudra reconnaître cependant qu'elle se manifeste avec plus ou moins d'intensité en telle ou telle portion de matière ; et qu'elle passe d'un objet dans un autre.

Sur un billard, cinq ou six boules étant alignées, et la première lancée contre la seconde, toutes les boules du rang restent immobiles sauf la dernière qui s'en va. Quelque chose a passé de l'une à l'autre; quelque chose qui n'avait point de poids et qui n'occupe point de place. Le mouvement s'est manifesté enfin dans la dernière, ne rencontrant plus d'obstacle immédiat.

Cette énergie ne peut certainement se manifester à moi, sans un objet pondérable. Elle en est cependant bien distincte, puisqu'elle peut exister ou ne pas exister en cet objet. On fera observer qu'il est constamment soumis à l'attraction verticale qui l'attache plus ou moins solidement à la terre, et qu'on appelle son poids ; encore ce lien se relâche-t-il à mesure que l'objet s'éloigne de la surface du globe ; à une certaine distance, le lien serait tout à fait dénoué.

Comment s'opère le passage de l'énergie d'une boule dans l'autre ? Le choc, disent certains auteurs, n'est pas réel, immédiat ; un petit intervalle demeure toujours[1]. L'effet n'est pas non plus instantané, un temps appréciable s'écoule entre le coup et le départ, comme M. Tait, m'a-t-on dit, l'a montré dans une étude sur le jeu de Gulf. Il y a, dit-on, un effet d'élasticité, la bille étant déformée et les molécules déplacées tendant à reprendre aussitôt leur place. Est-ce concevable sans un contact immédiat ? Et n'a-t-on pas, du reste, une démonstration de Poinsot prouvant que la supposition est inutile, et que les mouvements se transmettraient de même, si les billes étaient absolument rigides ?

1. Hirn.

La cause du mouvement qui fait rouler une bille sur un plan horizontal peut exister ou ne pas exister en elle. Elle reçoit cette énergie d'une autre boule qui la perd en la lui communiquant. C'est ce qui nous apparaît clairement. Nous en dirons autant des autres formes de l'énergie qui produisent en un objet les phénomènes de la chaleur ou de l'électricité. L'énergie est là; mais elle peut passer ailleurs.

D'où sont, par exemple, venues les calories qui augmentent la température d'un objet matériel? Elles ont quitté un autre objet matériel. Où vont-elles passer? Dans un troisième. On les retrouvera sans perte aucune. « Rien ne se perd, ni ne se crée, » est vrai de l'énergie comme de la matière.

L'énergie existant en ce monde, en quantité finie et invariable, passe d'un objet à l'autre par voie d'échanges et avec divers aspects. La matière se transforme, l'énergie se transforme; de l'une et de l'autre, nous savons toujours retrouver les quantités initiales.

Mais l'énergie et la matière sont des entités différentes. Différentes par la conception que nous en avons; différentes en fait puisque l'énergie, formant au total une somme constante, comme la matière, se déplace, s'accumule en certains points, passe d'un objet à un autre. Force et matière ne sont pas la même chose, bien que nous ne les voyions jamais séparées.

Cette dernière affirmation est-elle bien prouvée? L'énergie agit-elle de loin, entre les corps séparés par des vides, ou bien est-il nécessaire de lui supposer toujours un véhicule matériel et d'imaginer un intermédiaire mettant les objets distants en contact?

Nous sommes accoutumés à voir le mouvement transmis d'un objet matériel à un autre par un choc, une pression, un contact entre les deux objets. Pourquoi ce contact est-il obligé? On ne sait trop. Quand une bille choque une autre bille, ce qui causait le mouvement dans la première passe aussitôt dans la seconde; cela paraît tout naturel, si le contact a eu lieu. Au contraire, un spirite seul prétendrait donner de loin une impulsion à une bille, ou peser de loin sur le plateau d'une balance. M. Crookes a raconté des expériences de ce genre.

Cependant un aimant attire de petits morceaux de fer; l'ambre électrisé par le frottement attire des barbes de plume. Un exemple est bien autrement considérable : celui de la pesanteur. La force qui attire tous les objets vers la terre, et la terre elle-même vers le soleil, s'exerce à distance. Une source de chaleur échauffe aussi des objets éloignés : elle communique à leurs molécules le mouvement de vibration qui est en elle. Par où se fait la transmission? La force peut-elle sauter à travers le vide d'un objet à un autre?

Alors elle devient une entité tout à fait distincte. M. Hirn, l'illustre savant qui a tant contribué à fixer la théorie de la chaleur, admet cette idée. La force est pour lui un être particulier, se manifestant dans l'univers à côté de la matière. Si l'on suppose une substance imperceptible remplissant l'espace et servant d'intermédiaire entre les corps, il refuse le nom de matière à cette substance parce qu'un caractère essentiel de la matière lui manque. Le caractère de la matière n'est pas seulement d'occuper l'espace, mais d'opposer quelque résistance au déplacement. Et M. Hirn démontre que la substance la plus mobile opposerait une certaine résistance à la course rapide des corps célestes, et que le frottement serait une cause de retard. Or, les astronomes ne peuvent attribuer à cette cause aucun retard dans la course des sphères célestes [1].

L'opinion aujourd'hui régnante ne s'est pas arrêtée à cet argument. Elle admet qu'une substance

---

1. M. Young, astronome américain, avait soutenu que la durée du jour n'était pas constante, et essayé d'attribuer cette irrégularité au frottement de l'éther; mais l'explication a été contestée.

parfaitement élastique, un messager matériel, destiné à transmettre tous les mouvements, emplit tous les vides de l'univers. Cet agent, partout présent, a été nommé autrefois par Newton : c'est l'éther.

« Soutenir que la gravité est inhérente et essentielle à la matière, a écrit Newton[1], de telle sorte qu'un corps puisse agir sur un autre à distance, à travers le vide sans quelque chose d'intermédiaire qui détermine ou qui transporte cette action réciproque, me semble une absurdité telle que pour y tomber il faudrait être absolument incapable de toute discussion philosophique. La gravité doit être causée par un agent agissant sans cesse suivant certaines lois. Mais cet agent est-il matériel ou immatériel? C'est ce que je laisse au lecteur à décider. »

M. Hirn ajoute :

« Ce que Newton a dit de la gravité s'applique à bien plus forte raison aux relations de lumière, de chaleur, d'électricité, et la question qu'il pose reste la même. »

Et il répond : « L'analyse scrupuleuse des faits les plus divers, dévoilés aujourd'hui par la science, permet de répondre par la négation la plus absolue à la première question : ce n'est pas la matière dif-

---

[1]. Lettre à Bentley, citée par M. Hirn. *Constitution de l'espace céleste.*

fuse qui remplit l'espace et qui établit les relations entre les corps célestes. »

En cela, M. Hirn est plus affirmatif que Newton. Newton ne compromettait guère. Il y a un agent; cela est certain : est-il matériel, ou non? Newton ne décidait rien à ce sujet.

« Ce quelque chose qui remplit l'espace à l'infini, dit encore M. Hirn; ce quelque chose dont, aux yeux de Newton, la négation était un symptôme d'ineptie intellectuelle; ce quelque chose n'est pas de la matière pondérable, soit à l'état de repos, soit à l'état de mouvement. »

Il nous semble, en effet, que ce quelque chose ne peut pas être de la matière pondérable, dans un état de diffusion. Si c'était un gaz très dilué, aux molécules très séparées, le problème ne serait que reculé, et il faudrait, pour expliquer les rapports entre ces molécules distantes, comme il l'a fallu pour expliquer les rapports entre les astres, imaginer encore un intermédiaire. Il faudrait inventer un second éther. Ou l'éther n'est rien et l'hypothèse est inutile; ou il est absolument dense[1],

---

[1]. Je me sers du mot dense dans le sens de « occupant intégralement une portion de l'espace ». En pratique, on confond souvent les idées de densité et de poids spécifique, quand il s'agit de matière pondérable et discontinue pour laquelle la densité et le poids spécifique augmentent à la fois par le resserrement des parties pleines dans un espace donné, l'une et l'autre s'expri-

ne laissant subsister aucun vide; la substance y est continue comme elle l'est à l'intérieur d'un atome pondérable.

L'éther n'est point pondérable, et de plus il est incapable de se combiner à la matière pondérable ou de s'en distraire. Tous les corps dont l'ensemble forme la matière sensible, la matière à l'état moléculaire, se combinent les uns aux autres, même l'azote, même cet irréductible *argon*, dont M. Berthelot a obtenu enfin une combinaison hydrogénée. C'est à eux que s'applique le : « rien ne se perd, rien ne se crée ». Mais à l'océan d'éther qui les enveloppe, les corps pondérables n'empruntent et ne rendent rien, au moins tant que dure cet univers [1].

ment par le même nombre. Mais nous parlons d'une manière impondérable et continue; le poids spécifique est nul, la densité est absolue.

1. On a quelquefois essayé de montrer que l'éther se combinait et devenait pondérable. M. Sergueyeff (*La veille et le sommeil*) lui attribue un rôle physiologique et nous le fait respirer. Des états allotropiques de corps simples, les deux états du phosphore, par exemple, s'expliqueraient-ils, ont dit des chimistes, par la fixation ou la perte d'éther? En 1876 (Congrès de l'Association pour l'avancement des sciences, session de Clermont-Ferrand), M. Grolous présenta un appareil spécial scellé et taré, fait de deux ballons joints par un tube contenant l'un du soufre, l'autre du sulfure de carbone. L'appareil étant renversé et le soufre dissous, l'expérimentateur trouvait une perte de poids qu'il attribuait à la dissipation de l'éther. Perte minime : il s'agissait de dixièmes de milligramme.

Si ces vues étaient justifiées, si l'éther entrait dans la masse

QUATRIÈME ÉLÉMENT

L'ensemble de ces corps, c'est la matière à l'état moléculaire. L'éther c'est la matière continue. Est-il matière néanmoins? Oui, suivant la doctrine de Descartes, car il est étendu, mobile et inerte.

Et nous pouvons résumer tout ceci en quelques mots. Les notions de matière et d'énergie sont-elles inséparables? Non, pour notre raison qui conçoit la matière en repos absolu. Non, même dans la réalité, l'énergie étant inégalement répartie et apparaissant çà et là avec des degrés d'intensité très différents, sous quelque forme qu'elle apparaisse. Mais l'énergie est inséparable de la matière en ce sens qu'elle ne passe d'un corps à l'autre que par contact. Et tous les corps de la nature sont en contact par l'entremise de l'éther qui emplit tout l'espace.

Voilà l'hypothèse qu'on a été amené à admettre 1° par l'habitude de voir le mouvement transmis par contact; 2° par le désir d'éviter l'introduction dans l'univers d'une entité nouvelle : la force.

Seulement il faut qu'on veuille bien appeler

---

de la matière pondérable, et en sortait, la loi fondamentale « rien ne se perd, rien ne se crée » ne serait plus vraie. Mais de plus, on aurait tort de dire, suivant nous, que l'éther échappe à nos pesées par l'extrême petitesse de son poids spécifique.

Il est actuellement impondérable. Si par un artifice quelconque, on le rendait pondérable, il aurait, étant continu, absolument dense, un poids spécifique supérieur à celui de tous les corps connus. »

matière une substance continue, non moléculaire, incapable de combinaison avec l'autre (car alors il se créerait, il se perdrait de la matière pondérable); en un mot, une seconde matière : l'éther.

Avec l'idée cartésienne de l'éther naît la doctrine cartésienne des ondulations. « Lorsqu'on jette une pierre dans une eau tranquille, dit M. Moutier, on voit se former autour du point où la pierre tombe, des rides circulaires qui se propagent avec une certaine vitesse. Pour expliquer la propagation de la lumière, on suppose qu'une source lumineuse détermine des mouvements analogues. » Dans l'eau, le mouvement se propage sans que la matière se déplace : jetez-y une plume et vous la verrez balancée en avant et en arrière du sommet d'une onde au sommet de la suivante. La distance entre ces deux sommets est la longueur d'une onde. Telles seraient dans l'éther continu et impondérable les ondes de la lumière.

Ce conducteur de l'énergie, l'éther, est pour nous imperceptible. Nos sens ne sont frappés que par la matière à l'état moléculaire ; à travers l'espace sombre, des rayons cheminent, convoyés par les invisibles ondes de l'éther, et c'est seulement lorsqu'un corps solide, un astre interposé reçoit la lumière, que la lumière éblouit nos yeux.

La matière à l'état moléculaire est aussi toujours présente à la source d'un rayon de lumière : des rencontres des atomes et de la transformation de l'énergie qui les anime naîtront les ondes lumineuses qui se propageront à travers l'éther qui emplit l'espace. Elles s'y propageront avec une grande vitesse ; mais cependant en employant un temps appréciable, temps qu'on a pu calculer par le retard des satellites qui reparaissent après avoir passé derrière la planète Jupiter. Par le fait des instants dépensés dans le trajet de la lumière, les événements déjà anciens en un point de l'espace deviennent actuels en un autre point suffisamment éloigné : la fuite à travers l'espace arrête le cours du temps. Il y a, en ce moment, dans les profondeurs de l'espace un endroit d'où l'on voit la terre ; et où la terre que l'on voit est la terre d'il y a cent ans.

La matière à l'état moléculaire agira encore sur les ondes éthérées pour les réfléchir, suivant un angle égal à l'angle d'incidence ; ou bien, lorsque cette matière sera transparente et pénétrable, pour réfracter le rayon, en brisant la direction rectiligne, suivant un *indice* de réfraction particulier à chaque substance. Certains cristaux produisent une double réfraction, donnant deux rayons à la sortie ; et ces rayons sont profondément modifiés.

Erasme Bartholin, médecin danois, né en 1625, paraît être le premier homme qui se soit aperçu qu'à travers le cristal du spath d'Islande, nos yeux voyaient deux images du même objet. Ce Bartholin, d'une famille qui donna plusieurs savants assez célèbres, était allé chercher à Padoue son bonnet de docteur et, rentré à Copenhague, enseignait la géologie beaucoup plus que la médecine. Doué d'un esprit curieux, il a laissé quelques écrits: *De figura nivis dissertatio,* — *de naturæ mirabilibus quæstiones academicæ,* — *de aere.* Enfin, *Experimenta crystalli Islandici disdiaclastici...*

Mais le grand Huyghens est le vrai auteur de la découverte et il alla bien plus loin que Bartholin : il vit que chaque rayon sorti du cristal ne se comportait plus comme un rayon de lumière ordinaire. Il eut l'idée de faire traverser à ce rayon un second cristal : « Il semble, dit-il[1], qu'on est obligé de conclure que les ondes de lumière pour avoir traversé le premier cristal de spath d'Islande, acquièrent certaine forme ou disposition par laquelle, en rencontrant le tissu d'un second cristal, dans certaine position, elles puissent émouvoir les deux différentes matières qui servent aux deux espèces de réfraction ; et, en ren-

---

1. Cité par Arago. *Notice sur la polarisation de la lumière,* vol. 7 des Œuvres, p. 375.

contrant ce second cristal elles ne puissent émouvoir que l'une de ces matières. »

« Ainsi, dit Arago, suivant ce grand physicien, dans l'acte de la double réfraction, l'onde, ou si l'on veut, le rayon change de forme, perd sa symétrie, de manière à donner lieu à la distinction de ses divers côtés, ou en changeant seulement les termes, de ses divers pôles. »

Le phénomène de la réfraction a conduit Newton à une autre découverte. Le rayon blanc est composé de plusieurs rayons : comme ils sont inégalement réfrangibles, la réfraction les sépare ; et du prisme de verre où un rayon blanc a pénétré, émergent les rayons colorés du spectre. Comment par le phénomène des interférences, les ondes se superposent et s'annulent, en sorte que l'ombre est produite par la lumière contrariant la lumière ; comment l'étude de ce phénomène a permis de calculer la longueur des ondes lumineuses comprise entre 400 et 700 millionièmes de millimètre, ce n'est pas le moment de l'exposer. Du violet au rouge, la longueur des ondes va augmentant.

Un rayon émis par un corps solide incandescent, passant par l'étroite fente d'un spectroscope, analysé enfin par le prisme, donne un spectre continu dans lequel les sept couleurs se succèdent sans intervalle ; mais quand la chaleur a désagrégé les atomes et que le rayon est émis par la vapeur lumineuse d'un gaz, les propriétés distinctes des atomes séparés se manifestent : chacun émet certaines vibrations qui lui sont spéciales. Le spectre cesse d'être continu ; il se déchire, et l'on ne voit plus que certaines raies occupant une place marquée dans le rouge, le vert, le bleu ou le violet. Au premier cas, toutes les notes parlaient à la fois ; ici, avec une note dominante et quelques autres, un accord sera frappé ; accord distinct pour chaque atome distinct, par conséquent caractéristique de chaque corps simple.

Ainsi se reconnaissent la note rouge du lithium, la note jaune du sodium, la note verte du baryum, la note bleue du cœsium. Ainsi a été découvert le plus délicat procédé d'analyse ; procédé applicable à la substance même des astres. La gravitation universelle nous montre partout identiques les lois auxquelles obéissent les corps pesants : nous savons maintenant aussi que ces corps sont partout de même nature chimique.

Il y a au delà du violet, en deçà du rouge des raies que nos yeux ne voient pas, mais qui s'inscrivent sur la plaque photographique. Quelle serait, pour de plus clairvoyants, la couleur de ces invisibles rayons? Nous ne pouvons l'imaginer.

Quelquefois les raies se déplacent : les ondes deviennent plus longues ou plus courtes, la note plus grave ou plus aiguë. Quand un train à toute vapeur approche de nous, le son très grave d'abord devient de plus en plus aigu : la source de son se déplace assez rapidement pour que les dernières ondes émises rattrapant les premières et se mêlant à elles, en réduisent l'amplitude et en augmentent la vitesse.

Le train passe, la source de bruit s'enfuit, les ondes en quelque sorte se distendent, et depuis la note suraiguë, perçue au passage, la gamme redescend, et le son de plus en plus sourd s'évanouit dans le lointain.

Assez grande est la vitesse des corps célestes, pour que, pendant qu'ils se précipitent vers nous, des phénomènes semblables viennent modifier les ondes lumineuses ; et par le déplacement des raies du spectre, les astronomes ont mesuré la course des astres [1].

Mais nous n'avons pas la prétention d'enseigner ici les découvertes de la science. Nous y serions mal venu, la science étant pour nous comme ces langues étrangères qu'on entend et qu'on lit, sans être toujours capable de soutenir une conversation.

---

1. Voir les beaux travaux de M. Deslandres sur la couronne du soleil.

Nous avons voulu seulement, par une étroite échappée, faire entrevoir ces merveilles, et montrer comment sur les renseignements fournis par la sensation et soumis à la critique, se construisent les théories scientifiques. Le nom de trois élémemts était contestable, appliqué à trois états de la matière pondérable. Mais l'éther, la matière non pondérable, non moléculaire, peut, à juste titre, être appelé le quatrième élément.

XII

ÉNERGIE

« Au temps de Newton, les uns attribuaient les phénomènes de la chaleur à un état de vibration de la matière, les autres l'attribuaient à la présence d'un fluide dont les corps étaient plus ou moins saturés [1]. » Mais la seconde opinion prévalut tout à fait au xviiie siècle et exerça encore une fâcheuse influence pendant la première moitié du xixe. Le fluide, comme un corps simple, était supposé non seulement indestructible, mais invariable. On pensait qu'on devait retrouver toujours la même quantité de fluide, et toujours sous forme de chaleur.

Sadi Carnot écrivit, en 1824, ses célèbres réflexions sur la force motrice du feu et sur les machines propres à développer cette puissance. Étudiant la machine à vapeur, il se demande en

---

1. Riecke, *Discours à l'Académie de Gœttingue*, 1er décembre 1888.

quoi consiste d'une manière générale, et quelles que soient les dispositions de détail, le fait de la production du travail par la chaleur. Il a vu déjà (et ce principe a gardé son nom) que jamais la chaleur ne passe d'un corps moins chaud à un corps plus chaud : de même que l'eau ne saurait remonter spontanément d'un étiage plus bas à un étiage plus élevé. Il y a des chutes de température, comme des chutes d'eau, et le niveau tend toujours à devenir égal après la chute.

Dans la machine à vapeur, l'air du foyer communique sa chaleur à l'eau de la chaudière : celle-ci, s'étant dilatée, changée en vapeur, ayant fait effort contre les parois du cylindre et poussé le piston en avant; ayant produit, en un mot, du travail, pénètre dans un espace froid, y redevient liquide, et cède sa chaleur aux parois de ce condenseur. La chute de la température de l'eau, entre la chaudière et le condenseur ; la descente du fluide calorique passant de la première au second : là est la cause essentielle du travail produit. De même, la chute de l'eau tombant du bief d'amont au bief d'aval, est la cause du mouvement de la roue d'un moulin.

Mais de même qu'on retrouvera dans le bief d'aval la même quantité d'eau que dans le bief d'amont, de même encore devra-t-on trouver, avant comme après le travail accompli, la même quantité de calorique, le même nombre de calories, si le calorique est un fluide ; et c'est ce que pensait Carnot.

Or, il n'en est point ainsi. Une partie de la chaleur disparaît. Ce qui se conserve en quantité invariable, c'est l'énergie : elle se manifeste ou sous forme de chaleur ou sous forme de travail. Ce qu change c'est notre sensation : c'est nous qui avons tantôt l'impression de la haute température et tantôt la vision de l'effort accompli. Dans les deux cas, la matière est en mouvement : tantôt animée d'un mouvement de l'ensemble ; et tantôt, quand l'énergie se manifeste sous forme de chaleur, de mille et mille vibrations des dernières particules ; la somme de l'énergie restant d'ailleurs la même. Tel est le clapotement des eaux après la chute d'une pierre : un mouvement unique s'est multiplié et changé en mille ondulations.

Il n'y a donc pas, quand le travail est produit par la chaleur, une chute d'un fluide toujours semblable à lui-même ; mais une transformation de l'énergie ; et aussi un changement dans notre sensation.

Mayer, Joule, Clausius ont découvert et déterminé l'équivalent mécanique de la chaleur, et fondé la théorie. Les noms de Helmholtz, de sir

William Thompson, aujourd'hui lord Kelvin, de Maxwell et de notre compatriote de Colmar, Hirn, sont aussi attachés à cette grande œuvre.

Mayer mesura la chaleur absorbée par un gaz, lorsque sa température augmente sous pression constante ou sous volume constant. Ou bien ce gaz demeure soumis à la pression atmosphérique, séparé de l'air libre par une mobile colonne de mercure; ou bien il est enfermé dans un vase solidement bouché. On élève sa température d'un certain nombre de degrés : il a fallu, dans le premier cas, une dépense de chaleur plus forte que dans le second. Pourquoi? Parce que, dans le premier cas, un travail, la dilatation du gaz, s'est accompli.

Double travail : travail extérieur pour vaincre la résistance environnante, travail intérieur pour désagréger les molécules ; mais Clausius a prouvé depuis que, dans les gaz parfaits, ce travail intérieur était nul.

Ainsi le gaz, enfermé entre des parois rigides, absorbe, pour que sa température monte d'un certain nombre de degrés, un nombre déterminé de calories. Si une fermeture mobile lui permet de se dilater, il faudra pour l'élever à la même température un nombre plus grand de calories ; et la différence représentera l'effort qui a été nécessaire pour vaincre la résistance atmosphérique, et soulever la colonne d'air qui pesait sur le gaz.

Vers le même temps, Joule calculait aussi l'équivalent mécanique de la chaleur, en voyant le métal s'échauffer dans le forage des canons. Et par un chemin bien différent il arrivait aux mêmes résultats.

Le grand principe fut posé par Mayer : la somme de l'énergie est constante. De même que pas un gramme de matière pondérable ne peut naître, ni s'évanouir, de même ni une calorie ni un kilogrammètre ne peuvent se produire ni se détruire dans l'univers.

Une remarque qu'on ne manquera pas de faire ici, montrera que nous avions raison de déclarer distinctes la matière et l'énergie. Quand Lavoisier a appliqué à la matière pondérable la formule : « rien ne se perd, rien ne se crée », il pouvait n'avoir devant l'esprit qu'un astre, un monde à la fois. La terre peut recevoir quelquefois par la chute des aérolithes quelques kilogrammes de matière de plus : à cela près, elle forme un ensemble invariable quant au poids. Que les animaux naissent et meurent, que les forêts poussent et soient abattues, que tout le trésor des mines s'en aille en fumée, que les eaux de la mer montent dans l'atmosphère et retombent en pluie ; les mêmes quantités, les mêmes poids se retrouvent en cette terre.

Mais s'il est vrai que la somme de l'énergie soit constante, ce n'est pas dans un astre isolé, mais à travers tout l'univers. Car l'énergie se répand, la chaleur rayonne à travers l'espace ; notre monde refroidi en a cédé à d'autres ; il en reçoit à son tour du soleil. Oui, la somme totale est invariable ; mais c'est la somme existant dans l'univers entier ; et non, comme on pouvait le dire de la matière pondérable, la somme contenue dans l'une des sphères célestes. Notre terre, par exemple, en perdant de son énergie, n'a rien perdu de son poids, et il en sera de même du soleil quand il sera refroidi.

Si donc la force est toujours attachée à la matière, et la matière plus ou moins soumise à la force, l'une est distincte de l'autre, et tandis que l'une apparaît massée en quelques points de l'espace, l'autre peut émigrer et se répandre dans tout l'univers.

Un autre principe fut démontré par Clausius. Celui-ci a besoin de quelques explications : elles sont données avec une clarté parfaite dans la remarquable *Notice sur les travaux de Clausius*, publiée par M. Folie, directeur de l'Observatoire royal de Bruxelles, et je les résume ici.

ÉNERGIE

Soit 1 litre d'un gaz permanent à 273 degrés centigrades. Moyennant une addition de chaleur, le gaz va se dilater, effectuer un certain travail; quand il occupera 2 litres, sa température étant restée la même, sa pression sera moindre de moitié.

Maintenant abaissons sa température jusqu'à zéro, en faisant passer l'excédent de chaleur dans un réservoir. Le volume étant resté le même, la pression tombera au quart de ce qu'elle était d'abord.

Comprimons le gaz jusqu'à le ramener à 1 litre (toujours à 0 degré). La pression doublée sera la moitié de ce qu'elle était d'abord. Un travail aura été accompli, moitié moindre que le premier, la pression étant moitié moindre; et de la chaleur aura été produite. Chaleur à 0 degré, qu'on a pu recueillir dans un réservoir également à 0 degré, la chaleur ne passant jamais, comme on sait, du corps moins chaud au corps plus chaud.

Enfin, en faisant restituer à notre gaz la chaleur mise en réserve dans la deuxième opération, nous la ramènerons à son état primitif. Bien entendu en le maintenant au volume de 1 litre. Sa pression doublera; sa température remontera à 273 degrés.

Ce sont là des *transformations* : « Quand un corps, dit M. Folie, aura subi un accroissement ou une diminution de disgrégation, nous dirons qu'il s'est effectué une transformation de la disgrégation. Lorsqu'une certaine quantité de chaleur aura été convertie en une quantité de travail équivalente ou produite par la consommation de cette quantité de travail, nous dirons qu'il y a eu transformation de la chaleur en travail ou *vice versa*. »

Certaines de ces transformations sont dites positives. Les positives sont l'accroissement de la disgrégation; la transformation de la chaleur en travail, le passage d'une température plus élevée à une température plus basse; les transformations équivalentes, mais faites en sens inverse, sont dites négatives. Une série d'opérations comme celle que nous venons de suivre, aura donc une somme algébrique; et lorsque, comme il arriverait dans la série décrite, cette somme est nulle, on dit que la série forme un cycle fermé. Le cycle est réversible, quand il peut être parcouru en sens inverse.

« Le principe de Clausius, dit M. Folie, exprime une relation entre les valeurs numériques des transformations qui s'effectuent dans une série d'opérations que l'on fait subir à un corps donné ».

Nous ne pouvons songer à exposer ici toutes les considérations profondes et subtiles de ce grand philosophe de la matière : nous pensons que la lumière jaillit déjà quand on s'est expliqué ce dont il s'agit, et qu'on a aperçu les conséquences, sinon tous les raisonnements qui conduisent à ces conséquences.

Le cycle fermé ne se présente pas dans la nature : c'est, comme il arrive pour la loi de Mariotte, une limite vers laquelle tend la réalité. La somme algébrique de tous les cycles ne sera donc jamais nulle; et ce que Clausius démontre, c'est qu'elle sera toujours positive. Disgrégation accrue, chaleur transformée en travail, passage d'une température plus élevée à une température plus basse. Tel sera toujours le dernier terme de toute série de transformation quand tous les signes *plus* et tous les signes *moins* suivis de quantités équivalentes se seront entr'annulés.

La démonstration, on le prévoit, se fonde sur le principe de Carnot : la chaleur ne passe pas du corps le moins chaud au corps le plus chaud. Le courant ne peut être remonté. Avec une dépense de travail on peut le faire cependant : mais, somme toute, la dépense ne sera pas compensée.

Le premier principe reste donc vrai : la somme de l'énergie est constante. Oui, comme la somme de l'eau est constante, après qu'elle est descendue de la montagne. Mais toutes les transformations conduisent à un état final qui est l'abaissement de la température, la transformation de la chaleur en travail, la disgrégation de la matière. Or, ainsi finira l'univers ; et ayant achevé cette démonstration, Clausius conclut que l'univers a commencé.

Dans les questions métaphysiques, les arguments scientifiques touchent peu en général, et n'apportent pas la conviction. Contre la création, par exemple, l'argument: « Rien ne se perd, rien ne se crée », nous paraît être un pauvre argument, puisque cette maxime n'est vraie qu'en tant que l'univers existe, et que l'existence même de l'univers est contingente.

Cependant que répondre ici à Clausius ? « Tout ceci, dit-il, finira ; donc tout ceci a commencé. » Si le début des transformations, tendant à l'équilibre final de la température[1], se perdait dans l'infinité des siècles, depuis un nombre de siècles égale-

---

[1]. Folie. *R. Clausius*, p. 72. M. Tyndall a cité, à ce propos, une parole d'une épître de saint Pierre : « Les éléments seront dissous par le feu. » Et M. Folie donne une autre citation des livres saints, qui est en conformité absolue avec les idées de Clausius. Voici la citation, précédée du commentaire.

« On est en droit d'affirmer scientifiquement que l'univers constitué avec les lois physiques que nous lui connaissons (et il est interdit à la science positive d'en supposer d'autres) n'existe que depuis un temps limité, quelque long qu'il puisse être. Et quelle cause l'a ainsi constitué dans le temps? Une cause inhérente à lui-même? Mais ce serait absurde; car cette cause aurait dû agir aussi bien de toute éternité. Cette cause ne peut être que

ÉNERGIE 367

ment indéfini, la série serait close et l'œuvre terminée.

A la vérité, on ne saurait tirer de là aucun argument contre l'éternité de l'espace, de la matière ni de l'énergie, mais seulement contre l'éternité, si l'on peut ainsi parler, de la scène qui se joue devant nous. Les éléments pourraient être éternels; et leur arrangement actuel être en train de se détruire et n'avoir qu'un temps. Notre idée de la création est plus absolue. Mais comment demanderait-on davantage à la science positive?

Quand la série des transformations sera achevée, l'égalité régnera dans tout l'univers. La température sera partout en équilibre. Les molécules seront désagrégées, écartées au maximum par la chaleur transformée en travail. Et, en même temps, ce sera l'anéantissement de tout travail

---

le fait d'une volonté libre; et la création se trouve ainsi démontrée physiquement, j'allais dire mathématiquement.

Et qui est-ce qui nous empêche d'admettre et même d'espérer que cette cause, qui a constitué l'univers dans le temps avec les forces qui l'animent, pourra agir à la fin des temps sur le morne chaos auquel il se trouvera réduit, pour lui imprimer une activité nouvelle et reconstituer un autre univers? Alors seraient réalisées ces paroles fatidiques écrites il y a près de trente siècles:
« Au commencement Tu as fondé la terre et les cieux sont l'œuvre de Tes mains; ils périront, mais Toi Tu subsistes éternellement; et ils vieilliront tous comme un vêtement, et Tu les changeras comme un manteau, et ils seront transformés. » (Psaume 101.)

effectif, car sans inégalités et sans chutes, aucune œuvre n'apparaît. Si l'on supposait, ce qui est absurde, une sensibilité humaine survivant en présence de ces ruines de l'univers, elle n'éprouverait aucune sensation et ne serait témoin d'aucun phénomène. Le chaud, le froid, le bruit ou le silence, le plein ou le vide sont perceptibles par les différences : sans les ombres on ne voit pas les rayons.

Nous n'aimons pas comparer les choses humaines et sociales aux choses physiques, suivant la coutume des positivistes et évolutionnistes, lesquels, après avoir cédé à ce travers, finissent toujours par prendre leurs comparaisons pour des réalités. Cependant l'esprit, à propos de ce chaos final, ne peut s'empêcher de penser à l'idéal social promis par l'école collectiviste. Plus de contrastes ; plus de transformation de la force vive accumulée ; partout l'égalité et l'équilibre parfaits ; le travail devenu universel et uniforme. Et la conséquence, c'est la stérilité, l'absence de toute œuvre effective, le néant. Peut-être est-ce dans un chaos de ce genre que d'antiques civilisations, dont les ruines nous restent et dont l'histoire est oubliée, ont péri.

L'imagination enfantine se représente le chaos comme l'ouragan déchaîné, avec des bouleversements et des éclairs. C'est tout le contraire : le chaos, c'est l'uniformité universelle. Ce sont les atomes de la matière désagrégés, à égale distance, à égale température, également répandus dans l'espace, et soumis comme l'éther qui les enveloppe à d'égales vibrations. Aucune chute de température, aucun choc entre les masses ne vient plus jamais provoquer un événement nouveau; ce que nous appelons phénomène ne se produit plus. Tel serait un étang dont les petites vagues continuent à clapoter invariablement; mais où l'on n'aurait plus de pierres à jeter.

Cet état de stagnation peut avoir précédé l'univers; il peut lui survivre. Si l'univers n'est pas éternel, disions-nous, les considérations que nous venons d'exposer n'empêchent pas de croire que la matière ne le soit. Oui, mais en quel état? Non pas même en l'état des nébuleuses qui réfléchissent la lumière, et possèdent une densité, si faible qu'elle soit. Aucune comparaison n'étant concevable, aucun événement n'étant possible, aucun phénomène quelconque ne peut surgir de ce chaos. Et pour provoquer le début de la série des phénomènes (ce qui revient exactement à avoir créé l'univers), il a fallu qu'une cause toute-puissante intervînt. Toute-puissante : car que signifie ce mot? Capable non de modifier ce qui est éternel et nécessaire, mais de créer ce qui est contingent.

Les lois de Carnot et de Clausius sont contingentes; l'existence de l'espace et de la matière le sont aussi. Entre remonter la machine, repuiser au sein du chaos la provision de chaleur qui s'était toute dépensée en un inutile travail; entre cela et créer de rien le ciel et la terre, suivant le simple mot du catéchisme, est-il une différence? Si nous voyons une différence, c'est que, comme il arrive souvent, nous sommes aveuglés par nos conceptions anthropomorphiques. Si une loi de la nature est renversée, si, par exemple, la chaleur passe du corps plus froid au corps plus chaud, le miracle est aussi grand que si la matière pondérable naissait de rien. En les deux cas il y a changement dans l'ordre des choses contingentes, c'est-à-dire intervention toute-puissante et créatrice. En l'un et l'autre ouvrage apparaît la main de Dieu.

« Au commencement, dit le Psaume, tu as fondé la terre, et les cieux sont l'œuvre de tes mains; ils vieilliront comme un manteau; ils périront; mais toi, tu subsistes éternellement. »

XIII

TRANSITIONS

Les éléments, la terre, l'eau et l'air, ou, pour parler un autre langage, les trois états de la matière *solide, liquide* et *gazeux* sont-ils liés entre eux par d'insensibles degrés formant une chaîne continue? Ou bien ces trois états sont-ils nettement séparés, et la matière passe-t-elle de l'un à l'autre par sauts brusques, sans intermédiaires?

La question n'est pas sans intérêt philosophique. L'esprit humain, croyons-nous, est incapable d'imaginer pour les molécules un quatrième état : elles se tiennent, voilà le *solide;* elles se fuient, voilà le *gaz;* sans être liées et sans se fuir, elles roulent les unes sur les autres, comme d'innombrables et extrêmement petites perles d'un chapelet rompu : c'est le *liquide.*

Des intermédiaires, des corps pâteux, visqueux sont des mélanges de matière solide et liquide. Si entre ces trois états existaient une infinité d'autres états, nous ne pourrions former, à leur sujet, une autre conception. Nous n'en apercevons point d'autres.

La philosophie évolutionniste a besoin de trouver partout des gradations insensibles, parce que toujours elle veut établir entre les phénomènes une chaîne continue. Elle comble les abîmes qui séparent la matière, la vie, la pensée; elle ne conçoit qu'une substance unique, dont les formes, suivant elle, subissent peu à peu d'infiniment petites variations, et qui se présente, avec le temps, sous des aspects différents. Ainsi les atomes de la matière se seraient peu à peu groupés en forme de cellule vivante; et insensiblement les êtres organisés, puis les êtres pensants auraient été produits par l'évolution des espèces.

La théorie de l'évolution continue exigerait aussi que les trois états de la matière se succédassent par degrés insensibles; et si, le plus souvent, nous n'assistons pas au passage de l'un à l'autre, ce devrait être à cause de la faiblesse des sens, et de la rapidité de ce passage qui nous priverait d'en suivre les progrès. L'évolution, d'une marche ininterrompue et sans soubresaut, parcourt toute la matière, pénètre tous les règnes et parvient, si l'on peut ainsi parler, à l'étage de la vie, à l'étage de la pensée.

Notre opinion est différente. Nous pensons qu'il y a des anneaux qui manquent dans la chaîne de l'évolution et que le proverbe « *natura non facit saltus* » n'est point une vérité.

Les phénomènes dont il s'agit ici nous paraissent, bien que le contraire ait été souvent soutenu, survenir brusquement, sans continuité entre l'état initial et l'état final.

Lorsque sont réunies les conditions qui font passer un corps de l'état solide à l'état liquide, toutes les particules se délient à la fois, au moment précis où l'effort surmonte la résistance et les molécules libérées roulent les unes sur les autres, sitôt après ce brusque relâchement. Subitement aussi elles s'envoleront dans l'espace, quand toutes les conditions seront réunies pour la métamorphose du liquide en gaz. Et, inversement, elles retomberont les unes sur les autres pour reprendre l'état liquide, elles s'attacheront les unes aux autres pour former un corps solide, tout d'un coup, au moment exact où les circonstances extérieures commanderont l'état nouveau.

Ce qui croît d'une manière continue, c'est l'addition de force vive, laquelle augmente l'amplitude des oscillations des molécules. Vient un moment subit, où elles se séparent.

Tous les corps les plus réfractaires sont à l'état

de gaz dans le soleil. L'analyse spectrale y fait reconnaître les vapeurs des métaux précieux. Sur terre, dans nos laboratoires, le même fait a été reproduit; et il n'est plus de corps simple (on peut le dire, depuis les travaux de M. Cailletet et ceux de M. Moissan) qui n'ait passé par les trois états. Car M. Cailletet a liquéfié, peut-être solidifié l'hydrogène et M. Moissan a vaporisé le carbone.

Quand la chaleur est absorbée par un corps, une partie sert à faire monter la température, une autre à rompre la cohésion des molécules. Le corps se dilate et en même temps il s'échauffe. Mais il y a deux moments, celui du passage de l'état solide à l'état liquide, et celui du passage de l'état liquide à l'état gazeux où toute la chaleur communiquée devient travail. Il y a alors absorption de chaleur sans augmentation de température. Et dans les passages opérés en sens inverse, il y a production de chaleur sans baisse de température.

Ces deux moments sont le point de fusion, le point de volatilisation. Quand la transition s'effectue, l'œuvre intérieure de la désagrégation s'achève tout d'un coup. Ainsi tombe subitement une pierre qui a lentement roulé sur une pente douce jusqu'au bord d'un précipice[1].

---

1. Il existe cependant des corps qui n'ont pas de point de fusion : le verre, la cire, les résines. Ils se ramollissent d'abord

TRANSITIONS

Dans le livre très philosophique de M. Ditte, *Exposé de quelques propriétés générales des corps*, on trouve le passage suivant :

« Quand on construit une courbe en prenant pour abscisses les températures, et pour ordonnées les volumes correspondants du corps considéré, on observe le plus souvent que la courbe est discontinue au voisinage du point de fusion : là, pour une variation infiniment petite de la température, il y a une variation finie du volume. Ce changement brusque ne se produit d'ailleurs qu'avec les corps ayant un point de fusion ; pour les autres, la courbe peut être regardée comme continue, mais elle se relève rapidement entre les deux

et ensuite fondent rapidement ; on ne peut marquer le moment précis, le *point* du phénomène. Mais d'abord ces substances ne sont ni des corps simples, ni toujours des combinaisons chimiques bien définies : puis malgré la confusion que pourront causer les mélanges, on aperçoit ici même une confirmation de la loi générale. Si l'on appelle *point* de fusion le point où le verre commence à se ramollir, *point* de solidification celui où, de liquide, il commence à devenir pâteux, certainement les deux points ne pourront coïncider, comme ils le font dans les autres cas, où ils sont si rapprochés que la distance n'est pas perceptible pour nous.

Mais encore seront-ils très rapprochés, beaucoup plus rapprochés que ne le voudrait la loi de la continuité. En d'autres termes, entre ces deux moments, ramollissement, liquéfaction complète, le volume du verre augmente beaucoup plus vite que le progrès régulier de la dilatation ne l'eût fait prévoir. Et il y a absorption de chaleur d'œuvre.

limites que nous avons indiquées : le ramollissement et la liquéfaction. »

Autrefois, lorsqu'on pensait que le calorique était une substance, on parlait de chaleur libre et de chaleur latente ; la somme des deux s'appelait : chaleur totale. « J'ai combattu cette explication, dit Clausius[1], et j'ai affirmé que toute chaleur existant dans un corps était sensible et appréciable au thermomètre ; que la chaleur consommée dans les changements d'état des corps n'existait absolument plus comme chaleur, mais était consommée en travail et que la chaleur qui apparaissait dans les changements opposés (par exemple la condensation de l'eau et la congélation) ne sortait pas d'une source cachée, mais était engendrée à nouveau par du travail. C'est pourquoi j'ai proposé de remplacer le mot de chaleur latente par celui de chaleur d'œuvre. »

Cette idée est simple et belle. La chaleur qui ne se sent pas n'est plus de la chaleur ; elle a, en se transformant, produit du travail, le travail nécessaire pour briser le lien de l'attraction mutuelle et mettre les molécules en liberté.

Quand un corps solide se dilate, une partie de l'énergie absorbée est chaleur d'œuvre travaillant

---

[1]. *Théorie de la chaleur*, p. 46.

à désagréger les molécules; une autre est chaleur sensible augmentant la température. Au point de fusion tout devient chaleur d'œuvre ; de même au point de volatilisation.

Chaque corps a ainsi sa chaleur de fusion, sa chaleur de volatilisation. Avant d'arriver à ces points extrêmes, chaque corps a aussi sa chaleur spécifique.

Pour le même poids du corps et pour une augmentation de température d'un même nombre de degrés, on constate l'absorption d'un certain nombre de calories, nombre différent pour chaque substance.

Tout le monde connaît l'étrange et admirable loi qui porte les noms des physiciens Dulong et Petit : aucune découverte ne jette plus de lumière sur l'essence intime et la constitution de la matière. On verra plus loin comment se calculent les poids relatifs des atomes de tous les corps ; et comment les propriétés des corps semblent être des fonctions constantes de leur poids atomique : voici la plus générale des relations de ce genre.

La chaleur absorbée par 1 gramme d'eau pour une élévation de température de 1 degré étant prise pour unité, dire que la chaleur spécifique de tel ou tel autre corps est exprimée par les nombres 2, 3 ou 4, c'est dire qu'il faut 2, 3 ou 4 calories pour produire le même effet en 1 gramme de cet autre corps. Or, la loi est celle-ci : le produit des poids atomiques par les chaleurs spécifiques est constant. Si l'atome A pèse le double de l'atome B, 1 gramme du corps A aura besoin, pour s'échauffer, de 1 degré d'une quantité de chaleur moitié moindre que celle qui est nécessaire à 1 gramme du corps B, d'après la loi de Dulong et Petit. Mais 1 gramme du corps A contient moitié moins d'atomes que 1 gramme du corps B. On pourra donc dire (et la loi, ainsi exprimée, prend un grand caractère philosophique) que, dans tous les corps, un atome, lourd ou léger, absorbe la même quantité de chaleur, pour que sa température augmente d'un degré.

Ceci, de prime abord, étonne d'autant plus que la chaleur spécifique est un total fait de trois éléments. Clausius nous a appris déjà à distinguer la chaleur d'œuvre et la chaleur sensible.

Dans la chaleur d'œuvre, il faut séparer encore l'œuvre *intérieure*, qui consiste à désagréger les molécules, et l'œuvre extérieure, ou résistance contre la pression environnante. La chaleur d'œuvre a, dans le corps solide ou liquide, deux travaux à accomplir. Le travail pour lequel elle est consommée peut être intérieur ou extérieur. « Si par exemple, dit Clausius, un liquide se vaporise, il faut que l'attraction des molécules soit vaincue, et, en même temps, puisque la vapeur occupe plus d'espace que le liquide, il faut que la contre-pression extérieure soit vaincue également... C'est par cette considération que j'ai cherché à expliquer la chaleur spécifique remarquablement grande de l'eau à l'état liquide, chaleur spécifique beaucoup plus considérable que celle de la glace ou de la vapeur d'eau : j'ai admis qu'une grande partie de la chaleur... est consommée dans la diminution de la cohésion et sert ainsi comme chaleur d'œuvre. »

Il est probable que la loi de Dulong et Petit s'applique non seulement à la somme totale de chaleur absorbée par 1 gramme de matière, dont la température s'élève de 1 degré; mais qu'elle s'applique aussi séparément aux trois quantités d'énergie qui forment cette somme : l'œuvre intérieur, l'œuvre extérieur et la chaleur réellement existante. En effet, lorsque l'œuvre intérieur a cessé de s'accomplir, lorsque la matière a pris l'état gazeux parfait, la loi paraît être valable encore; la somme de la chaleur absorbée, multipliée par le poids atomique, donne encore une constante, naturellement moins élevée que celle qu'on obtenaît pour les solides. Une des trois quantités qui formaient cette somme a été réduite à zéro. Pour que la somme des deux autres multipliée par le poids atomique soit encore constante, n'est-il pas nécessaire que la loi s'applique séparément aux trois quantités dont le total formait la chaleur spécifique? Nous le croyons. Un corps absorbe tant de calories pour se désagréger, tant pour résister à la pression extérieure, tant pour gagner 1 degré en température. Le total de ces trois quantités est la chaleur spécifique. Nous ne savons pas les distinguer, mais nous savons que l'une disparaît, si le corps est gazeux, et que cependant la loi de Dulong s'applique encore.

Elle s'applique donc, très probablement à chacune prise individuellement; et il doit falloir par atome la même quantité de chaleur pour rompre la cohésion, la même pour résister à la pression, la même pour élever la température, soit que l'atome pèse 7, comme dans le lithium, ou 300, comme dans le platine.

Tout ce qui vient d'être dit concerne les corps solides, liquides ou gazeux, pendant qu'ils sont en l'un et l'autre état; on ne s'est point encore occupé des deux passages, et il faut y revenir.

Nous avons dit que ces deux passages sont

subits et qu'il y a rupture de continuité dans la série des états successifs de la matière échauffée. Nous le pensons, d'abord parce qu'on ne peut pas concevoir de milieu entre ces trois états, ensuite parce que cela nous semble aussi résulter des faits établis par les physiciens, bien que beaucoup n'en tirent pas cette conséquence.

Sous de grandes pressions, les gaz deviennent liquides. Van Marum a liquéfié d'abord l'ammoniaque; Faraday le chlore; Thilorier l'acide carbonique; Pictet et Cailletet l'hydrogène, l'oxygène, l'azote, les gaz qu'on appelait, avant eux, permanents. Le phénomène est produit par deux causes combinées : baisse de la température, augmentation de la pression. Quelquefois on achève l'opération par l'action de la première cause seule, en décomprimant subitement et mettant à profit le grand froid produit : une partie de la matière reprenant la forme gazeuse emprunte toute la force vive disponible. En sorte que l'expansion d'un gaz entraîne la réduction d'un corps voisin et, au besoin, d'un reste du même gaz, à l'état liquide ou même solide.

Une pression de 300 atmosphères, un froid de — 29 degrés produit par l'évaporation de l'acide sulfureux liquide dans un courant d'air sec n'avaient réussi à rien changer à l'apparence de l'oxygène.

M. Cailletet imagina de décomprimer brusquement le gaz, et il vit nettement paraître un brouillard ; le coup de froid avait été suffisant pour liquéfier, peut-être pour solidifier un instant l'oxygène. Avec l'hydrogène, on crut entendre un bruit métallique produit par la chute des particules solidifiées. Quant à l'acide carbonique, on le réduisit par ce procédé à l'état de neige, une neige qui met un temps appréciable, non à fondre, mais à s'évaporer.

On a voulu montrer la continuité entre les états liquide et gazeux, en étudiant ce qui est appelé le *point critique* des gaz. M. Andrews a vu que la pression, quelle qu'elle fût, était incapable d'amener le gaz à l'état liquide, au-dessus d'une certaine température, déterminée pour chaque gaz. Cette température, c'est le *point critique* du gaz. L'acide carbonique, par exemple, ne sera point liquéfié au-dessus de 31 degrés. Si cependant il était maintenu à l'état liquide, dans un tube de verre, et que l'on fît monter la température au-dessus du point critique, la surface convexe du liquide s'effacerait ; on ne distinguerait plus le liquide du gaz.

« Et alors, dit M. Andrews[1], si l'on demande : l'acide carbonique est-il à l'état gazeux ou à l'état

---

1. *Annales de Phys. et Ch.*, 4ᵉ série, XXI, p. 232.

liquide? cette question, ce me semble, n'admet pas de réponse définitive. L'acide carbonique à 35°,5 et sous 108 atmosphères de pression se trouve à moitié chemin à peu près entre l'état gazeux et l'état liquide; et il n'y a pas de raisons solides pour l'assigner à l'état de gaz plutôt qu'à l'état de liquide.

..... La matière prend des formes intermédiaires en passant, sans changement brusque de volume ou évolution abrupte de chaleur, de l'état liquide ordinaire à l'état gazeux ordinaire. »

N'est-ce pas là une simple supposition? Et en l'admettant, comprend-on très bien ce que signifie la fixation du point critique? Aucune pression ne rend le gaz liquide au-dessous de 31 degrés : c'est la première affirmation, et nous nous y tenons. Vous élevez la température à 35 degrés, vous voyez s'effacer la surface du liquide, et vous demandez ce qu'il est devenu? Il est devenu gaz : pourquoi et comment supposer un état intermédiaire?

Les deux passages du solide au liquide, du liquide au gaz ne sont même pas toujours nécessaires. Tout à l'heure nous parlions de l'acide carbonique réduit en neige, qui reprend directement la forme gazeuse. Souvent, on rencontrera, dans la nature, des phénomènes semblables; car tous les corps dégagent des vapeurs. Un corps solide peut devenir gaz sans passer par l'état liquide.

Aussi de tous les liquides et même des solides se dégagent des molécules gazeuses : elles s'enfuient plus ou moins nombreuses suivant l'énergie existant dans le corps, et suivant la pression extérieure. Les choses ne se passent pas très simplement, et il y a beaucoup de faits à observer, si l'on veut essayer de pénétrer la nature.

Le même corps, dans les mêmes conditions, se présentera souvent dans les deux états différents : liquide et gaz. Abandonnez de l'eau dans un vase ouvert, elle s'envolera lentement, même si la température baisse. Au-dessus des rivières et des étangs, même en temps froid, des vapeurs s'élèvent constamment et, le matin, l'air glacé n'a point d'autre effet que de les condenser assez pour les rendre visibles; elles se changent en longues traînées de brouillards qui remplissent les vallées et dont les collines émergent, mouillées et brillantes, lorsque le soleil se lève. Quand, sous ce premier feu du matin, l'air s'est réchauffé plus vite que la terre, les vapeurs se condensent au froid contact de la terre, et celle-ci se couvre de rosée.

Il semble bien que l'évaporation est constante et que les liquides, au moins, dégagent des vapeurs à toute température. On cite l'acide sulfurique qui n'en donne pas, mais l'acide sulfurique n'est pas un liquide ; c'est une matière solide dissoute, la plus avide d'eau que l'on connaisse, desséchant l'atmosphère autour d'elle, attirant à elle les vapeurs.

Le liquide le plus lourd que nous puissions citer, du moins dans les conditions où nous vivons, le mercure, s'évapore constamment. Faraday l'a constaté au moyen de feuilles d'or, attachées au-dessus d'une cuve à mercure et blanchies par les vapeurs mercurielles au bout de quelques jours; cependant quand la température était abaissée au-dessous de zéro, les feuilles d'or n'étaient plus blanchies. Avec un réactif plus délicat, l'azotate d'argent ammoniacal, imbibant des feuilles de papier Berzélius, M. Merget a prouvé le dégagement de vapeurs même à — 44 degrés, alors que le mercure était devenu une masse solide, congelée.

Il est donc probable que les vapeurs se dégagent à toute température, mais en quantité de plus en plus ténue, échappant par leur petitesse et leur extrême diffusion à nos sens et à nos observations. Dans l'air où nous ne reconnaissons guère que l'azote, l'oxygène et un peu d'eau, fume un imperceptible encens émané de toutes les substances terrestres, les solides comme les liquides, puisque le passage par l'état liquide n'est pas obligé.

Quand la matière se divise ainsi et nous échappe, elle sort du monde humain aussi bien que la comète qui fuit au delà de la portée de nos yeux et de nos télescopes. Il y a, dans le monde matériel, des chaleurs, des lumières, des sons inconnus à l'homme, des possibilités de sensations pour d'autres sens que ceux de l'homme. Il y a aussi des substances pondérables, de la matière proprement dite et que nous perdons de vue. Cette matière sort du monde humain, soit emportée trop loin à travers l'espace, soit diluée en l'air, autour de nous, en vapeurs trop légères, soit même cachée dans la terre solide en filons trop menus. D'autres mains la toucheraient, d'autres yeux la verraient; elle n'existe plus pour les nôtres, et dans une délicate expérience, comme celle de M. Merget, nous disons, du plus loin, une sorte d'adieu.

Quelquefois cette matière sortie du monde humain y rentre, témoin la comète qui nous revient des profondeurs de l'espace; témoin encore la lithine puisée par les racines de la plante de tabac dans une terre où aucun chimiste ne l'eût soupçonnée. C'est la matière perdue et ramenée par des agents autres que nous à la portée de nos yeux et de nos mains, la matière rentrant en notre monde.

Il est des cas où l'un de nos sens perçoit encore une substance qui a échappé aux autres et qui pour eux n'existe plus : par exemple, quand un flocon invisible de vapeur parfumée embaume tout l'air d'une salle. Un bouquet de fleurs peut répandre dans l'air assez de matière pour provoquer des sensations nombreuses et fortes, et ne rien perdre de son poids; rien, du moins, pour nos balances. Cette fois la matière n'est pas tout à fait sortie de notre monde sensible ; elle échappe à nos yeux, à nos mains, mais trahit encore sa présence.

D'autres fois, elle se cache et disparaît tout à fait et cependant nous savons qu'elle ne périt point. « Rien ne se crée, rien ne se perd » est une vérité clairement vue par notre esprit ; il l'a apprise par l'induction, qui est sa seule manière d'apprendre.

Le phénomène de l'évaporation paraît donc être universel, quoique variable suivant les circonstances; quelquefois il diminue d'intensité jusqu'à devenir tout à fait imperceptible sans que rien cependant nous autorise à croire qu'il a tout à fait cessé. Mais il y a deux cas extrêmes : celui où l'évaporation est complète pour toute la matière présente, et celui où l'évaporation, au contraire, est complètement arrêtée.

Prenons le premier. Il est démontré là, ce nous semble, qu'il n'y a pas continuité entre les trois états de la matière. On aura déjà pu relever une preuve de cette vérité dans ce fait que le passage par l'état liquide n'est pas nécessaire. On a vu que la matière passe du solide au gaz sans intermédiaire et, qu'en ce cas, « natura saltus facit ».

Mais il y a d'autres preuves. Pour ce qui est du premier changement, la fusion, le passage du solide au liquide, on ne pourra pas contester que la transformation soit brusque et qu'à ce moment il n'y ait rupture de continuité dans la série des états de la matière progressivement échauffée. Tous les corps solides se dilatent quand la température monte ; et ils le font inégalement, chacun suivant son *coefficient de dilatation*, qui est une des marques auxquelles on le reconnaît. A un certain degré, à leur point de fusion, qui est encore caractéristique pour chacun, ils deviennent liquides.

Ce point de fusion varie suivant la nature des corps et varie grandement : le mercure fond à — 39 degrés ; le plomb à 335 degrés ; l'aluminium à 600 degrés, l'argent à 934 degrés ; le platine à 1,775 degrés. A ce moment un travail intérieur s'accomplit. La température reste stationnaire. Et pourtant le foyer ne cesse pas de fournir de la chaleur nouvelle : elle est absorbée, mais pour un autre travail ; c'est la chaleur de fusion. Elle n'est point perdue : car rien ne se perd ; elle reparaîtra au même moment, en la même quantité, lorsque la substance repassera à l'état solide. Et pour chaque espèce chimique, comme le coefficient de dilatation, le point de fusion, la chaleur de fusion sont des caractères distinctifs.

Ce phénomène nouveau, outre la soudaineté des changements survenus au point de fusion, ne semble plus laisser aucun doute. Il y a continuité dans le progrès de la température et de la dilatation tant que le solide reste solide : au moment précis du changement d'état, il y a une révolution.

Naturellement, le point de fusion est le même que le point de solidification : le passage à l'état liquide, le retour à l'état solide s'effectuent brusquement à la même température. Cela est naturel ; cela n'est pas nécessaire ; ce n'est pas là une réciproque géométrique, mais un fait d'expérience.

Quant à la volatilisation, le moment du passage est moins bien défini puisque, comme nous l'avons dit, les corps, même solides, dégagent des vapeurs à toute température. Il n'y a pas, à proprement parler, un point de volatilisation ; il y a un point d'ébullition, moment où, pour une certaine température et une certaine pression, la volatilisation d'un liquide s'opère brusquement. Il y a aussi un moment où l'évaporation cesse, moment réglé aussi par les deux mêmes conditions. Voici comment.

La vapeur cesse de se dégager d'un corps, le

corps, solide ou liquide, reste en excès, quand l'atmosphère ambiante en est saturée. Les physiciens disent alors que la *tension* de la vapeur de ce corps atteint son *maximum ;* la tension maxima est constante, pour une température donnée ; c'est-à-dire que chaque substance, à une certaine température et dans un certain espace, dégage une certaine quantité de vapeur toujours la même. Vous augmenterez cette quantité, en augmentant soit l'espace, soit la température, soit les deux. Si la température augmente et non l'espace, une pression croissante sera exercée sur les parois du contenant.

La tension maxima de la vapeur d'eau, par exemple, est mesurée par la quantité d'eau qui se montrera à l'état de vapeur, à une température donnée, un peu d'eau restant à l'état liquide au fond de l'appareil. C'est le maximum de ce qui peut subsister à l'état de vapeur dans les conditions déterminées. Le récipient est plein de tout ce qu'il peut contenir de vapeur d'eau à la température choisie : une quantité nouvelle de la même vapeur ne se dégagera plus.

Mais un autre gaz peut-il trouver place dans le même espace ? Ceci amène à parler du mélange des gaz et à reprendre les choses d'un peu plus loin avant de répondre.

Un gaz, lourd ou léger, se répand dans tout l'espace qu'il trouve libre ; et dans le mélange de plusieurs gaz il ne se formera jamais, comme après le mélange de plusieurs liquides et au bout d'un temps de repos, des étages distincts superposés suivant les densités. Les gaz intimement mélangés, occuperont tout le récipient. Berthollet ayant rempli l'un d'hydrogène et l'autre d'azote, deux ballons séparés par un robinet ; ayant placé le second ballon au-dessous du premier et ayant ouvert le robinet, le gaz le plus lourd monta dans le ballon d'en haut comme si ce ballon eût été vide ; il emplit tout l'appareil. Le gaz léger était, de son côté, descendu aussi dans le ballon inférieur, emplissant aussi tout l'appareil : la pression totale exercée par cet intime mélange était la somme des pressions que chaque gaz eût exercées s'il eût été seul dans le récipient. Cette dernière loi avait été trouvée par Dalton. Chacun agit isolément, et la présence d'un second gaz mélangé ne change rien à la marche du premier.

Si le ballon d'en bas eût été plein de mercure et le ballon d'en haut plein d'eau, certainement l'eau et le mercure seraient restés à leur place. Or, la différence des poids spécifiques est presque aussi grande entre l'hydrogène et l'azote qu'entre l'eau et le mercure. Mais peu importe ; les deux gaz, en peu de temps, se pénètrent; l'hydrogène descend, l'azote monte, contrairement à la pesanteur, mais en vertu de la force expansive des gaz; et chacun remplit tout l'espace, celui des deux ballons, absolument comme s'il était seul.

A la vérité certains liquides se mêleront, le plus lourd montant pour se mêler au plus léger, quand les densités ne seront pas extrêmement différentes; et quand d'ailleurs les deux liquides seront solubles l'un dans l'autre, comme par exemple, l'éther et le chloroforme. Faut-il dire simplement que tous les gaz sont solubles l'un dans l'autre?

C'est possible; mais en tous cas, quand elles prennent l'état gazeux, la plupart des substances auront acquis là une propriété nouvelle. Et voilà, ce semble, une rupture dans la continuité des états de la matière. La matière change non seulement d'apparence, mais de nature au moment précis où, de solide ou liquide qu'elle était, elle est métamorphosée en gaz; elle obéit aussitôt à d'autres lois, et cette brusque révolution est radicale. « Il est visible, dit M. Pouillet, que les fluides élastiques, dans leurs mélanges, n'obéissent pas comme les liquides, aux lois de la densité[1]. »

Si cette révolution n'avait pas lieu, l'aspect du

---

1. Pouillet. *Physique*, vol. I, p. 286.

monde serait bien éloigné de ce que nous voyons. Le même physicien a écrit à ce sujet une fort belle page de philosophie naturelle, tout à fait digne d'être rapprochée de la fameuse page de Lavoisier sur les changements qui surviendraient en ce monde, si la température et la pression étaient modifiées.

« Les liquides qui ne se combinent pas chimiquement, dit M. Pouillet, peuvent bien être mêlés pendant quelques instants; mais ils se séparent peu à peu et se dégagent l'un de l'autre pour se superposer dans l'ordre de leurs densités, comme l'huile se superpose sur l'eau. Si les gaz et les vapeurs avaient des propriétés pareilles, tout serait changé sur la terre. On verrait, par exemple, les vapeurs qui se forment à la surface des eaux s'élever comme des ballons, en vertu de leur légèreté spécifique; et, poussées de la sorte jusqu'aux dernières limites de l'atmosphère, elles en sortiraient par leur élasticité pour se répandre de toutes parts dans le vide; l'évaporation étant continuelle, cette ascension se renouvellerait sans cesse; à la fin, les lacs et les bassins de la mer seraient à sec et toutes les eaux de la terre seraient suspendues au-dessus de l'atmosphère. »

Mais la superposition suivant les densités ne s'opère pas. Les gaz se mélangent, les molécules courent les unes entre les autres, très petites par rapport aux espaces intermoléculaires.

Voici donc la réponse à la question posée tout à l'heure. Ce qui est vrai des gaz à faible tension, le sera encore à la tension maxima. Quand un récipient est plein de tout ce qu'il peut contenir de vapeur d'eau arrivée à sa tension maxima, un autre gaz y peut néanmoins trouver place. Aussi, quand même l'espace donné est plein d'air, quand même l'air y est comprimé sous une pression plus forte que la pression atmosphérique, le dégagement des molécules qui s'échappent de l'eau ne sera ni arrêté, ni même restreint. Il sera seulement retardé : l'évaporation rapide dans le vide sera lente, d'autant plus lente que l'air emplissant l'espace clos sera plus comprimé; mais elle atteindra, avec un peu de temps, au même point, la tension maxima sera la même dans l'air et dans le vide. Telle est la loi de Dalton : elle n'est pas rigoureusement exacte comme l'ont prouvé les mesures précises de Regnault, mais il s'en faut d'une très faible différence.

Comment imaginer les phénomènes? Il faut bien, en dépit de nos sensations qui nous donnent l'idée d'un fluide continu, nous représenter un gaz ou une vapeur comme une grêle de très petits corps solides, séparés par de très grandes distances :

quelque chose de semblable à notre univers, avec des molécules flottant au lieu de mondes, et au lieu d'espaces interstellaires, des espaces intermoléculaires. Peut-être ces derniers sont-ils relativement encore plus grands que les autres. Si les choses sont ainsi, quand une vapeur se répand au sein d'une autre vapeur, on conçoit que la première ne fasse point obstacle à la seconde. Les molécules s'envolent à travers de vastes espaces vides et les chocs, s'il y en a, ne font que modifier les mouvements. Au lieu de quelques bulles de vapeur qui se mélangent, imaginez qu'une nouvelle pléiade de mondes vienne se mêler à celle qui compose notre univers : il y aurait des mouvements changés et de très faibles chances de rencontres ; nos mondes sont des molécules dans l'espace et n'opposeraient aucun obstacle à l'invasion.

Il est cependant en tout ceci un fait qui ne nous paraît point explicable *à priori*, avec la simple hypothèse de molécules occupant une faible partie de l'espace. C'est que la loi de Dalton soit encore vraie ou à peu près à la tension maxima. L'espace est plein au maximum de la valeur d'un corps donné et cependant une autre vapeur peut se dégager dans le même espace. Il n'y a plus de place pour les molécules du premier corps; mais il y a place pour des molécules d'une autre espèce. N'est-ce pas étrange?

De l'eau, par exemple, s'évapore dans le vide, elle atteint sa tension maxima et les molécules cessent de s'envoler, la place leur manque, les premières les repoussent. Dans le même espace, il y a de l'air, de l'air même comprimé, plus d'air qu'il n'y avait tout à l'heure de vapeur d'eau et, vraisemblablement des molécules plus nombreuses et plus rapprochées entre elles que n'étaient celles de vapeur d'eau. Pourtant l'eau va s'évaporer, elle va atteindre la même tension ou à peu près que tout à l'heure, lorsqu'il n'y avait rien. Cet espace est vide pour elle. De sorte que la possibilité de pénétrer dans les vides intermoléculaires de la vapeur déjà formée ne dépend pas seulement de l'étendue de ces vides, mais de la nature même de la matière employée. Les molécules évaporées d'une substance déterminée opposent un obstacle à celles qui pourraient après elles se dégager de la même substance; elles n'en opposent point à celles qui se dégagent d'un corps étranger. Ces dernières s'évaporent et atteignent leur tension maxima comme si les premières n'étaient pas là.

Singulière loi! Imaginera-t-on pour l'expliquer des mouvements moléculaires dirigés dans le même sens pour la même substance, s'arrêtant à leur limite, mais ne barrant pas la route à d'autres molécules marchant en un autre sens? Et les colonnes de vapeur montant de la surface de l'eau vers le plafond d'un vase fermé, sont-elles arrêtées dans leur montée quand leur ressort est arrivé à la limite de compression; mais d'autres colonnes d'une autre vapeur pouvant néanmoins monter entre elles? Non ; rien de semblable ne peut se passer; car les courses des molécules gazeuses ont lieu dans toutes les directions, la pression s'exerçant également de tous côtés. Il faut chercher une autre explication. La tension maxima répond à un état d'équilibre. Quand un corps est arrivé à sa tension maxima, des molécules continuent à se volatiliser, mais en même temps, le même nombre de molécules reprennent l'état liquide, et la somme de molécules à l'état gazeux ne change plus.

Un gaz étant ainsi perméable à un autre, l'air, par exemple, étant perméable à la vapeur d'eau, une partie des eaux de l'Océan s'élève constamment dans l'atmosphère qui pèse sur elles. La montée est seulement plus lente qu'elle ne serait dans le vide; elle s'arrête quand l'atmosphère est saturée. On aurait pu croire, on a cru, paraît-il, que l'eau se dissolvait dans l'air, comme l'air se dissout dans l'eau; ces deux couches fluides superposées, l'atmosphère et l'Océan se pénétreraient mutuellement et la ligne de séparation que nous voyons si nette à l'horizon tromperait nos yeux. Il en est bien ainsi, mais il y a dissolution d'un côté seulement.

L'air se dissout dans l'eau, suivant une loi découverte par Henry, en 1803, et vérifiée par Bunsen ; loi générale à tous les gaz purs et étendue par Dalton aux mélanges de gaz. Ils sont plus ou moins solubles ; mais tous se dissolvent proportionnellement à leur pression, un gramme sous pression *un*, deux grammes sous pression *deux*. Et comme, suivant la loi de Mariotte, deux grammes de gaz sous pression *deux* occupent le même volume qu'un gramme sous pression *un*, il vaut mieux dire que le liquide dissout constamment le même volume de gaz, quelle que soit la pression. L'Océan tient constamment dissous dans ses eaux le même volume d'air atmosphérique. Si la pression atmosphérique diminue, des molécules d'air s'échappent ; mais, les molécules restantes s'étant raréfiées, le volume dissous ne change pas.

Mais quand, inversement, les molécules d'eau s'envolent dans l'air, le phénomène ne doit pas être appelé solution, ayant d'autres limites et obéissant à d'autres. L'eau, en effet, s'évapore dans l'air, mais elle s'évapore aussi et bien plus vite dans le vide. Lors donc que les vapeurs s'élèvent de la mer, ou de la terre mouillée, et que les flaques laissées par la pluie au creux des rochers disparaissent, le phénomène n'est point la dissolution qui est une synthèse d'éléments; c'est un phénomène de séparation, effet de la force expansive qui porte toutes les molécules de tous les objets matériels à se séparer, à fuir les unes loin des autres à travers l'espace infini, à s'évanouir, à s'anéantir, à sortir du monde humain ; force contrebalancée par la force synthétique de la cohésion qui rapproche ces molécules, les associe, en fait des êtres perceptibles pour nous.

De ces deux forces, la seconde est la condition d'existence de notre univers; c'est la force créatrice pétrissant la matière. N'est-il pas étrange de penser que l'autre force subsiste, bien que ses effets, le plus souvent, deviennent insensibles pour vous; mais qu'elle dure, comme dans le cas du mercure congelé, et que nous ne trouvons point de limite où il soit nettement mis fin à son action?

La force primordiale qui tend à disperser les éléments de la matière n'est pas tout à fait vaincue, et se manifeste encore pendant la durée de cet univers, malgré le joug provisoire de la cohésion. Rappelées par le créateur et rassemblées pour un jour, les molécules tendent à reprendre leur fuite à travers l'espace. Et, Clausius l'a démontré, elles se sépareront toutes jusqu'à leur plus extrême distance, quand la somme de l'énergie se sera équilibrée et uniformément répartie ; quand, enfin, comme Tyndall l'a dit, en citant saint Paul, « les éléments seront dissous par le feu ».

XIV

LA TERRE

Nous connaissons la terre de deux manières. D'abord, comme nous connaissons les autres sphères célestes et de la manière qu'on peut appeler astronomique : on a mesuré sa pesanteur, sa densité, sa vitesse, ses mouvements, la longueur et la forme de la route qu'elle parcourt annuellement autour du soleil.

Ensuite, nous l'étudions en elle-même par la géographie et la géologie et nos connaissances en ce genre, sont bien moins complètes et moins précises que les premières. Il y a deux cents ans, la géographie s'étendait à peine aux deux tiers du globe ; et il y a cinq cents ans, elle était restreinte au bassin de la Méditerranée. Les peuples civilisés d'alors vivaient aussi ignorants du reste du monde que peuvent l'être aujourd'hui, au sujet de nos pays, les nègres du centre de l'Afrique.

La géologie est incomplète aussi, ses fouilles ne pénètrent pas loin. « Nos raisonnements ne peuvent s'étendre, dit Lyell, que jusqu'à une profondeur de quelques kilomètres, 15 ou 16 peut-être, à peine égale à la 400° partie de la distance de la surface au centre ; mais bien que cette épaisseur soit insignifiante... elle est considérable encore relativement à l'homme et aux êtres organisés qui peuplent la terre. »

La géologie ne connaît donc que la dernière et très mince enveloppe de la terre.

Sous cette enveloppe, paraît exister un foyer à une haute température. Les froids les plus piquants ne se font point sentir à quelques pieds sous terre ; la terre est mauvaise conductrice de la chaleur, et ne perd pas la chaleur qu'elle possède, pas plus qu'elle ne laisse pénétrer en elle la chaleur extérieure venue du soleil. A Yakoutsk, où la moyenne annuelle de la température est de 10 degrés au-dessous de zéro, où l'eau liquide n'est guère connue, on fit, en 1786, un sondage. On trouvait : $-6°,8$ à $23^m,30$; $-1°,2$ à $90^m,30$; $-0°6$ à 110^m. Encore quelques mètres et on eût trouvé l'eau liquide. On fora, en effet, un puits de 126 mètres dans la steppe Katchougin, et l'eau jaillit[1].

---

1. Lapparent, *Traité de géologie*, p. 384.

L'étroite région où les variations de la température extérieure se font sentir étant dépassée, a-t-on découvert une progression régulière de la chaleur, une proportion constante entre la profondeur et la température? Cela devrait être, si le foyer existe. Dans cette grande chaudière, depuis si longtemps chauffée, les parties intérieures, non soumises aux changements du dehors, protégées par la croûte imperméable, ont dû, à la même distance du centre, se mettre en le même état.

Seulement, avons-nous percé la croûte imperméable à la chaleur? Nous sommes-nous assez rapprochés du centre? Nous pénétrons à quelques centaines de mètres, et le centre est distant de plus de six millions[1]. Tous les terrains n'ont pas la même conductibilité. Au fond des puits où nous descendons, nous pouvons bien admettre, quelle que soit la conductibilité des terrains situés sous nos pieds, qu'avec le temps, les mêmes quantités de chaleur sont arrivées du centre jusqu'à nous; mais il faut admettre aussi que la couche, en somme bien mince, des terrains qui sont au-dessus de nos têtes, a pu laisser se dissiper plus ou moins ces quantités de chaleur. De là, des

---

[1]. Rayon moyen de la terre : 6,371 kilomètres.

variations, et en certains endroits, la nécessité de descendre plus bas, si l'on veut retrouver le même progrès dans la température.

Cependant les variations sont peu considérables. On a appelé degré géothermique, la profondeur nécessaire pour faire monter d'un degré le thermomètre. Entre 101 et 435 mètres, dans les mines de Giromagny, Gensanne, en 1740, montra que la température augmentait d'un degré chaque fois qu'on descendait de 32 mètres. Saussure, d'Aubuisson, indiquèrent l'un 30, l'autre 37 mètres. D'autres observateurs obtinrent des résultats qui variaient entre un minimum de 16 mètres à un maximum de 46.

Les sondages opérés, il y a quelques années, à Sperenberg, en Prusse, à travers une épaisse couche de sel gemme, milieu homogène, pénétraient à environ 1,200 mètres de la surface. La température la plus élevée était bien celle du fond. Mais les chiffres obtenus suivaient une progression si peu régulière que des mathématiciens, les soumettant au calcul, crurent pouvoir affirmer que cette marche deviendrait rétrograde à un certain moment; et que la température, après avoir atteint 50 degrés, diminuerait et deviendrait nulle. Et aussitôt M. Carl Vogt s'écria : « Où est le feu intérieur ? Ce n'était

qu'un nouvel avatar de l'antique géhenne. »
Mais l'auteur même des sondages de Sperenberg,
M. Duncker, persista à croire au progrès de la
chaleur, à mesure qu'on s'enfonce dans les profondeurs du globe. Et M. Duncker a eu raison.
Depuis lors les sondages de Schladbach, en Saxe,
ont pénétré jusqu'à 1,700 mètres; la température du
fond atteignait 55 degrés, dépassant les 50 degrés
que de faux calculs avaient fait prendre pour un
maximum.

Malgré les causes de variation, la température
suit, en somme, à peu de chose près, une progression arithmétique; et très généralement augmente
de 1 degré par 37 mètres. Les résultats seraient
peut-être tout à fait concordants, si, évitant les
terrains de sédiment, on perçait des sondages dans
le granit et le gneiss primitifs : œuvre de pure
curiosité, ardue d'ailleurs et sans profit, qui a peu
de chances d'être entreprise.

Nous ne descendons pas très bas dans ces profondeurs; mais, de temps en temps, nous recevons, à travers les fissures de l'écorce terrestre
de soudains et terribles messages de l'intérieur;
et toujours la matière qui fait éruption à la surface
atteste la haute température qui règne sous nos
pieds.

Quelquefois l'écorce se soulève; et au milieu

de la mer bouillonnante, couverte de scories et de cadavres de poissons, sous un dais de vapeur, une île nouvelle montre son dos ; l'île Julia, de 4 kilomètres de tour, naquit ainsi, en 1831, près de Pantellaria ; et elle disparut, dit M. de Lapparent, au bout d'un mois, tandis que les chancelleries de plusieurs États s'en disputaient la possession.

Dans toutes les contrées sortent de terre des eaux chaudes tenant en dissolution des sels minéraux ou des gaz. Certaines de ces eaux, comme il arrive pour les sources ordinaires, ont pu être arrêtées par une couche de terrain imperméable placée au-dessous d'autres couches. Ce sont simplement des eaux du ciel, qui, en passant par le sol ont entraîné quelques substances solubles. Mais d'autres viennent de réserves intérieures, de lacs souterrains, où, maintenues à l'état liquide, malgré leurs températures, par de formidables pressions, elles ont dissous les roches environnantes. Poussées par cette pression intérieure elles s'échappent, par un soupirail, des régions profondes et brûlantes du globe; et les géologues reconnaissent à beaucoup de ces sources le caractère volcanique, geysérien, suivant l'expression venue d'Islande.

Dans toutes les régions du globe aussi, ont lieu les éruptions des volcans. Elles sont irrégulières et souvent imprévues. Spartacus avait campé dans une vigne sauvage qui couvrait le Vésuve ; et la vigne y était encore, lorsqu'en l'an 79 de notre ère, la montagne éclata, enterrant Herculanum et Pompéi sous la cendre et les laves. Le Vésuve eut ensuite des siècles de repos.

Il y a douze ans, dans une éruption soudaine, le Krakatoa rejeta une masse de matière évaluée à 18 kilomètres cubes. Sous cette chute, une vague de 15 à 20 mètres de haut se souleva dans la mer, et envahit les terres de Sumatra et de Java, les couvrant jusqu'à 3 kilomètres de la côte, détruisant les villages et noyant trente mille habitants.

Dans tous les lieux du monde, émergeant des eaux comme le Stromboli, loin des mers et au sommet des montagnes neigeuses comme dans la chaîne des Andes, apparaissent les volcans. Ce sont des soupiraux qui viennent de l'intérieur du globe; là sont encore probablement de grandes masses de minéraux fondus, tenant en solution des gaz, qui de temps en temps s'échappent avec de formidables éruptions, entraînant des laves et des cendres. Quelle cause provoque les éruptions? Les eaux de la mer tombent-elles par quelques fissures dans cette chaudière? Quelques-uns l'ont dit; d'autres ont trouvé l'hypothèse invraisemblable, à cause de la distance de certains volcans à la mer; et d'ailleurs inutile. Ces soupiraux sont-ils en communication avec un réservoir commun de substances ignées? Ou bien chacun a-t-il un réservoir particulier, une petite Méditerranée de laves? L'une et l'autre opinion ont été soutenues, bien que la première soit plus conforme à l'hypothèse généralement admise au sujet de la formation de la terre; et rendue plus probable par diverses autres considérations.

Nous n'avons en somme que d'incertaines hypothèses sur l'intérieur. Quant à la forme de notre terre, nous sommes mieux renseignés; mais ce n'est pas depuis longtemps.

Fernel, le médecin de Henri II, élégant et éclectique écrivain, tenta la mesure d'un arc du méridien entre Amiens et la ferme de Malvoisine, cette ferme située au bord du grand plateau qui domine la Ferté-Aleps et qu'on aperçoit de dix lieues à la ronde dans le pays de Hurepoix. Fernel donna, dans sa *Cosmotheoria*, le moyen d'opérer avec exactitude. Mais il s'était contenté, pour obtenir la distance entre Amiens et Malvoisine, de compter les tours de roue de son coche. Le chiffre qu'il donna diffère de ceux qui furent obtenus par ses contemporains, Guellius, auteur de l'*Eratosthenes batavus de terræ ambitu* et le Père jésuite

Riccioli, qui écrivit l'*Astronomia reformata*.

Cent ans après, l'abbé Picard, chargé par le roi Louis XIV et l'Académie des sciences de trancher le différend, refaisait le voyage d'Amiens à Malvoisine et donnait raison à Fernel. Il trouva 57,060 toises au lieu de 57,070.

Vers ce temps, Newton écrivait son livre des *Principes;* et par des raisonnements théoriques, il arrivait à cette conclusion : La terre n'est pas une sphère parfaite ; c'est une sphère aplatie, ellipsoïde. Il imagina un globe d'une substance fluide comme l'eau, et de même densité ; il examinait une colonne allant du centre au pôle, et une autre colonne allant du centre à l'équateur ; celle-là soumise aux seuls effets de la gravité ; celle-ci à la fois aux effets de la gravité et à ceux de la force centrifuge ; et il concluait que la seconde colonne devait devenir plus longue que la première : il avait même calculé les proportions de l'allongement. Huygens, avec d'autres moyens, arrivait à peu près aux mêmes conclusions, mais non aux mêmes nombres.

Ces grands calculateurs n'avaient pas pu atteindre ces résultats par le seul raisonnement. Un expérimentateur, Richer, leur avait indiqué une voie féconde : il avait trouvé que le pendule qui battait les secondes à Paris, ne les battait plus dans les pays voisins de l'équateur, et qu'il le fallait raccourcir. Huygens crut d'abord qu'il y avait là un effet de la rotation de la terre. Mais l'action de la pesanteur fut bientôt reconnue. On est arrivé aujourd'hui à établir par une formule la relation existant entre la pesanteur, la longueur du pendule, et le temps des oscillations. Quand la pesanteur, ou la force d'attraction vers la terre augmente, les oscillations sont plus rapides, et il faut allonger le pendule pour qu'elles continuent à s'opérer en un même temps.

Or, si la terre est un ellipsoïde, si le cercle de l'équateur est plus grand que la courbe qui passe par les pôles, la pesanteur doit être un peu moindre à l'équateur qu'aux pôles, ceux-ci étant un peu plus rapprochés du centre d'attraction. L'expérience de Richer avait trouvé son explication théorique.

L'Académie royale de France se remit à l'œuvre pour vérifier les hypothèses de Huygens et de Newton et pour opérer des mesures précises. De nouveau on porta la toise sur le globe terrestre lui-même. Et Cassini mesura un arc du méridien, non plus d'Amiens à Malvoisine, mais de Dunkerque à Collioure. Quelle ne fut pas la surprise du monde savant quand l'habile géomètre déclara que les faits donnaient tort à Huygens comme à Newton! La terre n'était pas sans doute une sphère parfaite, mais elle était renflée aux pôles, et non aplatie.

Sous le patronage du jeune roi Louis XV une double expédition partit en 1735 : Bouguer, La Condamine et Godin allaient au Pérou, Mauperthuis, Clairaut et Le Monnier allaient en Laponie. Les études et les calculs durèrent dix ans, après lesquels l'erreur de Cassini fut démontrée et justice fut définitivement rendue à Newton et à Huygens.

Comment la terre s'est-elle formée et par quelles transformations est-elle arrivée à l'état où nous la voyons?

Il est admis que Descartes a deviné, par un trait de génie, la théorie adoptée par la plupart des géologues, celle d'après laquelle la terre est un astre refroidi, conservant une fournaise de métaux fondus sous une couche de silice et d'argile : comparable enfin à ces vases des soldats de Gédéon, dans lesquels une lampe était cachée.

Il paraît cependant que Descartes a pu connaître le danois Sténon, qui enseignait alors la même théorie, en des termes que nous ignorons. Dans les *Principes de la Philosophie*, cette hypothèse fait partie du système des tourbillons.

Descartes nous prévient d'abord qu'il ne fait que

proposer une simple hypothèse. « Je ne veux pas, dit-il, que l'on se persuade que les corps qui composent ce monde visible aient jamais été produits en la façon que j'ai décrite[1]. »

Il ne faut pas s'étonner de cette extrême modestie. Il a douté de toutes choses; il a refusé de croire à celles que son esprit ne voyait pas clairement et distinctement, suivant son expression maintes fois répétée. Et il a rebâti l'édifice de sa croyance sur les fondements que lui fournissait la connaissance de lui-même. Mais le monde extérieur! Ce philosophe qui range toutes les sensations, y compris celles du toucher et de la vue, parmi les passions de l'âme; qui, dans la 6ᵉ *Méditation* a exposé tant de raisons puissantes de ne point admettre l'existence de l'objet de ces sensations; peut-il prétendre que son âme a la vue claire et distincte du monde extérieur, avec lequel elle ne communique que par les sens; et que non seulement elle voit le monde d'aujourd'hui; mais qu'elle connaît par intuition l'histoire de la création du monde et des révolutions primitives de la matière?

Cependant, le doute exprimé, il ne craint pas (et c'est un bel exemple de ce que peut la cri-

---

1. *Principes de la philosophie*, IVᵉ partie, p. 330, Ed. Cousin.

tique scientifique) d'avancer l'affirmation suivante : « Toutes les choses que contient le monde ne laissent pas d'être maintenant de même nature que si elles avaient été ainsi produites. »

Il invoque enfin cette grande raison à laquelle on l'a vu déjà recourir, avec une foi philosophique si profonde, la véracité de Dieu. « Et certes, s'écrie-t-il, si les principes dont je me sers sont très évidents, si les conséquences que j'en tire sont fondées sur la certitude des mathématiques, et si ce que j'en déduis de la sorte, s'accorde exactement avec toutes les expériences, il me semble que ce serait faire injure à Dieu de croire que les causes des effets qui sont dans la nature et que nous avons ainsi trouvées, sont fausses : car ce serait le vouloir rendre coupable de nous avoir créés si imparfaits que nous fussions sujets à nous méprendre, lors même que nous usons bien de la raison qu'il nous a donnée. »

Le respect fait taire toute velléité de critique, en présence d'un si grand homme. Il nous paraît cependant qu'en d'autres circonstances l'argument a été invoqué par Descartes avec plus de confiance, et devait l'être. On sent cette fois, de l'inquiétude dans l'invocation au Dieu juste et véridique. Lorsque Descartes donnait la même raison de croire à la réalité de l'espace, nous pensons que l'argument était mieux employé, et nous avons dit pour quelles raisons. Le passage sublime que nous venons de citer ne paraît point tiré des calmes leçons d'un philosophe : c'est plutôt la révolte d'un nouvel Adam au pied de l'arbre de science.

Presque tous les astronomes et les géologues, s'accordent depuis Descartes à appeler la terre un astre éteint. Que l'on admette l'hypothèse de Buffon et de Laplace, ou l'hypothèse de M. Faye, on en revient à l'idée d'abord mise en avant par Descartes, à savoir que notre sphère autrefois incandescente s'est condensée et durcie, au moins à l'extérieur, en se refroidissant.

« La présente condition de notre terre, disait, en 1886, le savant géologue anglais Archibald Geikie, répond de tout point à l'hypothèse de la nébuleuse primitive. » (Or, toutes les hypothèses se ramènent à celle-là.) A l'extérieur, se présente le dernier des sédiments, la plus légère des enveloppes[1], l'atmosphère faite de gaz et de vapeurs. Sous cette enveloppe continue paraît une seconde enveloppe, celle-là déchirée, ne couvrant que les deux tiers du monde, celle des eaux de l'Océan. Ensuite, les roches solides, si loin du moins que nous pouvons

---

[1]. The lightest layer or shell in form of the atmosphere (*Class book of geology*, p. 30).

les atteindre, ont une densité double ou triple de celle des eaux. Et enfin, des observations faites au moyen du pendule à diverses hauteurs au-dessus du niveau de la mer, nous montrent, d'après l'attraction de la terre prise dans son ensemble, que sa densité doit être 5,56 fois plus grande que celle de l'eau, nombre très voisin de ce que Newton avait annoncé. »

Il faut donc qu'à partir de l'atmosphère, la densité aille croissant vers le centre. S'il est des matières tenues en fusion par le feu intérieur, elles sont lourdes; l'âme du monde est probablement faite de métaux fondus. Descartes, pour alléger la terre, plaçait au centre le plus subtil élément. Mais tout le reste est conforme à ses idées.

La terre, disait-il, centre d'un des quatorze tourbillons[1] du premier ciel, est « descendue vers le soleil jusques à l'endroit où elle est à présent », après avoir été condensée. Primitivement, « elle ne différait en rien du soleil, sinon qu'elle était plus petite[2] ». Puis des parties très subtiles, se sont assemblées, formant des nuages, semblables aux taches du soleil; elles se dissipaient, mais laissaient des débris plus gros encore que ne sont les atomes de la matière de la lumière et de la matière

---

1. *Principes,* p. 331.
2. *Ib.*, p. 331.

du ciel; c'était une matière assez semblable à celle de l'air que nous respirons. Sous cette enveloppe, les nuages opaques se reformèrent, et furent plus durables; ils finirent, en se condensant, par composer une écorce solide. « Ils l'ont peu à peu toute couverte et offusquée ; et même peut-être plusieurs couches de tels corps s'y sont entassées l'une sur l'autre. Ce qui a tellement diminué la force du tourbillon qui la contenait qu'il a été entièrement détruit[1]. »

Il se pourrait, dit-il encore, que l'espace intérieur fût maintenant tout entier rempli de la matière du troisième élément; mais « il me semble que si cela était, la terre serait si solide qu'elle ne pourrait rester si près du soleil ». Ainsi l'argument est tiré de la gravitation de la terre. Si elle était tout entière refroidie et solide, sa masse serait autre, et elle serait attirée vers le soleil.

En second lieu, Descartes suppose que la terre intérieure est divisée en trois régions. Autour de la région centrale, celle du feu, ou du premier élément, règne une enveloppe faite de ce premier élément condensé; et la matière de cette enveloppe est si serrée, si solide, qu'elle ne donnerait même aucun passage au second élément, à ce qu'il

---

1. *Principes*, p. 332.

nomme la matière du ciel; à cette subtile matière qui remplit l'espace que nous croyons vide et qui transporte la lumière. Et cette enveloppe « au commencement a été molle et fluide ».

Voici donc un grand fait sur lequel la plupart des savants sont d'accord : le refroidissement.

En effet, nous pénétrons assez loin dans l'écorce terrestre, pour trouver partout, sous les eaux et sous les couches de terrains visiblement transportés et déposés par les eaux, la première enveloppe solide, le terrain primitif qui couvre les entrailles mystérieuses du globe, et qui porte les couches sédimentaires sur lesquelles vivent ou ont vécu les animaux et l'homme.

Mais qu'est-ce que le terrain primitif?

Il y a quinze ou vingt ans les idées à ce sujet étaient plus simples qu'aujourd'hui. On a soumis à l'étude la question du refroidissement; et, admettant l'hypothèse d'un bain métallique en fusion, on a cherché dans des exemples présents ce qui se passe en pareil cas. A la surface des métaux fondus surnagent des scories; le laitier de la fonte est un mélange de la silice et de la chaux employées comme dissolvants, avec l'oxyde de fer. Ces substances plus légères, véritable écume de la matière fondue, se solidifient les premières.

On a pensé que les roches éruptives, les granits

étaient les scories de la coulée primitive. Ces scories ne surnageaient point comme la glace sur l'eau ; en se solidifiant, elles prenaient une densité plus grande, et s'enfonçaient dans le liquide : mais non sans le refroidir autour d'elles, et contribuer à la reformation d'une pellicule solide. Cette pellicule solide devait naturellement être attaquée chimiquement, être refondue en dessous.

En dessus elle devait subir aussi des attaques. Car les vapeurs enveloppant primitivement la terre incandescente se condensaient. L'eau des océans retombait sur la terre, bouillante, sous d'énormes pressions, saturée de substances solubles fort actives, telles que les chlorures alcalins.

« Ces vapeurs, dit M. de Lapparent[1] sont venues former à la surface de l'écorce un bain d'une puissance chimique considérable, suffisante pour déterminer, dans les matériaux de la croûte, une cristallisation semblable à celle que produisent les réactions de la voie humide. Le même bain ne pouvait non plus manquer d'exercer sur l'écorce une action mécanique analogue à celle que la mer exerce sur ses rivages. A peine formées les roches primitives étaient exposées à une désagrégation, bientôt suivie, sans doute, d'une cristallisation

---

1. Lapparent. *Abrégé de Géologie* p. 127. G. Masson. Paris, 1893.

nouvelle des éléments un instant séparés. De plus les matières fondues sous-jacentes devaient, soit refondre partiellement la base de la croûte, soit s'y injecter fréquemment en forme de veines ou veinules.

On est donc conduit à se représenter le terrain primitif comme une sorte de produit mixte, né du refroidissement, mais où les signes de l'état igné auraient été rapidement effacés par une cristallisation chimique; massif à l'origine, mais soumis aussi bien à la base qu'au sommet à des actions qui ont dû lui imprimer quelques-uns des caractères des dépôts stratifiés, notamment un arrangement des éléments en zones plus ou moins parallèles. »

Il ne faut donc pas nous figurer que le globe liquide s'est simplement durci à sa surface, comme un lac se couvre de glace, en temps froid. Un bain métallique en fusion a poussé hors de son sein des scories; elles ont été refondues et retravaillées, par le dedans et par le dehors. Il n'en est pas moins vrai que sous les terrains sédimentaires, déposés plus tard, après plus complet refroidissement par le travail des eaux, on retrouve avec les mêmes caractères, l'écorce primitive.

Elle est faite surtout de silicium et d'oxygène. Le gaz oxygène entre pour près de moitié dans sa substance. Il était libre au temps de l'incandescence de notre astre, au temps où une énorme chaleur maintenait les éléments dissociés. Il a dû ensuite être dissous en grande quantité dans la masse métallique liquéfiée, et l'oxydation s'est faite pendant que la température diminuait. Le gaz combiné est devenu un élément des roches solides.

Les géologues de nos jours prétendent même nous faire voir comment les choses se sont passées. Parmi les roches, d'origine ignée, ils ont pu établir deux classes : il va sans dire qu'entre ces deux classes les confins sont assez vaguement déterminés. Il y a des roches *basiques* dans lesquelles la silice est relativement peu abondante, (47 à 48 0/0) et des roches acides contenant de 67 à 76 0/0 de silice. Les premières sont les plus lourdes, et se rencontrent à un étage plus bas ; elles se sont enfoncées au moment où la coulée s'épaississait avant de devenir solide. Elles sont les moins oxygénées, ayant achevé de se refroidir loin de l'air libre : là se trouvent les pyrites, le fer oxydulé, quelquefois le fer natif. Bunsen distinguait la pâte normale pyroxénique, celle des roches basiques, et la pâte normale trachytique des roches acides[1].

1. Lapparent, *Géologie*, p. 587.

Ces observations fournissent un appui manifeste à la théorie cartésienne : et nous suivons là les phases du refroidissement de l'astre qui est devenu la terre.

Le granit, élément essentiel du terrain primitif est ainsi caractérisé[1] : « Un agrégat de cristaux définis, entourés par une pâte également cristalline... Les minéraux essentiels du granit sont le quartz, le feldspath et le mica.....

« Le granit est *gneissique*[2], quand ses éléments manifestent une certaine tendance à l'orientation. » Sur la coupe d'un granit gneissique, on voit les cristaux incorporés dans la pâte commençant à se ranger en bandes dirigées dans le même sens.

Voici la définition du gneiss[3] : « Un agrégat à *texture rubanée...* Il ne se distingue du granit que par le parallélisme des lamelles de mica et aussi en général par l'allongement des grains de quartz, qui affectent une forme lenticulaire. »

Cette croûte primitive se retrouve sous les autres terrains, en tous les points de l'univers. Nous la découvrons à la crête des monts, au fond des mers, partout où nous avons pu pénétrer

1. Lapparent, *Géologie*, p. 596.
2. P. 597.
3. P. 650.

assez avant à travers les couches supérieures, et partout où ces enveloppes ont été percées par quelque rugosité de l'antique écorce et où celle-ci se montre à nu. Elle se montre, dans les cimes escarpées, déchirées des grandes montagnes ; leur tête perce à travers le manteau des terrains sédimentaires, lesquels tombent en lambeaux le long de leurs flancs. Elle se montre aussi dans des contrées plus accessibles. On trouve les roches primitives, dit M. Geikie, dans les pays scandinaves et aussi dans l'Écosse et les Hébrides, qui firent autrefois partie du même continent. On les suit en Finlande, et à travers toute la Russie, jusqu'au centre de la chaîne de l'Oural... Elles apparaissent par places isolées en Bavière, en Bohême, en France. On pense qu'elles occupent deux millions d'acres dans les régions septentrionales de l'Amérique du Nord où l'on distingue la partie Laurentienne, du nom du fleuve Saint-Laurent, et la partie Huronienne : cette dernière, plus récente et plus riche en roches acides... Dans l'hémisphère austral, dans l'Australie, dans la Nouvelle-Zélande, les gneiss et les schistes apparaissent aussi, sortant de dessous les plus anciens terrains à fossiles et présentant toujours les mêmes caractères.

Le plus frappant et le plus universel de ces caractères, c'est qu'il n'y a point trace de vie dans le terrain granitique : là est le signe principal auquel on le reconnaît, et celui qui doit ici présenter pour nous le plus grand intérêt. Quand la coulée s'est faite, aucune des conditions de la vie n'était remplie. La vie a besoin de l'eau liquide, et de la température et de la pression qui maintiennent l'eau à l'état liquide. Son sort est lié à celui de l'eau.

La terre primitive, c'est donc la terre sans cadavres. Lorsque, de lave bouillante, elle est devenue terre, elle était pure de tout germe, comme le sont les bouillons stériles de M. Pasteur. Alors toutes les eaux de l'océan flottaient à l'état de vapeurs parmi les gaz de l'atmosphère. Avec les pluies diluviennes précipitées sur le sol fumant, avec les lacs, les rivières et les mers, la vie apparut.

Mais non spontanément et par les réactions de la matière minérale. Quand la terre devint tempérée les conditions de la vie étaient réunies. Mais le premier germe n'était pas créé. Si une première cellule vivante n'avait été créée, la terre, tempérée, éclairée par le soleil, arrosée par les pluies, serait restée stérile et déserte; et les diverses couches sédimentaires ne garderaient pas plus de traces de vivants que le terrain primitif.

Le silicium avait été le principal élément de la

substance minérale du globe. Le carbone, corps de la même famille que le silicium, doué d'affinités nombreuses et mobiles, combiné aux éléments de l'air et de l'eau, a été le principe essentiel de la substance organique, et s'est prêté, après la création du premier germe, aux échanges de la vie.

Les traces de la vie, commençant par les algues, les fucus, les mollusques des temps palæozoïques, finissant par les vertébrés, les mammifères et l'homme, ont surtout permis de distinguer les diverses couches de terrains sédimentaires, déposées les unes sur les autres, au-dessus de l'écorce primitive.

Les idées que nous venons d'exposer sont d'une manière générale, celle de l'école dite *Vulcanienne*. L'état primitif incandescent; la solidification par refroidissement, la conservation du feu intérieur : ces hypothèses vulcaniennes ont été admises par Descartes, Leibnitz, Buffon, Laplace, Cuvier.

A partir de la formation de la première couche solide, et de la chute des eaux rendues à l'état liquide, tout le monde devient *Neptunien*, car tout le monde attribue au travail des eaux le dépôt des terrains sédimentaires. Mais les Neptuniens véritables, sans nier que le monde soit un astre refroidi, remontent aux temps de la formation de la primitive écorce et pensent que les terrains dont elle est faite se sont déposés comme les autres terrains dits de sédiment. Un Vulcanien pensera, avec Cuvier, que les montagnes de granit ont été fondues; un Neptunien aimera mieux croire qu'elles ont été dissoutes, ou au moins que leur matière a été en suspension dans des liquides, au sein desquels elles se sont déposées.

Ces liquides étaient bien différents de ceux de nos régions tempérées. C'étaient des eaux, mais des eaux portées à une température bien supérieure à 100 degrés, température à laquelle, sous la pression de notre atmosphère, elles passent à l'état de vapeurs.

« Quoique solide, dit M. Geikie, la surface devait être au rouge vif, comme le fer fondu. Sur ce noyau brûlant s'étendait l'atmosphère primitive, non point seulement faite des gaz qui composent aujourd'hui la nôtre; mais des vapeurs incandescentes plus tard condensées en l'océan ou absorbées dans la terre. C'était une enveloppe chaude et lourde sous le poids de laquelle les premières eaux condensées ont pu être maintenues liquides à la température du plomb fondu. A mesure que la vapeur se changeait en eau, elle entraînait avec elle des chlorures gazeux de sodium, de magnésium, dont l'atmosphère primitive était chargée :

le premier océan fut non seulement brûlant, mais extrêmement salin[1]. »

Quelle pouvait être alors la pression atmosphérique? On évalue la quantité d'eau existant en notre globe, l'eau des mers, des fleuves et des nuages, à un milliard cinq cents millions de kilomètres cubes. Cette masse d'eau si elle était également répartie sur toute la sphère terrestre, l'entourerait d'une enveloppe épaisse de 3,000 mètres, exerçant une pression de 300 atmosphères. Et, toute cette eau étant réduite en vapeurs, la pression serait plus forte encore, des chlorures étant aussi volatilisés. Si donc une première partie des eaux s'était condensée, Geikie n'exagère pas en affirmant que sous cette pression énorme elle pourrait être maintenue liquide à la température du plomb fondu.

Les Vulcaniens aussi se représentent un océan primitif. Sur toute la surface du monde s'étendait, a dit Cuvier, un liquide inconnu, une mer sans habitants. Seulement ce liquide inconnu n'était point l'eau, même surchauffée, même sursaturée de matières salines. Quand cette mer sans habitants roulait ses flots, toutes les eaux de notre

[1]. Archibald Geikie, p. 303. On sait que la pression atmosphérique et le fait de tenir des sels en dissolution sont deux conditions contribuant à élever le point d'ébullition de l'eau.

océan flottaient en vapeurs dans l'atmosphère. Le travail des eaux n'a commencé qu'après la solidification de l'écorce primitive.

Flourens, en faisant l'éloge de Léopold de Buch, a prétendu que Buffon était le premier coupable de la mémorable querelle entre les Vulcaniens et les Neptuniens. Dans sa *Théorie de la terre*, Buffon n'a parlé que du travail des eaux ; et dans son autre livre la *Formation des planètes*, que de l'œuvre du feu. Ce n'est qu'en un troisième écrit, *Les Époques de la nature*, qu'il attribue à chacun des deux éléments sa place et sa part. Mais il était trop tard, dit Flourens, déjà deux écoles s'étaient formées : les Vulcaniens étaient guidés, en Angleterre, par Hutton et Playfair, en France, par Dolomieu et Desmarets ; les Neptuniens tenaient bon en Allemagne à l'école de Freyberg, sous le gouvernement de Werner.

Cuvier a prononcé un discours célèbre sur les *Révolutions de la surface de la terre* ; là, comme Buffon en son dernier ouvrage, et malgré quelques contradictions aigrement relevées dans les notes du neptunien Passard, il tient équitablement la balance entre les deux écoles.

Ce qui sans doute est fort sage ; car, en lisant les passages de M. de Lapparent, que nous avons cités plus haut, sur la formation de l'écorce primitive, on a vu que les gneiss, d'origine ignée, présentaient aussi certains caractères propres aux dépôts stratifiés. L'étude des pierres et des cristaux depuis une quinzaine d'années a empêché d'adopter exclusivement le système vulcanien. Les cristaux de granit ne se sont pas formés, comme on dit en chimie, par la voie sèche ; à certains signes on reconnaît la cristallisation par la voie humide, dans des dissolvants et sous de grandes pressions. Il faut être éclectique et chercher des explications dans l'un et l'autre système [1].

Une autre discussion a eu lieu et dure encore entre les géologues, mais portant sur les périodes qui ont suivi le refroidissement. De brusques convulsions sont-elles venues modifier la surface de la terre, ou au contraire les changements se sont-ils produits par un lent et insensible travail ?

Cuvier croit aux cataclysmes et aux révolutions.

Il s'exprime avec la clarté qui convient à un savant, avec la pompe élégante d'un académicien

---

1. Est-on bien sûr d'ailleurs que la voie humide ou la voie sèche soient obligées, et que les molécules ne puissent point se ranger dans la forme cristalline, à moins d'avoir été ou dissoutes ou fondues? M. Friedel a reproduit des cristaux de quartz, en chauffant à plus de 200 degrés, en vase clos, la silice gélatineuse en présence de l'eau. Il ne semble pas que la silice ait pu être soit dissoute, soit fondue : sous l'énorme pression, les molécules se sont groupées et resserrées, suivant leur orientation naturelle, en forme de cristaux.

et il a même des remarques dignes d'un pair de France de Louis-Philippe. C'est lorsqu'il dit, par exemple, qu'en parcourant nos belles campagnes, semées de paisibles villages où aucun abus du pouvoir n'est plus à craindre, on a peine à croire que la nature, comme l'humanité, ait eu ses jours de révolution.

Il commence par l'examen des terrains bas : si l'on y creuse un puits profond, on traversera des couches de terres différentes, distinctes par leur composition et leur apparence, et par les innombrables débris d'êtres vivants qu'elles contiennent : ces restes, ces fossiles ne sont pas les mêmes dans les diverses couches de terrains. A des signes invariables on reconnaît qu'ils ont appartenu à des animaux marins. La mer a donc changé de place.

Si nous montons sur les collines, nous retrouvons les couches de terrains superposés. Seulement ces couches ne sont plus horizontales; elles se sont redressées; elles sont quelquefois presque verticales. Et quelquefois au-dessus de ces couches redressées, d'autres se sont déposées suivant le plan de l'horizon, évidemment depuis la catastrophe qui a redressé les premières. Ici encore abondent les coquilles, conservées souvent dans leurs parties les plus fines et délicates, et par conséquent doucement déposées dans le limon des eaux. La mer a donc couvert de hautes collines et inondé la plupart de nos continents.

Enfin Cuvier nous mène au pied des grandes chaînes de montagnes, telles que les Alpes ou les Pyrénées. Leurs crêtes ardues et déchirées ne rappellent en rien les contours arrondis des collines. C'est la carcasse du monde, qui perce à travers les terrains de sédiment.

Ici, plus aucune trace d'être vivant[1]. Mais on reconnaît, dit Cuvier, par la stratification, par la cristallisation, que ces masses granitiques ont été liquides; par l'obliquité, qu'elles ont été bouleversées; par l'enfoncement sous les terrains à coquilles, qu'elles sont antérieures à ces terrains; enfin par la hauteur des pics, qu'elles étaient déjà sorties des eaux quand les couches coquillères se sont déposées.

Les eaux se sont déplacées, laissant leurs traces sur nos continents. Des dépôts se sont effectués; puis il y a eu des temps d'arrêt, et ensuite d'autres dépôts ont commencé. Le travail n'a point été continu, et comme dit Cuvier, la surface du globe a subi des révolutions.

[1]. On a trouvé pourtant des fossiles à plus de 4,000 mètres de hauteur. Le prince Henri d'Orléans en a rapporté des hauts plateaux du Pamir.

Nous pouvons bien admettre que les anciennes roches aient été détruites par les eaux, et que les masses détritiques soient retombées au fond, sous forme de sable ou de vase, d'où naissent les sédiments arénacés ou argileux. Mais comment expliquer les temps d'arrêt? Il faut bien que les eaux se soient retirées, et qu'elles soient revenues, chaque fois qu'une nouvelle couche s'est étalée sur les autres. Il paraît que sur les bords du Nil, on reconnaît la couche de limon de chaque année : c'est que l'œuvre a été interrompue; l'inondation revient tous les ans.

On a pu reconnaître quatre périodes dans l'histoire du monde. La quatrième dure encore.

Pendant ces quatre périodes, et par le travail des eaux, se sont déposées quatre séries de terrains, formant autant d'enveloppes de la sphère. Mais ces enveloppes ne sont pas complètes. Soit que les dépôts n'aient pu s'effectuer identiquement sur la surface entière de la sphère, soit que pendant les déluges, certaines parties n'aient point été couvertes, on n'est pas obligé de descendre uniformément les quatre étages, pour pénétrer jusqu'au sol primitif; mais on voit émerger sous le ciel tantôt l'un, tantôt l'autre des terrains sédimentaires, et en certaines contrées, le terrain primitif.

Cuvier prétend que l'erreur des hommes a été de croire à un seul déluge : plusieurs fois la terre a été couverte par les eaux. On a eu grand tort, dit-il, de n'admettre que deux mutations dans les choses : la création et le déluge.

Cuvier, ses contemporains, presque tous ses devanciers pensent que ces révolutions ont été subites. Les eaux se sont précipitées, les montagnes se sont soulevées.

Pour les montagnes, leur poussée est postérieure aux premiers déluges : car nous voyons sur leurs flancs des couches sédimentaires redressées. Nous voyons aussi des couches sédimentaires horizontales, venant mourir aux pieds des montagnes, contre la surface montante des premières couches. Comment cela peut-il être expliqué? C'est que d'autres déluges ont déposé ces dernières couches; et, suivant Élie de Beaumont, la montagne est plus jeune que les premières couches, plus vieille que les secondes.

Pour expliquer les révolutions du globe, plusieurs hypothèses ont été proposées. Burnet, en 1681, racontait que la première croûte du globe n'avait été qu'une trop mince pellicule et qu'elle avait crevé, lors du déluge. C'est à peu près ainsi que M. Faye explique les éruptions, non pas d'eau, mais d'hydrogène, qui se montrent à la surface du soleil. « Il se forme, dit-il, une sorte de croûte qui, si elle se solidifiait entièrement, supprimerait bientôt toute radiation. Mais cette croûte, d'abord très mince, peut très bien s'effondrer..... »

Un autre Anglais, Woodward, en 1702, avait eu l'idée suivante : Dieu a supprimé quelque temps la cohésion entre les atomes. Toute la matière est devenue fluide ; et c'est alors que les coquilles fossiles se sont enfoncées dans la masse. Il paraît que, pour les coquilles, le lien de la cohésion n'avait pas été rompu.

Pour le moment, l'ère des révolutions serait terminée. Si la terre est un soleil éteint, gardant encore, sous une croûte assez mince, un noyau incandescent ; la croûte ne changerait plus guère. Tout le dessous est fait de matières autrefois en fusion, dont le dépôt, après la coulée, s'est opéré dans l'ordre de leurs densités comme dans l'expérience de la séparation de deux métaux par coupellation. Sur cette sphère durcie, se sont abattues les eaux, qui à l'âge précédent flottaient alentour à l'état de vapeur, et alors a commencé l'érosion des terrains primitifs, et le transport des débris par les eaux, enfin le dépôt des couches sédimentaires. Alors aussi apparaissent les premiers vivants, les étroites conditions où la vie est possible étant réalisées sur la terre.

Ensuite sont venues les dislocations résultant du rétrécissement du globe, et le redressement des montagnes dans lesquelles sont devenues presque verticales les couches primitivement déposées suivant le plan de l'horizon.

Maintenant, tout cet arrangement ne change plus beaucoup. Quelques volcans, quelques dunes mouvantes, quelques embouchures de fleuves, présentent encore des phénomènes géologiques, et montrent, en quelques points du globe, comment les choses ont dû se passer dans l'ensemble, aux premiers temps. Mais l'histoire des grands événements est close.

De semblables idées, on le comprend, ne sont pas acceptables pour les philosophes qui conçoivent la marche des phénomènes suivant une évolution continue. L'hypothèse de cataclysmes suivis de temps de repos est contraire à leurs vues, et il a fallu chercher pour eux d'autres explications.

Darwin a eu son géologue, sir Charles Lyell. La correspondance des deux savants est d'un grand intérêt. Leurs doctrines se complétaient et avaient besoin l'une de l'autre. L'un ne croyait pas aux espèces invariables, à la séparation des races, créées telles qu'elles devaient demeurer, et marquées pour toujours d'un caractère indélébile.

L'autre ne croyait pas aux grandes époques géologiques, fixant la fin d'une série de phénomènes et le commencement d'une autre série, et divisant l'histoire de notre planète en chapitres distincts. L'un pensait que les formes animées par la vie étaient encore en train de se modeler suivant les besoins de l'être, en subissant à chaque génération une insensible retouche. L'autre ne pouvait admettre que notre terre se fût refroidie et durcie à tout jamais : et il soutenait que l'écorce de la planète, de nos jours encore, était soumise à une lente cuisson.

En effet, bien d'autres géologues admettent la continuation du travail superficiel par les vents, les eaux et les glaces : la formation des dunes, celle des moraines, le dépôt des sédiments, par exemple à l'embouchure des fleuves. Cela ne suffit pas à sir Charles Lyell : il nous montre la continuation de l'action plutonienne, la métamorphose des dépôts postérieurs à la naissance des vivants, en masses cristallines granitiques pareilles à celles que nous croyons résulter du premier refroidissement du globe et de la première solidification de la croûte terrestre.

L'écorce primitive n'a point été faite, une fois pour toutes, avant le travail des eaux. Elle se recuit encore. Des roches sédimentaires peuvent subir une pression assez forte, et reformer dans ce monde refroidi assez de sources de chaleur pour changer d'aspect, perdre toutes les traces qu'elles contenaient de la vie animale et végétale et devenir des sortes de granits. Alors le travail recommence.

Le phénomène est connu sous le nom de métamorphisme.

Et alors sommes nous sûrs de connaître la coulée primitive? Le gneiss lui-même en certains endroits paraît être un produit métamorphique, un schiste injecté de granit.

Puis quand on arrive à l'action des eaux, pourquoi supposer plusieurs cataclysmes diluviens? L'œuvre diluvienne se poursuit tous les jours, beaucoup moins par les mers que par les neiges et les fleuves. On a évalué la masse des continents et des îles, la quantité de terre qui dépasse le niveau des eaux : elle est de cent millions de kilomètres cubes[1]. Or, chaque année, le travail des eaux courantes, environ quinze fois plus efficace que celui des mers, déplace et entraîne vingt kilomètres cubes. En cinq millions d'années les continents doivent être détruits. Et, en de si longues périodes, il peut se produire,

---

[1]. Je dois ces renseignements et ces chiffres à l'obligeance de M. de Lapparent.

entre les mers et les terres, par les changements
du relief, des perturbations d'équilibre, inaugurant
de nouvelles séries de stratification.

Nous n'avons garde d'exprimer ici une opinion:
au sujet des théories évolutionnistes en général,
nous nous sommes expliqué ailleurs [1]. Si l'on
admet trois séries dans l'évolution, celles de la
matière, de la vie, et de la pensée; si l'on ne nous
oblige point à croire à l'éternité d'un monde contingent, à l'apparition spontanée de la vie, à la
transformation de l'énergie en idées ; si on laisse
coexister trois mondes distincts, il n'y a nulle
objection à admettre, en chacun de ces mondes,
le progrès continu des phénomènes.

Ici, nous avons voulu seulement indiquer à
grands traits ce que l'on sait de la terre qui nous
porte; essayant de démontrer la réalité objective du
monde extérieur, nous devions citer l'exemple de
connaissances essentiellement concrètes. La géologie est la science concrète par excellence.

Pourquoi notre connaissance astronomique de
la terre est-elle plus parfaite que notre connaissance géologique? Chose singulière, ce que nous
savons le mieux de la terre que nous habitons est
précisément ce que nous en saurions, si nous
habitions Mars par exemple, à des millions de

---

1. V. *l'Évolution et la Vie.*

lieues d'elle. C'est que la matière, quand les faits observés sont trop complexes, devient impénétrable. La trop grande abondance des renseignements dissimule la loi.

Nécessaires ou non, des lois générales existent dans l'esprit; leur être est intellectuel; elles pourraient être encore, sans que la matière existât. Un physicien aperçoit une loi, celle du pendule, par exemple. On dira : il n'y aurait point de loi du pendule, sans un pendule. On aura tort, malgré l'apparence; puisqu'aucun pendule matériel n'obéit absolument et ne peut obéir à la loi. Elle suppose un fil sans extension, un poids sans étendue, un point d'attache sans frottement. C'est une idée. Introduisez la matière et la loi est faussée. La physique, l'astronomie deviennent ainsi des sciences abstraites.

Mais rien de plus concret que la géologie, et rien de plus contingent. Ce n'est pas une science mais plutôt une synthèse des autres sciences physique, chimie, histoire naturelle, qu'elle appelle tour à tour à son aide, quand elle essaye d'apercevoir une vérité générale, au milieu de la multitude des faits.

Dans l'étude géologique, la matière abonde jusqu'à envelopper et écraser l'esprit. Il n'aperçoit plus, et ne conçoit pas même la possibilité de chercher des lois générales, comme celles de l'hydrostatique ou celles auxquelles obéissent les gaz; au milieu des soulèvements, des gisements, des couches de terrains superposés, il tâche de deviner l'histoire des changements brusques ou lents survenus dans l'enveloppe du globe terrestre.

Que nos yeux quittent la terre, et qu'ils suivent le cours des astres : la matière s'évanouit; les mondes deviennent des points en mouvement; et les lois mathématiques se montrent dans leur rigueur, et avec leur caractère de nécessité. Les distances réciproques, les vitesses, les attractions des corps célestes sont calculées exactement.

Mais si nous rentrons en ce monde, et retombons les pieds dans son argile, à l'ombre de ses montagnes et de ses rochers, la matière a grandi autour de nous; et en même temps l'idée simple s'envole. La loi, deux mondes nous la font apercevoir; et dans deux poignées de sable nous la perdons de vue. Le raisonnement est en défaut, car le problème est trop compliqué. Les grands vides de l'espace interstellaire, ces moments de silence et de repos de la nature, permettaient à la raison de se reconnaître et de conclure : elle est vaincue par la multitude inextricable des phénomènes. De même que quelques planètes isolées ont fait connaître la gravitation, de même quelques notes isolées ont fait comprendre l'acoustique : on n'étudierait pas l'acoustique au milieu des cris de la foule ou du vacarme de la tempête.

La géologie n'est point mathématique. Elle est chimique et physique, si l'on peut comparer les expériences du laboratoire à celles de la nature. Ce qui n'est pas toujours vrai, tant les masses et les forces en action et par conséquent les phénomènes diffèrent. Le laboratoire du géologue, c'est le glacier, le volcan, le lit des fleuves, ce sont les dunes de la mer.

La géologie est une science d'observation, essentiellement objective, toute fondée sur le témoignage des sens, et n'atteignant, en fait d'idées générales, que de grandes hypothèses. Certes, aucun géologue ne peut espérer raisonner sur le dépôt des terrains, à la façon dont Pascal, par exemple, raisonnait sur l'équilibre des liquides, découvrant sans expérience et *à priori* la presse hydraulique. Mais par cette raison même, la géologie nous est un solide garant du monde extérieur. Nous sommes au sein de la matière; elle nous touche, elle nous entoure; on pourrait dire qu'elle nous aveugle et nous étouffe. Pendant que nous lui demandons le secret de son histoire, et que nous cherchons en elle (c'est notre meilleure ressource) les vestiges des êtres vivants qui nous ont précédés, nous ne pouvons plus nous retirer comme Berkeley dans le monde intellectuel, et déclarer que les impressions de nos sens ne sont que des phénomènes moraux et subjectifs, derrière lesquels n'existe aucune réalité.

Ils existent, bien que pouvant, à d'autres yeux, offrir d'autres formes et d'autres couleurs, ces océans dont la matière mobile couvre les deux tiers du globe. Elles existent ces montagnes qui portent leurs durs et lourds sommets dans les nuages et qui se dressent comme de hautes barrières, entre les pays habités. Elles existent aussi, ces couches de terrains dissemblables déposées l'une sur l'autre, à travers les siècles, recouvrant les scories uniformes de l'astre éteint, et conservant les ossements pétrifiés ou les coquilles des premiers vivants.

Rien ne donne plus nettement le sentiment de la réalité, que la géologie, parce que rien n'est plus contingent. Ici, point de spéculations, point de lois rationnelles; mais seulement des faits. Le ciel pour les astronomes est un grand traité de mécanique : que tous les astres s'évanouissent, et la mécanique restera vraie. La terre est un livre d'histoire.

XV

L'ATOME

Nous avons pensé, par l'exposé qui précède, compléter notre chapitre intitulé : Matière. Ici, en proposant des exemples, nous voulons achever le chapitre qui concernait les Théories.

Que nous apprend la chimie de l'essence intime de la matière et de ses combinaisons ?

« La seule méthode, dit Ostwald, qui permette de reconnaître si un corps est simple ou composé, s'il est un élément ou une combinaison, consiste à le supposer composé et à lui appliquer tous les moyens de décomposition que l'on connaît... Le concept d'un corps simple dans le sens chimique, est celui d'un corps non décomposé, et non pas celui d'un corps non décomposable... »

Quelques corps réputés non décomposables ont, en effet, été décomposés ; mais le nombre n'en est pas grand. Environ soixante corps ont gardé le nom de corps simples, ayant résisté à tous les procédés d'analyse, notamment à celui qu'on peut uniformément appliquer à toutes les combinaisons qu'on veut rompre, l'élévation de température.

La chaleur dissocie toutes les molécules. Quand elles se forment, par le rapprochement de plusieurs atomes, il y a dégagement de chaleur, transformation de chaleur d'œuvre en chaleur sensible ; comme lorsque le gaz passe à l'état liquide. Et inversement, il y a absorption de chaleur, quand les molécules se rompent et que leurs éléments se séparent.

Comme on mesurait la tension de vapeur, on a pu mesurer aussi la tension de dissociation : la vapeur d'eau, par exemple, étant surchauffée, de l'oxygène et de l'hydrogène se sépareront, et la dissociation s'arrêtera, après une certaine quantité séparée, à une certaine température. La proportion des gaz libres augmentera à une température plus haute ; chaque degré de chaleur correspond à une tension maxima.

Dans le soleil toutes les substances sont dissociées : les corps simples y sont à l'état de vapeurs, reconnaissables par les raies de leur spectre. Dans les astres en voie de refroidissement, des corps composés se forment ; et des équilibres s'établissent : équilibres entre des tendances opposées ; car, d'une part, par la combinaison des atomes, la chaleur est mise en liberté, et, d'autre part, la chaleur tend à dissocier les atomes. Au moment où en est la terre, dans les conditions tempérées où l'eau est liquide et où la vie pullule, la matière se présente à nous presqu'entièrement à l'état de combinaison, et c'est par l'analyse que devait naturellement commencer l'œuvre de la chimie.

Comment a-t-on été amené à calculer le poids relatif des atomes? Comment la chimie a-t-elle fait de ce concept : l'atome, une probabilité équivalant presqu'à une certitude? Nous le dirons un peu plus loin.

Mais d'abord comment concevons nous l'atome? Le mot d'infiniment petite particule est tout à fait impropre. La matière est-elle divisible à l'infini? Ç'a été l'objet d'une fatigante et oiseuse discussion.

Dire : les atomes sont si petits qu'on ne peut les diviser, serait une affirmation privée de sens. Car s'il s'agit d'une division faite par la pensée, l'espace plein comme l'espace vide peuvent être divisés à l'infini : le travail consiste à ajouter des zéros au dénominateur d'une fraction ; et on ne conçoit pas comment cette question a quelquefois occupé les philosophes.

S'il s'agit de division matérielle, notre main aidée d'un instrument ira plus loin que sans instrument; et la chimie poussera encore beaucoup plus loin les opérations que ne pourra le faire la physique. Mais il y a une limite. En effet, les atomes sont inégaux en poids. Dans leur petit volume, il n'y a point de pores : tout est plein. Leur densité doit donc être maxima et la même pour tous. On en doit conclure que leurs volumes[1] sont différents comme leurs poids et proportionnels à ces poids. Un atome plus lourd qu'un autre est en même temps plus gros.

Nous disons qu'ils sont pleins, et que leur densité est conséquemment la même pour tous.

En effet, pouvons-nous supposer qu'une quantité donnée de matière se dilate sans qu'il y ait disjonction des particules pleines, et production et agrandissement de parties vacantes qui les séparent? Pouvons-nous concevoir qu'une quantité de matière occupant un certain volume soit amenée à en occuper un plus grand, tout aussi complètement, sans se disloquer et sans laisser de vides? C'est ce que notre esprit ne conçoit pas : bien que l'opinion ait été soutenue. Deux portions d'espace remplies constituent deux objets matériels ; un de ces objets ne peut occuper la même place que

---

1. Nous parlons ici du volume de l'atome lui-même. Ce qu'on entend en chimie par volume atomique (rapport de la densité au poids atomique dans les solides) est tout autre chose.

l'autre ; il ne peut pas davantage occuper tantôt les deux places et tantôt une seule. S'il paraît se dilater ou se contracter, c'est que ses parties sont disjointes et s'éloignent ou se rapprochent.

Il y a donc de gros et de petits atomes, s'il y en a de lourds ou de légers.

Quand le point d'évaporation est dépassé, toutes les attaches rompues : les atomes se sont séparés et volent librement dans l'espace. Ils se fuient même et leur tendance à s'éloigner les uns des autres est rendue manifeste par la poussée qu'ils font subir aux parois des vases dans lesquels on les enferme.

Cette poussée est produite, suivant les physiciens, par le total des innombrables chocs des atomes contre les parois. C'est un bombardement de grêlons très petits et parfaitement élastiques, car, le coup porté, ils reprennent leur course en sens inverse avec la même vitesse.

Nous, qui sentons passer sur notre face et nos mains, le souffle de l'air, nous avons peine à nous figurer ainsi les choses. Il nous semble qu'un fluide continu et mobile nous enveloppe et non une grêle de petits objets solides. Nous n'imaginons pas le gaz comme un solide réduit et envolé en poussière.

Il faut bien cependant l'imaginer ainsi. D'une

part, dans la combinaison de deux corps, des particules de chacun ayant toutes le même poids, sont restées entières, unies seulement aux particules de l'autre. Et, d'autre part, lorsque par l'absorption de la chaleur en l'un de ces corps, une vitesse suffisante a été communiquée à ces particules, elles se sont séparées, occupant aussitôt un volume beaucoup plus grand. Mais si, dans l'intimité de la combinaison avec les particules d'un corps étranger, elles sont demeurées les mêmes, elles demeureront aussi les mêmes lorsqu'elles ne feront que recevoir une addition de force vive et acquérir une nouvelle vitesse.

L'atome, c'est une particule absolument pleine et incompressible. Les atomes sont très petits, indivisibles par les moyens physiques dont nous disposons. Mais notre raison peut concevoir qu'ils soient rompus : ce ne sont pas des infiniment petits. Étant admis que ce mot réponde à un sens véritable, il ne saurait être employé ici, où il nous faut admettre des atomes de différents poids et, par conséquent, de différentes grandeurs, car la densité étant la même, le plus lourd est aussi le plus grand.

Schopenhauer a raison de dire : « Absolument incompressible, il ne serait pas absolument indivisible... De tels corps peuvent se supposer aussi bien grands que petits, et un atome pourra être aussi grand qu'un bœuf pourvu qu'il résiste à toute attaque[1]. »

« Imaginez, a dit encore Schopenhauer, deux corps de nature très différente et qu'on aurait dépouillés de tous leurs pores par compression, comme au moyen de marteaux, ou par pulvérisation : leurs poids spécifiques seraient-ils devenus égaux? Ce serait là le critérium[2]. »

Le martelage augmentera le poids spécifique : mais jamais assez pour arriver à ce plein absolu, qui se réaliserait si tous les pores étaient comblés. Si cette condition était réalisée, oui, le poids spécifique devrait être le même pour tous les corps.

Pourrait-on en conclure que dans l'intérieur des atomes la substance est la même? Serait-ce une raison de croire à l'unité de la matière? Ne peut-on soutenir que lorsque deux portions d'espace, de forme et de grandeur égales sont entièrement remplies, elles sont identiques, et qu'il est impossible à notre esprit de concevoir entre elles aucune différence? La plupart des caractères auxquels nous reconnaissons des différences entre les

---

1. *Le Monde comme volonté et comme représentation.* Trad. Burdeau, tome III, p. 117.
2. *Loco citato.*

substances, ne doivent-ils pas disparaître, si cette condition est réalisée : le plein absolu?

Tel est notre sentiment et il nous paraît même que cette substance des atomes doit être identique à la substance environnante de l'éther. Elle est aussi absolument dense. Or, deux portions d'espace absolument vides ne diffèrent en rien; est-on sûr qu'elles puissent offrir plus de différence étant absolument pleines?

Mais alors comment les atomes se distingueront-ils de l'éther environnant? Par la forme qu'ils possèdent et probablement aussi par leurs mouvements vibratoires et les vitesses dont ils sont doués. L'éther invisible est la matière amorphe; la matière à l'état moléculaire a une forme. A cette condition elle est visible, tangible, pondérable, perceptible pour nous.

Entre eux, les atomes se distinguent par leur forme, en même temps que par leur grosseur. Grosseur et forme qu'aucun artifice physique ne peut modifier. Si l'on pouvait les rejeter et dissoudre dans l'éther, si on pouvait les y puiser et les en faire sortir, il ne serait pas vrai que rien ne se perd et rien ne se crée. Mais nous ne pouvons rien faire de semblable. Et tel est le sens de l'axiome de Lavoisier.

Incompressibles, absolument solides, indéformables, ils doivent durer autant que cet univers. Ils se prêtent à d'innombrables combinaisons, mais gardent leur figure propre à laquelle sont liées leurs propriétés distinctives, telles que leur valence chimique, supérieure trois fois dans l'azote, quatre fois dans le carbone à celle de l'hydrogène; ou leurs caractères spectroscopiques.

Ainsi se conservent les différences entre les corps simples. Si l'on pouvait saisir un atome de platine, et le réduire à la grosseur et le tailler à la forme d'un atome d'or, il n'est guère douteux que le problème de la transmutation des métaux ne fût résolu. Mais, bien que la substance soit au fond la même (on ne peut la concevoir autrement), les invariables atomes, gardent leurs dimensions et leurs formes; et par là, les corps gardent leurs caractères distinctifs.

Il y a des caractères généraux : il y a des lois auxquelles toute matière obéit. Ce sont les lois des gaz. Les atomes pris en légions, trop éloignés les uns des autres pour que leurs différences individuelles soient sensibles, suivent des règles communes. Les foules se ressemblent, quels que soient les individus.

Mais ceci nous amène à quitter les hypothèses et à rentrer dans le domaine des doctrines fondées sur l'expérience.

La chimie, d'un art empirique qu'elle fut longtemps est devenue une science.

Ouvrez les livres de M. Baumé, maître apothicaire à Paris et membre de l'Académie royale des sciences. La vignette de la première page nous montre une jeune Muse assise sur des nuages, une main posée sur un alambic, et de l'autre tournant les feuillets d'un gros livre que supporte un Amour ailé, le préparateur de ce laboratoire céleste. Le livre ne devrait pas avoir sa place dans cette allégorie ; car, à travers tout l'ouvrage, aucune doctrine n'apparaît. C'est un long recueil de recettes.

Lavoisier le premier apporta dans ce chaos la clarté des idées générales. Il montra, au moyen de la balance, que la matière se retrouve, sous toutes les formes successives, toujours en la même quantité pondérable. Surtout Lavoisier paraît avoir deviné l'avenir quand il a donné à son principal ouvrage le nom de chimie *pneumatique*. Chimie des gaz ! Pourquoi Lavoisier a-t-il choisi ce nom ?

Il a conçu une théorie de « l'arrangement des molécules des corps [1] » séparées par le *calorique* comme « de petites balles de plomb dans un vase où l'on verse une substance en poudre très fine

---

1. *Chimie pneumatique*, p. 18.

telle que du sablon » et séparées par des intervalles inégaux suivant la figure, la grosseur des molécules. Il sait que tous les corps, dilatés par le calorique, prennent la forme gazeuse ; et il veut étudier des phénomènes que l'inhabileté de ses prédécesseurs avait laissés inexplorés.

C'est ce que dit Fourcroy dans le pompeux discours préliminaire de son *Traité de chimie*. Fourcroy célèbre la découverte du gaz acide carbonique par Black, d'Edimbourg: « Elle conduit à la connaissance de plusieurs êtres qui, semblables au premier par leur forme rare et gazeuse, toujours cachés sous ce voile aux chimistes et manquant conséquemment à l'explication des expériences qu'ils avaient faites jusque-là, ainsi qu'au calcul des produits qu'ils avaient estimés, avaient laissé la science dans ce vague et cette incertitude dont les philosophes se plaignaient et qu'ils semblaient reprocher avec une sorte de justice à la nature, avare de ses ses secrets. Alors et sous l'auspice de ces découvertes sur les fluides élastiques, sur la composition de l'air, sur son influence dans les phénomènes de la nature et de l'art, Lavoisier sentit que toutes les anciennes données de la chimie étaient entachées des erreurs dues à l'ignorance des matières gazeuses et toujours perdues pour les chimistes... »

Il inscrivit donc sur son livre le titre de *Chimie pneumatique*.

Mais ce titre aurait aujourd'hui bien d'autres raisons d'être, raisons que Lavoisier lui-même n'avait pas pu prévoir. Il ne voulait que compléter un chapitre inachevé de la science ; or, aujourd'hui toute la chimie est pneumatique, en ce sens qu'elle est tout entière fondée sur la connaissance des gaz, et que ses règles les plus générales ne s'appliquent qu'à la matière prise à l'état gazeux. Le gaz, c'est l'état parfait, où les molécules séparées obéissent immédiatement aux lois physiques ; dans le liquide et dans le solide, elles semblent être retombées les unes sur les autres, et des phénomènes trop complexes empêchent les lois de se manifester à nous dans leur clarté et leur simplicité.

La chaleur, on l'a vu, agissant sur un corps solide ou liquide se divise en trois parts : œuvre intérieure ou désagrégation des molécules, œuvre extérieure ou résistance à la pression environnante ; enfin augmentation de température.

Dans le gaz, l'œuvre intérieure est supprimée ; si, d'ailleurs, l'on se place pour étudier différents corps dans les mêmes conditions, l'œuvre extérieure est constante. Aussi le coefficient de dilatation est sensiblement le même pour tous les gaz. Et cela doit être, puisque la dilatation est affaire d'œuvre intérieure et d'œuvre extérieure.

Pour la même augmentation de chaleur, on ne voit pas tous les liquides et les solides avoir la même augmentation de volume ; au contraire, les gaz simples ou composés, respirables et délétères, combustibles ou inertes, lourds ou légers, gagnent en volume la même quantité, c'est-à-dire augmentent de 1/273 quand leur température s'élève de 0 à 1 degré.

Quand, si l'on en croit Laplace, l'univers était une vaste nébuleuse, et que toute la matière était gazeuse, les gaz des divers corps simples existaient déjà sans doute ; mais dans son ensemble, et quant à la dilatation ou à la contraction, cette matière primitive suivait les mêmes lois générales, quelles que fussent les substances dont elle était composée.

On peut, à ce sujet, se demander ce que deviendrait la matière, si la température descendait à 273 degrés au-dessous de 0. Le gaz qui aurait un volume de 1 litre à 0 degré, devrait, si les effets de la loi se poursuivent, avoir un volume égal à 0, être réduit à néant à la température de 273 degrés au-dessous de 0. Cette température, — le zéro absolu des physiciens — nous est inconnue ;

et d'ailleurs avant d'y arriver toute substance connue reprendrait l'état liquide et l'état solide.

Peu de temps après la mort de Pascal, l'abbé Mariotte, abbé d'un petit prieuré près de Dijon, ayant appelé à son aide M. Hubin, habile constructeur de baromètres, démontra « que la condensation de l'air se fait selon la proportion des poids dont il est chargé ». Ayez un corps de pompe plein d'air, avec un piston chargé d'un certain poids; doublez la charge et, le piston descendant, le volume diminuera exactement de moitié. Et ceci est vrai encore de tous les gaz, vrai aussi de toutes les vapeurs, lorsque, arrivées à une température suffisamment éloignée de leur point d'ébullition, elles ont pris le caractère des gaz parfaits.

Etant donné aussi que pour tous les gaz le volume augmente également pour la même augmentation de température, une relation entre ces trois conditions, volume, pression, température, s'établit. C'est une loi générale à toute matière prise à l'état de vapeur. Et la loi prend une forme très simple. Si l'on appelle température absolue la température comptée depuis — 273 degrés, c'est-à-dire depuis le zéro absolu, on trouvera que « le produit de la pression d'un gaz par son volume est proportionnel à sa température absolue[1] ».

Ainsi donc, comme nous le disions plus haut, les qualités physiques des différents gaz sont les mêmes. Ils obéissent aux mêmes lois. Les relations entre la pression, le volume, la température sont les mêmes pour tous. C'est la matière rendue partout physiquement semblable par la désagrégation ; tous les caractères qui provenaient du groupement, de l'arrangement des molécules sont effacés, puisque les molécules sont séparées ; ainsi se ressemblent les débris des édifices écroulés.

Quels caractères subsistent et permettent de distinguer entre eux les gaz? Les caractères chimiques, c'est-à-dire ceux qui ne résultent pas de l'agrégation et de l'ensemble, mais ceux qui, au contraire, appartiennent en propre à la molécule. Le style de l'édifice écroulé n'est plus visible : la dalle de marbre ou le moellon de grès se reconnaissent encore.

Les qualités physiques cessent d'être distinctives dans les corps amenés à l'état gazeux, puisqu'elles deviennent communes à tous. Une qualité physique, pourtant, reste particulière à chacun,

---

1. Ostwald. *Abrégé de Chimie générale*, Trad. Charpy, page 44.

c'est la plus ou moins grande affinité pour la chaleur. Tous les gaz éprouvent la même dilatation pour une augmentation de température de 1 degré : mais, pour leur procurer cette augmentation de température, il faut leur faire absorber des quantités de chaleur inégales, un nombre inégal de calories. Les gaz conservent chacun leur chaleur spécifique.

Seulement est-ce bien là une qualité physique? Le caractère dont il s'agit est précisément en rapport avec le poids de l'atome, et varie suivant que ce poids est plus petit ou plus grand. Nous rappelons ici à la célèbre loi de Dulong et Petit : un atome, quel qu'en soit le poids, a besoin, pour la même élévation de température, d'absorber la même quantité de chaleur.

Passons maintenant au domaine incontesté de la chimie.

Les corps se combinent suivant des rapports de poids constants : 1 gramme d'hydrogène pour 8 grammes d'oxygène ou 35,5 grammes de chlore.

Ces nombres 1, 8, 35,5 ont été appelés équivalents par Wollaston; poids proportionnels, par Humphry Davy; poids atomiques, par Dalton.

Un mélange peut s'opérer suivant une infinité de proportions. Mais une combinaison chimique n'est point un mélange. Elle s'opère avec absorption ou dégagement de chaleur ; et un corps composé différent des composants, doué de propriétés nouvelles, en résulte.

Or, il n'y a pas de continuité dans cet ordre de phénomènes. Le bouleversement, l'apparition du corps nouveau ont lieu quand, devant un certain poids d'un élément, on apporte un certain poids d'un autre. S'il y a excès de l'un ou de l'autre, cette partie en excès reste en dehors de la combinaison.

Une partie d'hydrogène s'unit à huit parties d'oxygène : voilà la proportion définie. On a donné à ces nombres 1 et 8 le nom d'équivalents, parce qu'en effet 1 d'hydrogène *équivaut* à 8 d'oxygène, en ce sens qu'en toute combinaison d'où le premier sera chassé et où le second entrera, ils se remplaceront suivant cette proportion. 1 d'hydrogène s'unit à 35,5 de chlore ; les mêmes 35,5 de chlore à 8 d'oxygène. Et voilà trois équivalents.

Berthollet avait d'autres vues. En 1803, il écrivait encore [1] : « Parmi les résultats de l'action chimique, il n'en est point dont la cause ait été plus négligée que la détermination des proportions qu'on observe dans quelques circonstances, pendant que dans d'autres occasions, les combinai-

---

1. *Statique chimique*, p. 335.

sons se font en toutes proportions, et celle de la différence qui peut se trouver à cet égard entre les solides, les liquides et les fluides élastiques. »

Et les idées de Berthollet ne doivent pas être entièrement abandonnées, quoique le point de vue ait changé. Un éther par exemple se forme par l'action d'un acide sur un alcool avec élimination d'eau [1]; il se décompose par l'action de l'eau en acide et alcool : ce qui se faisait au début va donc se défaire quand l'eau sera éliminée en suffisante quantité. Et, en effet, entre ces quatre éléments, acide, alcool, éther, eau, un équilibre s'établit ; la réaction s'arrête. Elle recommence si, par un artifice quelconque, l'eau est en partie absorbée et si, suivant le mot de Berthollet, la *masse* des autres éléments est supérieure.

« J'ai assez multiplié, dit Berthollet [1] les preuves qui font voir qu'il est de l'essence de l'action chimique de croître en raison des quantités des substances qui l'exercent... »

Ceci est conforme à l'exemple que nous venons de citer. Mais finissons la phrase.

« ... Et de produire des combinaisons *dont les proportions sont graduelles* depuis le premier jusqu'au dernier terme de saturation. »

---

1. Berthelot et Péan de Saint-Gilles.

Ceci est contraire à ce que l'on sait aujourd'hui.

« Lorsque, dit Ostwald [1], dans l'action réciproque de plusieurs corps il se forme de nouvelles substances, les masses des corps qui disparaissent comme celles des corps qui prennent naissance sont dans des rapports constants. »

Après avoir ainsi formulé cette « *loi fondamentale,* » Ostwald ajoute [2] : « Il faut remarquer que les changements de propriété des corps dans les réactions chimiques *ont toujours lieu par bonds*. Lorsqu'on transforme du zinc en oxyde de zinc, il est impossible d'observer des états intermédiaires, toute la masse du zinc perdant peu à peu ses propriétés pour prendre celle de l'oxyde : *le zinc se transforme par parties.* »

Ainsi devait naturellement se former cette hypothèse : la matière est faite de particules extrêmement petites, différentes pour chaque corps, et qui dans les combinaisons, changent, non pas de nature, mais de disposition relative.

La loi des proportions définies, découverte par un obscur professeur de Freyberg, Wenzel, reprise et enseignée vingt ans après par Richter, Dalton la compléta, dans les premières années de ce siècle, en montrant que 1 équivalent d'un corps

---

[1]. *Statique chimique*, p. 339.
[2]. *Abrégé de chimie générale*, p. 3.

pouvait s'unir à 1, 2, 3, 4 équivalents d'un autre corps. Si l'équivalent est 8, ce sera une, deux, trois, quatre fois 8; mais non une quantité intermédiaire. Le célèbre maître de Manchester, célèbre alors par son caractère original autant que par son génie, membre de la Société des amis, toujours vêtu de noir, affectant de n'avoir jamais recours à aucun écrit et de ne lire que dans le livre de la nature, était cependant versé dans la philosophie antique. Il prétendit ressusciter le système d'Épicure et de Leucippe. Il imagina, comme eux, la matière formée d'atomes et ces atomes doués de poids différents. Qu'est-ce en effet que les équivalents? 1 gramme ou 1 cent-millionième de gramme d'hydrogène se lie à 8 grammes ou à 8 cent-millionièmes de gramme d'oxygène : c'est dire qu'un atome se lie à un autre atome, et que le premier pesant 1, le second pèse 8. Et on voit en certains cas 1 atome d'un corps se lier à 2, 3 ou 4 atomes d'un autre corps.

Une grande découverte vint confirmer et compléter la théorie nouvelle. Joseph-Louis Gay-Lussac, sortant de l'École polytechnique, âgé de vingt et un ans, présentait, en 1804, à la Société d'Arcueil, un mémoire où il démontrait que les corps ne s'unissent pas seulement suivant des rapports de poids, mais aussi suivant des rapports de volume, qui toujours sont simples. C'est ici, comme nous le disions plus haut, que la chimie devient pneumatique, suivant l'expression de Lavoisier : car cette loi fondamentale ne s'applique qu'aux corps pris à l'état gazeux, gaz proprement dits ou vapeurs, examinés à la même température et sous la même pression. Pour étudier le rapport des poids, on prenait les corps à l'état solide ou liquide : peu importait. Mais ce sont les volumes gazeux qu'il faut maintenant considérer; et dès lors toute la chimie n'est plus que l'étude des gaz et des vapeurs.

A la même température, et sous la même pression, 1 litre d'hydrogène se combine à 1 litre de chlore; et ils forment 2 litres de gaz acide chlorhydrique. Comme le rapport de poids donné plus haut n'en reste pas moins exact, il résulte que si le premier litre de gaz pèse 1, le second pèse 35,5. Mais alors nous n'avons plus besoin, pour fixer le poids atomique, de nous occuper de la combinaison de deux corps; nous pouvons le connaître pour un corps pris à lui seul. Ce poids atomique, c'est le poids d'un litre de ce corps comparé au poids d'un litre d'hydrogène à la même température et sous la même pression. Or qu'est-ce que la densité? C'est le poids d'un certain volume d'un corps rapporté au poids du même volume d'eau. Le poids atomique d'un corps, c'est donc la densité de ce corps rapportée à celle de l'hydrogène prise comme unité.

Et voici le premier chapitre de la chimie-physique. L'idée chimique d'équivalent se confond avec l'idée physique de densité. 1 litre d'un gaz se combine à 1 litre d'un autre. Le second pèse trente-cinq fois plus que le premier; ce rapport des poids se maintiendra bien entendu si petits que soient les volumes considérés ; même si ce sont des millionièmes de litre, même si ce sont des atomes. Et la conclusion apparaît : dans le même volume de deux gaz il y a le même nombre d'atomes, différents en poids.

La chimie a conduit Ampère et Avogadro à cette supposition : la loi physique de Mariotte va la confirmer.

Prenez en effet deux vases de 1 litre contenant deux gaz différents sous la même pression; et imaginez que ces deux vases contiennent des atomes de gaz en même nombre, doués de la même masse, parfaitement élastiques, et heurtant les parois du vase le même nombre de fois en le même temps, de sorte que la pression que nous percevons soit le résultat total de cette grêle ou de ce bombardement d'atomes. Si les choses se passent ainsi, si les deux vases de même volume contiennent le même nombre d'atomes différents, il sera nécessaire, quand le volume sera réduit de moitié, que la pression exercée devienne double dans l'un et l'autre vase. De cette hypothèse, la loi de Mariotte découle nécessairement : l'algèbre le démontre. Et, aussi bien par la physique que par la chimie, on arrive à cette conclusion : le même volume des différents gaz à la même température et sous la même pression contient le même nombre d'atomes.

Cependant telle n'est pas la formule aujourd'hui adoptée. On ne dit pas *atomes*, on dit *molécules*. Et par molécule on entend ordinairement le dernier élément d'un corps composé, élément contenant lui-même les divers atomes composants. Pourquoi employer ici le mot de molécules?

Pour donner un résumé complet de la théorie, une remarque reste à faire. Remarque physique : la loi de Mariotte s'applique aux gaz composés, acide carbonique, acide chlorhydrique aussi bien qu'aux gaz simples, chlore, hydrogène, oxygène. Il faudrait donc, pour que l'hypothèse fût justifiée dans les deux cas, supposer que 1 litre d'un gaz composé contenant un certain nombre de *molécules* complexes, 1 litre d'un gaz simple contient le même nombre d'*atomes* simples, les premières se comportant, d'ailleurs, comme les seconds, lorsque la pression augmente et que le volume diminue proportionnellement.

Mais à cette supposition, la chimie ne trouve plus son compte. Admettons que 1 litre de chlore et 1 litre d'hydrogène contiennent chacun mille atomes : dans l'état actuel de nos connaissances, nous pouvons dire mille aussi bien que cent millions. Par la combinaison, nous obtiendrons mille molécules de gaz acide chlorhydrique et comme elles occuperont 2 litres, il n'y aura que cinq cents molécules en chaque litre, et voici en défaut l'hypothèse qui rendait compte de la loi de Mariotte.

Or, l'hypothèse sera toujours en défaut : car toujours, quand on prend un volume de chaque gaz composant, le composé occupe deux volumes. Trois volumes, dont deux d'hydrogène et un d'oxygène, se contractent en deux volumes de vapeur d'eau. Quatre volumes, dont un d'azote et trois d'hydrogène se contractent pour former deux volumes d'ammoniaque. Et si vous supposez mille atomes en un volume des composants, il y aura toujours cinq cents molécules seulement en un volume du composé. Ce qui ne concorde plus ni avec la loi de Mariotte, ni avec toutes les lois physiques concernant les gaz, lois générales et s'appliquant aux gaz composés comme aux gaz simples.

Avogadro et André-Marie Ampère ont tranché

la difficulté. Il ne faut plus dire que mêmes volumes de différents gaz contiennent même nombre d'atomes; mais bien que mêmes volumes de différents gaz contiennent même nombre de molécules.

Nous ne connaissons la matière qu'à l'état moléculaire : dans le gaz simple lui-même, des atomes de même espèce s'associent pour former des molécules. Pourquoi en effet seraient-elles toujours formées d'atomes dissemblables?

Tout s'explique ainsi. Un volume d'hydrogène contient mille molécules faites chacune de deux atomes et ayant pour formule HH; un volume d'oxygène contient mille molécules OO; pour produire la vapeur d'eau, on prendra deux volumes, soit deux mille molécules ou quatre mille atomes d'hydrogène; un volume, soit mille molécules ou deux mille atomes d'oxygène; et on obtiendra deux volumes de vapeur d'eau, contenant chacun mille molécules de formule H^2O. Le compte y est, et l'hypothèse, tout en expliquant les phénomènes chimiques, satisfait à toutes les lois physiques des gaz. Le compte est aussi facile à établir pour la formation de l'ammoniaque, si l'on admet qu'il y a dans l'azote, au lieu d'atomes simples, des molécules Az Az.

La chimie, disions-nous, est devenue, suivant le mot de Lavoisier, pneumatique. Elle est la science des propriétés des gaz; ce qu'elle appelle le poids de la molécule, c'est le poids d'un certain volume de gaz par rapport au poids du même volume d'hydrogène. Si, connaissant le poids de la molécule de l'hydrogène à une certaine température et sous une certaine pression, on pouvait prendre, à l'état gazeux, à la même température et sous la même pression, le poids de tous les corps composés, ce serait le moyen de déterminer le poids moléculaire de toutes ces substances.

Seulement nous ne connaissons pas toutes les substances à l'état gazeux. Une suffisante élévation de température conduit à cet état les corps simples. Nous ne croyons plus à quatre éléments : terre, eau, air et feu, mais nous voyons trois états de la matière, solide, liquide et gaz. Et dans les astres qui gravitent autour de nous, il en est où l'eau est solide comme les rochers, d'autres où les rochers fondus coulent en rivières, d'autres qui sont, comme le soleil, de vastes amas de gaz, mais où figurent les gaz de l'or et du platine. Les corps composés subiraient les mêmes changements, si, à une température plus ou moins haute, ils ne devaient se rompre en leurs éléments dissociés : l'énergie communiquée aux atomes les délie, et rompt la molécule; dans le soleil, il n'y a que des corps simples.

Comment donc fera le chimiste lorsqu'il voudra établir le poids moléculaire d'un corps que la chaleur détruit, bien avant d'arriver à la température qui serait nécessaire pour l'évaporer ou même pour le fondre, le sucre, par exemple? On ne connaîtra jamais le *gaz sucre*, et la chimie pneumatique est ici en défaut. Comment imaginer à quelle loi obéiraient les molécules du sucre si elles pouvaient se disjoindre et flotter isolément dans l'espace comme celles d'un gaz?

Si le *gaz sucre* est un mythe, l'eau sucrée est un produit chimique qu'il est plus aisé de se procurer. Or, dans une solution, les molécules sont séparées, libres, éloignées les unes des autres, suspendues dans le liquide. Leur situation est tout à fait semblable, lorsque le corps a été porté à l'état gazeux : alors aussi elles sont séparées et libres, suspendues dans l'éther. Faute d'un gaz, on eut l'idée de recourir à une solution.

Au lieu du corps de pompe fermé par un piston exerçant une pression connue sur le gaz, M. Van't Hoff prend un vase semi-perméable, muni d'un manomètre. Ce vase semi-perméable est fait de terre poreuse. Il faut le plonger dans le sulfate de cuivre, et quand la terre en est saturée, le rincer à l'eau pure, puis le plonger encore dans le ferrocyanure de potassium. Ainsi se déposera sur la paroi de terre, en dedans et en dehors, une couche de ferrocyanure de cuivre, et le vase aura acquis cette propriété singulière d'être à demi perméable, c'est-à-dire de laisser passer l'eau et de retenir les corps dissous. C'est le phénomène connu sous le nom d'*osmose*.

On le remplit d'eau sucrée et on le plonge dans un baquet d'eau pure. Bientôt le manomètre accuse à l'intérieur du vase une augmentation de pression. Cette pression, la pression *osmotique*, deviendra plus grande à mesure que la température sera plus élevée; le progrès de la pression proportionnellement à la température sera le même, quel que soit le corps dissous. Et aussitôt nous retrouvons une loi générale des gaz : tous éprouvent la même dilatation pour la même élévation de température.

Doublez maintenant la quantité de sucre dissous, prenez une solution deux fois plus concentrée, et la pression osmotique sera d'une intensité double. De même, lorsque nous doublions la concentration du gaz en diminuant son volume de moitié, la pression exercée sur les parois devenait deux fois plus forte. Et on voit qu'ici le sucre dissous, le *gaz sucre*, obéit à la loi de Mariotte.

Enfin, d'après la loi d'Avogadro et d'Ampère, deux gaz, sous le même volume et la même pression, contiennent le même nombre de molécules ; ou, ce qui est identique, deux gaz contenant, sous le même volume, le même nombre de molécules, exercent la même pression. Pareillement, quand la pression osmotique sera la même, la solution contiendra le même nombre de molécules dissoutes. Par exemple, le poids moléculaire de l'alcool étant 46, faites l'expérience avec 46 grammes d'alcool dissous dans l'eau, et notez la pression ; vous trouverez la même pression pour 342 grammes de sucre dissous, c'est-à-dire pour le même nombre de molécules de sucre ; car le poids moléculaire du sucre est 342.

Ainsi, toutes lois qui régissent les corps gazeux, dont les molécules sont dispersées dans l'éther, s'appliquent aux corps dissous dont les molécules sont dispersées dans l'eau. Un corps dissous est un gaz, et les molécules séparées, libérées de la cohésion, obéissent à toutes les lois générales qui régissent les gaz, aux lois que suivent toutes les molécules libres et isolées, quel que soit leur nom. Et toutes ces lois dérivent de la loi de Mariotte.

L'eau en laquelle sont suspendues les molécules dissoutes change de caractère. Et ici, nous quittons les découvertes de M. Van't Hoff pour passer à celles de notre compatriote, M. Raoult. Dans les solutions le point d'ébullition devient plus élevé, le point de congélation plus bas que dans l'eau pure : le corps dissous maintient l'eau à l'état liquide, dont il a besoin pour rester dissous, en reculant, d'une part, le moment où la glace se forme, et, d'autre part, celui où la vapeur s'envole. M. Raoult a fixé les abaissements du point de congélation. Si vous employez 46 grammes d'alcool dissous dans une quantité donnée d'eau, vous aurez un abaissement d'un certain nombre de degrés au-dessous de zéro. Si vous employez, avec la même quantité d'eau, 342 grammes de sucre (poids moléculaire du sucre comme 46 est celui de l'alcool), vous constaterez un abaissement du même nombre de degrés au-dessous de zéro. En 46 grammes d'alcool, et en 342 grammes de sucre, il y a un nombre de molécules inconnu, mais certainement égal : et la présence du même nombre de molécules, quels qu'en soient la nature et le poids, dans la même quantité d'eau, abaisse du même nombre de degrés le point de congélation.

L'abaissement du point de congélation est le même pour les solutions contenant le même nombre de molécules. Telle est la loi de Raoult.

Elle nous conduit à une notion nouvelle. Faites fondre en un litre d'eau le poids moléculaire en grammes du sucre ; faites de même pour un autre corps non conducteur de l'électricité : le point de congélation pour les deux sera —1,89°. Prenez dans les mêmes conditions l'électrolyte chlorure de potassium : le point de congélation sera —3,5°. Il sera à peu près deux fois plus bas. Ceci suppose un nombre de molécules double. Qu'est-ce à dire ? La molécule s'est rompue en deux *ions*, chlore et potassium.

L'étude de la pression osmotique par la méthode de Van't Hoff conduit identiquement au même résultat. Mais qu'entend-on par ions ?

Un courant électrique a besoin d'un conducteur. Tantôt le conducteur, métal pur, alliage, charbon, n'est point altéré : il s'échauffe seulement en raison de la quantité d'électricité qui passe, et suivant les proportions indiquées dans la loi de Joule.

Tantôt le conducteur est un électrolyte : le passage de l'électricité en rompt les molécules, et les éléments déliés suivent le courant en allant du pôle négatif au pôle positif, ou bien refluent vers le pôle positif. Ainsi se comportent certains sels minéraux dissous dans l'eau. Le courant arrive suivant le fil conducteur qui plonge dans la solution : aussitôt un élément de la molécule rompue se charge d'électricité négative et, à travers l'eau qui sépare les deux pôles, court se fixer au pôle positif ; inversement un autre élément va au pôle négatif. Il y a transport de l'électricité, embarquée pour ainsi dire sur ces éléments de la molécule, et convoyée par eux à travers le liquide.

Que sont ces *éléments?* Ce ne sont pas, comme d'anciennes idées l'auraient fait croire, des molécules d'acide et de bases séparées. Faraday a ruiné la théorie dualistique en montrant que la séparation ne s'opérait pas ainsi. Le métal isolé s'en va du pôle positif au pôle négatif, où il se dépose ; l'hydrogène de l'acide suit la même direction ; le radical acide, l'hydroxile de la base vont en sens inverse au pôle positif. De même les corps simples dits halogènes, chlore, brome, iode, séparés de leurs chlorures, bromures, iodures, vont au pôle positif.

Or, ces fragments de molécule, qui ont la propriété de se charger d'électricité, et de courir avec leur charge vers l'un ou l'autre pôle ont été appelés *ions*.

Faraday a trouvé que d'égales quantités d'électricité décomposent pour leur transport d'équivalentes quantités de sels. Si nous prenons l'exemple simple des chlorures, bromures, iodures, la même quantité d'électricité négative aura été convoyée au pôle par 35,5 grammes de chlore, ou 72 grammes de brome, ou 121 grammes d'iode. Ceci nous permet de dire que chaque *ion* est apte à porter la même charge.

Il est naturel de rappeler à ce sujet le fait découvert par Dulong et Petit : les atomes de tous les corps ont la même capacité calorifique.

Seulement les *ions* ne sont pas les atomes. Un atome de chlore ou de brome est un ion. Un radical monovalent, et le groupe hydroxile sont aussi des ions. Les ions sont toujours chimiquement monovalents. Un atome chimiquement bivalent vaut deux ions : il transportera deux fois plus d'électricité qu'un atome de chlore ou d'iode.

Et les chimistes nous affirment un fait plus étonnant encore. Certains métaux, le mercure et le cuivre sont tantôt univalents, tantôt bivalents ; l'étain bivalent ou quadrivalent : le fer bivalent ou trivalent. Si un sel d'un de ces métaux est employé comme électrolyte, le nombre des ions sera celui des valences mises en acte dans la formation de la molécule de ce sel. Ainsi le mercure et le cuivre donneront un ou deux ions, l'étain deux ou quatre, le fer deux ou trois, suivant le nombre des valences mises en jeu dans les combinaisons salines, où ces métaux étaient engagés.

Quel est donc l'état des corps en solution ? Quel est l'état des corps dont les dernières particules flottent suspendues uniformément dans un liquide ? Nous avons comparé cet état à celui des gaz, et l'identité de certaines lois de la matière dissoute et de la matière gazeuse nous a permis de regarder les gaz comme des corps dissous dans le liquide éther.

Mais voici une notion nouvelle, celle des ions. Les gaz existent à l'état moléculaire ; la molécule de tous les gaz occupe un volume constant, et ces molécules sont impropres au transport de l'électricité. Or, un disciple de Van't Hoff, Arrhénius, soutient que dans une solution électrolytique, une solution de sulfate de potassium par exemple, ce ne sont pas des molécules qui flottent dans l'eau, mais des *ions*.

Oui, dans l'eau, la molécule complète du sel minéral se serait désagrégée, par le seul fait de la solution ; là existeraient séparés le radical acide, le groupe hydroxile; êtres de raison, qui semblaient cependant ne pouvoir durer, comme les demi-arceaux d'une voûte, qu'à la condition d'être appuyés contre l'autre demi-arceau qui les soutient. Enfin dans la solution de sulfate de potassium, il y aurait du potassium libre.

Ainsi ce n'est pas l'arrivée du courant qui décompose la molécule : Clausius avait déjà remarqué qu'il y faudrait une certaine dépense de travail, laquelle n'apparaît pas. La molécule a été rompue en même temps que dissoute si l'on se souvient de ce que nous avons dit de la loi de Raoult, on verra qu'elle confirme cette hypothèse.

Mais comment, ont dit les adversaires d'Arrhénius, l'énergique affinité du chlore pour le potassium se relâcherait-elle si aisément? Il répond qu'il s'agit de corps très actifs plutôt que de corps très stables. Les combinaisons très stables, comme l'ammoniaque, comme les carbures, sont précisément fournies par des corps manifestant peu d'activité, peu de tendance à changer d'état.

Comment, a-t-on dit encore, admettre dans l'eau la présence du potassium libre? Ne sait-on pas que ce corps décompose l'eau, met en liberté l'hydrogène? Cela est vrai du métal que nous pouvons voir et toucher; métal fait de molécules probablement composées elles-mêmes de nombreux atomes et non chargées d'électricité. Les ions du potassium sont des atomes isolés, portant d'énormes charges électriques, entraînés par le courant vers le pôle positif où ils perdent leur électricité, se déposent et s'agrègent, prenant l'état moléculaire dans lequel le métal devient perceptible pour nous. Le même corps pris en deux états si différents, l'état moléculaire et l'état d'ion, ne peut pas jouir de propriétés semblables et le mot de potassium libre ne doit pas nous faire illusion.

A dire vrai, cette question est restée en suspens. De puissantes raisons ont été formulées pour et contre l'hypothèse des ions. Mais, en revanche, dans la connaissance de la matière à l'état moléculaire, de grands progrès se sont accomplis. Une progression régulière dans les poids atomiques, des relations entre ces poids et les propriétés des corps ont apparu à Mendelejeff. Il a classé les corps simples en séries, dans lesquelles restaient quelques places vides. Et le classement était si juste que des corps simples ultérieurement découverts, le Gallium de M. Lecocq de Boisbaudran, par exemple, sont venus occuper les places vides. Mendelejeff avait annoncé qu'il manquait à l'une des séries un corps de tel poids atomique, doué de telles propriétés : et ce corps s'est trouvé.

MM. Lebel et Van't Hoff ne se contentent plus de savoir quels atomes composent la molécule. Ils nous apprennent dans quel ordre les atomes sont rangés; ils ont inauguré la *stéréochimie* ou chimie dans l'espace. On savait que le même volume gazeux contenait le même nombre de molécules. On savait quel était le rapport des poids des molécules diverses. On savait analyser les molécules et dire de quels atomes chacune d'elles était faite. MM. Lebel et Van't Hoff décrivent la forme, l'architecture de ces infiniment petits; ils en dessinent le schéma géométrique, une pyramide à quatre sommets, et ils marquent la place des atomes différents aux différents sommets.

Sur quelles considérations cette théorie est-elle fondée? Nous n'essayerons pas de le dire ici, ni d'expliquer ce que l'on entend par carbone asymétrique : il nous suffira de rappeler que l'idée première est tirée du célèbre travail de Pasteur sur la dissymétrie moléculaire — et que la théorie rend compte de certains cas d'allotropie. Des corps composés des mêmes atomes sont différents, parce que, dans la molécule, les atomes occupent des places différentes.

Voilà de grands progrès dans la connaissance intime de la matière! Infiniment petit est un mot impropre : la molécule n'est pas infiniment petite, mais très petite par rapport à nous, car toute grandeur est relative. C'est, dans une combinaison, la partie insaisissable pour nous, qui contient tous les éléments composants, mais ne peut plus être divisée, sinon en atomes simples. Quelle est cette particule, que pèse-t-elle, combien y en a-t-il de millions en 1 gramme de matière? Nous ne le savons pas encore. Ce sont là des grandeurs inappréciables pour nos sens, mais qui ne seront peut-être pas toujours inaccessibles à nos calculs.

Déjà nous comparons ces grandeurs entre elles, nous calculons combien l'une pèse par rapport à l'autre, nous comptons et nous pesons les pierres de ce petit monument, la molécule. Bien plus, nous savons dans quel ordre les pierres sont placées.

XVII

SCIENCE

Il y a plusieurs sortes d'amis des sciences. Certains esprits se complaisent dans les conceptions générales, et quand ils préparent la plus modeste expérience de laboratoire, leur imagination poursuit une théorie générale de la matière, un système du monde, chimère que souvent un fait brutal renverse, mais qui renaît sans cesse et entraîne le savant à sa suite, comme la colonne de fumée guidait les Hébreux dans le désert. D'autres, au contraire, méprisent ce genre de conceptions et se contentent d'observer soigneusement les faits. Mais qui donc alors les excite dans leur poursuite et qui les dirige? Qui nous engage à porter de tel ou tel côté nos recherches, si ce n'est la théorie née dans notre esprit? Et d'où nous vient la satisfaction intime de notre raison à la nouvelle d'une découverte, sinon d'une concordance entre le phénomène et la théorie, entre la réalité et le système préconçu?

M. Janet écrivait, il y a près de vingt ans, les lignes suivantes :

« Contentons-nous de signaler le trait dominant et éclatant qui caractérise tous les travaux philosophiques de cette nouvelle période, et qui convient à la fois à toutes les écoles, que toutes admettent sans exception, soit comme un progrès, soit comme une nécessité : ce trait, c'est le rapprochement et l'union des sciences et de la philosophie.

« Ce n'est pas là, à proprement parler, un phénomène nouveau : il n'en est point, au contraire, de plus conforme à la tradition ; à toutes les grandes époques philosophiques, la science et la philosophie ont été toujours étroitement et inséparablement unies. Mais à partir du commencement de ce siècle, et déjà même au siècle dernier, la séparation s'était faite, et ces deux grandes branches de la pensée humaine étaient devenues étrangères l'une à l'autre. La nouveauté n'est donc en réalité qu'un retour à l'état antérieur et à la loi traditionnelle de la philosophie. Ce n'en est pas moins là un phénomène qui mérite d'être expliqué ; mais, pour le comprendre, il faut s'interroger d'abord sur les raisons de l'état antérieur. Nous ne saurons bien pourquoi les sciences et la philosophie se sont rapprochées l'une de l'autre qu'en recherchant d'abord pourquoi elles étaient séparées. »

Ni l'école éclectique, suivant M. Janet, ni l'école théologique, celle de l'abbé de Lamennais, de Bonald, de Maistre, n'avaient fait aucune part aux sciences dans leur philosophie. Le chef de l'école socialiste, Pierre Leroux, n'a pas été un savant. La philosophie de notre siècle est née de la politique, née de la révolution sociale de 1789. « Elle a été une des conséquences, un des incidents de cette révolution ; soit comme réaction, soit comme apologie mitigée, soit comme conséquence hardie et avancée de la révolution, elle a été, chez les théologiens, chez les éclectiques, chez les socialistes, non pas une science, mais une cause, un drapeau, une doctrine militante et armée... »

Ensuite, sous la Restauration, sont venues les luttes entre classiques et romantiques, la passion de la littérature, le dédain de ce qu'on appelait les arides travaux de la science. « La littérature de ce temps, dit M. Janet, associait la science non seulement au matérialisme du xviii° siècle, mais au despotisme impérial. » Et il cite un curieux passage de Lamartine, tiré de son discours sur les destinées de la poésie et commençant ainsi : « Le chiffre était alors seul permis, honoré, protégé, payé. Comme le chiffre ne raisonne pas, comme c'est un merveilleux instrument passif de tyrannie qui ne demande jamais à quoi on l'emploie, le chef militaire de cette époque ne voulait pas d'autre missionnaire, d'autre séide, et ce séide le servait bien. Depuis ce temps j'abhorre le chiffre... »

« ... Et, continue M. Janet, tandis que les philosophes s'éloignaient des sciences, les savants, de leur côté, acceptaient sans trop de déplaisir et encourageaient eux-mêmes cette séparation. Ils avaient leurs raisons, comme les philosophes les leurs. C'était le souvenir de Descartes qui les tenait en garde. Quelque grandes que nous paraissent aujourd'hui les vues de Descartes en physique, elles parurent, surtout au xviii° siècle, romanesques et chimériques... L'intérêt de la rigueur scientifique conduisait aux mêmes conséquences que, dans d'autres camps, l'intérêt de la dignité humaine ou de la destinée sociale. Retranchées ainsi d'un commun accord, chacune, en deçà de ses frontières, la philosophie et la science vécurent en bonne intelligence à la condition de ne plus s'occuper l'une de l'autre. »

Aujourd'hui, un rapprochement s'est opéré et « ce retour vers la science avait sa raison d'être dans la nature même des choses. Il est impossible, en effet, de creuser une question philosophique sans venir se heurter contre une difficulté scientifique ; et il est difficile aussi de pousser bien loin certaines questions scientifiques sans toucher aux problèmes de la philosophie [1] ».

Les sciences, comme la philosophie, tireront profit de cette réconciliation. Les grands hommes d'autrefois, qui unissaient les deux genres de recherche, s'en sont bien trouvés. Il ne semble pas que les expériences poursuivies depuis deux cents ans nous aient conduits bien loin des vues de Descartes sur la matière et le monde qui, de son temps, paraissaient romanesques et chimériques. Et d'autre part, en notre siècle, l'esprit positiviste a-t-il aidé au progrès scientifique ? L'étude serait curieuse et je crois que le résultat serait fâcheux pour le positivisme.

L'École positiviste a donné l'exemple de contradictions singulières. Elle a été tantôt bornée dans ses vues, tantôt chimérique dans ses ambitions. Souvent on l'a vue répudier toute idée générale et se moquer des théories, affirmant que, seuls, les faits comptent et méritent notre attention. D'autres fois, elle a entrepris de construire, elle aussi, de grands systèmes du monde.

1. Janet, *la Philosophie française contemporaine.* Calmann Lévy, 1879.

Elle proscrit l'idée générale; elle accepte le rêve universel. Elle fera mauvais accueil à la théorie atomique d'Avogadro, d'Ampère et de Würtz; elle s'appliquera à relever des erreurs dans la classification de Mendelejeff. Mais vienne un système d'évolution universelle, un système sans preuves ni contrôle sérieux, permettant d'espérer que les phénomènes psychologiques et sociaux seront rangés dans la même série que les phénomènes matériels et soumis aux mêmes lois : les positivistes l'acclameront. Un d'entre eux m'a un jour parlé de la statique et de la dynamique sociales, et de la nécessité de les distinguer.

« Le progrès des idées, dit Würtz, suit de près la marche des découvertes. » Les unes et les autres vont de pair, et le plus souvent ce sont les idées qui marchent les premières. Une science ne se compose pas seulement d'observations, mais d'idées générales. Le moment vient où, grâce aux travaux des Würtz, des Berthelot, des Van't Hoff, la chimie deviendra un chapitre de la physique : l'enseignement de la chimie-physique a été, en 1894, inauguré à la Sorbonne par M. Georges Salet, trop tôt enlevé à la science.

En montrant comment Van't Hoff avait expliqué par la même loi tant de phénomènes qui semblaient d'ordre différent, nous avons essayé de faire connaître la méthode que les savants de nos jours ont remise en honneur, abandonnant les pratiques empiriques et le positivisme étroit : c'est la méthode philosophique des Descartes et des Pascal ; c'est l'expérience, toujours scrupuleuse et précise, mais mise au service de l'idée. Le retour signalé par M. Janet s'est effectué et la science en a déjà tiré profit.

Le positivisme avait rabaissé la condition de l'homme. « Dans le temps comme dans l'espace, dit M. Richet, l'homme n'est rien..... Cette petitesse de l'homme, cette infimité ridicule, ce presque néant, qui l'a établi, sinon la science? On aurait mauvaise grâce à lui reprocher des visées trop hautes, puisqu'elle a précisément montré que l'homme est un imperceptible fragment de l'univers [1]. »

La science autrement comprise aboutit à un résultat opposé. Pascal, en des termes différents, avait déjà fait remarquer que l'homme est un imperceptible fragment de l'univers. Mais dès qu'il a concédé que l'homme est un être pensant, il n'importe plus que l'homme soit un roseau, le plus faible de la nature. On se demande même si Pascal n'a pas sacrifié à la recherche un peu trop

---

[1]. *Revue scientifique,* 12 février 1893.

littéraire d'une belle antithèse, en rappelant à cet être pensant qu'il n'est qu'un roseau.

Pascal n'a pu songer à la taille de notre corps et à la brièveté de notre vie : rien n'est grand ni petit, bref ni durable, sinon relativement. Il n'a pas pensé davantage à la petitesse de notre monde, satellite d'un des mille soleils, imperceptible planète. Si la seule hypothèse qu'on ait pu former au sujet des habitants d'un autre monde, l'hypothèse tirée des prétendus canaux de Mars, a quelque chance d'être vraie, les Martiens seraient plus puissants et plus savants que nous : ce qui ne les empêche pas d'habiter un monde plus médiocre encore. Rabaisser l'être pensant en raison de sa petitesse dans l'espace et dans le temps, est, à proprement parler, un préjugé aussi absurde que celui qui porterait à dédaigner quelqu'un à cause de la médiocrité de sa fortune et de la pauvreté de son logement.

Mais ce n'est pas là le sens de cette phrase célèbre : Pascal a vu le roseau battu et désespéré par le vent. La grande créature, l'être qui pense, l'homme enfin jouit d'un rare et fragile bonheur. Il ne le possède qu'avec crainte ; il n'a droit d'appeler aucune catastrophe imprévue. Certes, la loi de la continuité n'est pas applicable à l'histoire de sa vie, et les événements ne s'y succèdent pas par une marche insensible. Là du moins, ils procèdent par bonds, comme dit le chimiste Ostwald, surtout ceux qui nous affligent; les ruines sont subites, si les progrès peuvent être lents.

Cette considération justifie l'antithèse de Pascal. Cependant, malgré sa fragile condition, l'homme reste très grand, puisqu'il a la conception de ce qui est éternel, infini et nécessaire, et ne raisonne que conformément à cette conception. Lorsqu'aux mystères de la religion on oppose le petit nombre de ceux qui les connaissent, — un chrétien peut répondre qu'une seule âme humaine, capable de telles pensées, valait la peine d'être rachetée par Dieu.

C'est en élevant son esprit vers d'éternelles vérités, que l'homme se sépare des autres vivants. C'est par là aussi qu'il agit sur ses semblables.

La philosophie mène le monde. Renan avait rêvé un état où, grâce aux progrès des engins de destruction, toute résistance devenant impossible, quelques sages réunis en une académie, seuls maîtres de terribles secrets, exerceraient, pour son plus grand bien, un pouvoir absolu sur la multitude. Sans torpilles et sans fils électriques, sans menaces et sans châtiments, quelques penseurs en chaque siècle ont exercé ce pouvoir souverain, et le rêve de Renan est déjà réalisé; il serait facile et oiseux en ce moment de prouver cette vérité par l'histoire. Le moyen âge l'avait comprise, si j'en crois et si j'interprète exactement le bas-relief du grand porche de la cathédrale de Bourges. Autour de la figure centrale du Christ, rangés suivant l'ordre de leur dignité, paraissent d'abord les anges et les élus; puis, au premier rang des vivants, les saints en prière; ensuite, les savants, plongés dans la lecture des livres; et, derniers de tous, les rois, couronne en tête et épée en main. C'était bien faire descendre la politique à la place qu'elle mérite. Le monde est assourdi du bruit de ses luttes; elle anime les combats; mais les idées pour lesquelles ils sont livrés viennent de plus haut.

Où nous conduisent aujourd'hui ces deux alliées, la science et la philosophie ? Quel esprit dirige leurs efforts ?

Il nous semble qu'on peut ranger en deux ou trois classes au plus les systèmes inventés par les philosophes. Les uns sont de l'ordre métaphysique. Spinoza s'enferme dans sa boutique d'opticien, et, penseur solitaire, fermant les yeux au jour et les oreilles au bruit de la terre, faisant pour ainsi dire abstraction de tout le monde extérieur, il conçoit la substance unique, sans bornes, et la définit dans une série de théorèmes mathématiquement déduits. D'autres systèmes sont de l'ordre naturel et fondés sur ce que voient nos yeux : ce sont des systèmes du monde, à proprement parler, des *cosmogonies*. Dans les premiers, souvent l'idée paraît demeurer isolée ; la raison se contente de ses seules ressources, elle se complaît en elle-même, et le monde est oublié. Dans les seconds, le monde devient le seul objet de notre contemplation ; il envahit tout, et pour l'homme et Dieu, il ne reste plus de place.

Les plus anciens philosophes furent des naturalistes, inventeurs de cosmogonies. Suivant leur goût, ils donnaient la primauté à l'un des éléments terre, air, eau ou feu ; et dans tous les objets sensibles, ils prétendaient, par amour de l'unité, reconnaître des apparences diverses d'un seul et même élément.

Or pendant les deux premiers tiers de ce siècle, la philosophie, qui depuis si longtemps avait été logique et métaphysique, est redevenue naturaliste ; et ce qu'elle nous a proposé est purement, comme au temps de Thalès, de Diogène et d'Empédocle, une cosmogonie. Quel est l'élément, origine de toutes choses ?

Est-ce l'air, ou l'eau, ou le feu ? Est-ce la terre ? Vous ne le saurez point : c'est l'inconnaissable.

Toutes nos conceptions au sujet ou de la matière ou de l'âme aboutissent à des contradictions ; il ne faut point nous en préoccuper ; cela est antiscientifique. Mais nous voyons que les mondes, en les prenant depuis l'âge des nébuleuses primitives, les astres incandescents, lentement refroidis, les étages géologiques, les végétaux et les espèces animales, l'homme enfin et les sociétés humaines suivent un progrès constant, chaque phénomène se distinguant du précédent par une différence infiniment petite, et, tous ensemble décrivant la courbe continue de l'évolution.

Le système tel que M. Herbert Spencer, par exemple, le conçoit, embrasse l'univers entier.

Dans l'évolution universelle, la théorie de Darwin tient une grande place ; mais il faut reprendre la chaîne des phénomènes bien avant le point où Darwin l'a prise, et la suivre bien au delà du point où il s'est arrêté. Le darwinisme ne nous conduit guère que du singe à l'homme ; et le singe, ancêtre ou cousin issu d'un ancêtre commun, serait en somme un parent assez peu éloigné. Il faut remonter le cours de notre généalogie jusqu'à de plus humbles aïeux, la cellule isolée, ou même l'informe bathybius de Hæckel ; et ce n'est point assez encore. Dans l'évolution universelle, l'apparition de la vie n'est qu'un incident imperceptible entre ceux qui précèdent et suivent; cet incident ne cause, dans la courbe que décrit la série des phénomènes, aucune rupture. Le darwinisme forme donc un chapitre de la théorie de l'évolution; mais elle l'a bien dépassé. Avec l'aide de la géologie de Sir Charles Lyell, d'une part, et des études sociales de Spencer, d'autre part, elle prétend appliquer son principe à toute l'histoire de l'univers, depuis la condensation des nébuleuses jusqu'aux derniers événements politiques[1].

Ce système est bien une cosmogonie. Un élément unique est l'origine de toutes choses. On n'a pas le droit de le connaître : pourtant c'est un élément matériel, occupant une portion de l'espace. On ne saura jamais ce qu'il est: c'est l'inconnaissable : et cependant nous devons croire que nos pensées, nos affections et nos volontés sont des manifestations de cet élément unique, aussi bien que la poussée des arbres, le souffle du vent, les mouvements de la mer, la course des astres. Nous avons notre tour dans l'évolution

---

1. Il paraît même que le chapitre concernant les sociétés a été publié le premier; et que Darwin n'a fait qu'appliquer les idées sociales de Spencer aux espèces animales.

« La doctrine de la sélection, écrit M. Spencer (Lettre à M. Lucio Fiorentini, 12 juin 1895), fut découverte par moi, dans son application sociale, en 1850, réaffirmée de nouveau, en 1852, et amplement exposée par M. Darwin dans son *Origine des espèces...* »

universelle et venons parmi les anneaux de la chaîne ininterrompue. Dans l'exposé de cette doctrine, on trouve un scepticisme absolu quant à la substance intime de tous les êtres, et aussitôt après, un dogmatisme également absolu pour affirmer que cette substance est partout la même, et que la production des idées humaines et les dégagements de chaleur ou d'électricité sont des phénomènes du même ordre, apparaissant seulement à différents moments de l'évolution.

Nous avons dans un ouvrage déjà ancien[1] signalé cette contradiction flagrante et montré aussi que le système s'écroule devant un argument de fait : la chaîne de l'évolution est rompue, un anneau manque, au moment de la première apparition de la vie ; et cet anneau, Pasteur l'a arraché. Il n'y a pas de génération spontanée. M. Spencer a essayé d'expliquer qu'il n'avait pas besoin de cette hypothèse, que la génération spontanée serait un saut trop brusque et contraire à l'évolution. Y a-t-il donc des intermédiaires entre la vie et la mort ? Aucun être ne vit à demi. Le sang, le lait, substance même du corps vivant, resteront stériles s'ils ont été séparés de tout germe ; et, au contraire, un germe vivant, un haricot, par exemple, poussera, même dans le sable calciné, s'il lui est fourni un peu

---

1. *L'Évolution et la Vie.*

d'eau à absorber et d'acide carbonique à respirer[1].
Sans un germe de vie, la terre serait demeurée
déserte et l'évolution se serait arrêtée après sa
première période.

L'évolution universelle est un grand édifice
philosophique, auquel on a essayé de donner
les sciences pour fondements. Il aurait fallu que
la chimie fît apparaître au sein de la matière minérale une cellule vivante, que l'histoire naturelle
suivît la filiation de cette première cellule jusqu'aux animaux supérieurs et à l'homme; que
la physiologie montrât comment la force, au
lieu de se transformer en chaleur, peut aussi se
transformer en sensation, volonté, pensée (démonstration tentée par Herbert Spencer); que,
dans le développement industriel et politique des
sociétés, on nous fît voir encore des forces transformées, et des effets mécaniques comme ceux du
va-et-vient des marées.

Mais l'édifice s'est écroulé. Sur plusieurs points,
la science proteste et, dans l'ensemble, elle se
refuse à proclamer l'unité de l'univers matériel et
moral. Un philosophe qui professe à la fois l'agnos-
ticisme et la doctrine de l'évolution universelle
déclare d'abord la science impuissante à pénétrer
l'essence des phénomènes, soit matériels, soit

---

1. Expérience de M. Boussaingault.

moraux; et entreprend néanmoins de les réunir dans la même conception synthétique. Il ressemble à un aveugle qui dirait : « Je ne sais ni ce qu'est le jour, ni ce qu'est la nuit ; mais je déclare que le jour et la nuit sont la même chose. »

La cause de tout le mal, c'est la « soudure » entreprise entre les sciences psychologiques ou sociales et les sciences physico-chimiques. Ce fut l'erreur des positivistes et, comme l'a dit M. Brunetière, l'erreur de Taine.

Ce ne sont que les mots qui peuvent rapprocher les sciences physiques et les sciences morales; ce sont des comparaisons prises pour des expressions exactes; notre langage étant ainsi fait que la plupart des expressions signifiant une chose immatérielle, désignent en même temps un objet matériel.

Après la chute de l'édifice fondé sur la science expérimentale et positive, le goût des recherches métaphysiques renaîtra probablement. L'expérience ne les ayant pas instruits de tout ce qu'ils voudraient savoir, les hommes essaieront d'interroger la Raison. Est-ce à dire que la science expérimentale sera réduite aux inventions industrielles, et cessera d'être la compagne inséparable de la philosophie? Tout notre effort a tendu à montrer le contraire. La science reste étroitement liée à la métaphysique ; on peut même soutenir qu'elle en fait partie.

Ce que nous disons ne peut être contesté pour ce qui est des mathématiques. Les lois qu'elles découvrent sont nécessaires et éternelles ; le contraire ne peut être conçu par notre esprit. Elles seraient vraies, même si tout l'univers disparaissait ; elles le sont aussi tant qu'il existe, et si nos études sur l'équilibre des liquides, la résistance des solides, la chaleur et la lumière nous montrent partout des applications de la loi mathématique, nous ne devons pas conclure que la matière est éternelle ; mais que, pendant qu'elle existe et sous quelque forme qu'elle existe, elle se plie à des lois antérieures à elle. Le nécessaire ne cesse pas d'être nécessaire, pendant le passage du contingent.

Mais l'étude même de la matière est une étude métaphysique, si, par réalité physique, nous entendons tout ce qui peut être vu ou touché. On a beaucoup attaqué les anciens philosophes, qui, entre le monde et nous, supposaient des intermédiaires : les idées. Pourtant, la sensation se passe en moi et non dans l'objet senti ; elle m'appartient, « elle est de mon côté ». Si nous ne voyons que nos sensations, elles ne suffisent pas à nous démontrer la réalité du monde extérieur ; on comprend que tous les philosophes en aient douté, que le plus grand nombre l'ait niée, et que le baron d'Holbach lui-même ait avoué qu'il était malaisé de répondre aux sophismes de Berkeley.

La réalité du monde extérieur est démontrée par le raisonnement d'espèce particulière qui s'appelle une expérience : raisonnement, où l'une des propositions, majeure ou mineure, est remplacée par la constatation d'un fait sensible, mais qui va bien plus loin que la constatation de ce fait. Quand l'expérience nous convainc qu'il y a des vibrations lumineuses et sonores en dehors de celles que nos yeux et nos oreilles perçoivent, la raison nous oblige à croire à une réalité extérieure à nous, étrangère et indifférente à nos sensations.

Lorsque la science perce le voile qui nous entoure, fait abstraction de tout ce que la sensation ajoute à la réalité et conçoit cette réalité telle qu'elle durera quand nos yeux seront fermés; lorsqu'elle cherche la matière pure, dégagée de la sensation, comme Kant cherchait l'idée pure, elle accomplit aussi une œuvre métaphysique.

Elle ne se contente pas de constater et d'énumérer les phénomènes, elle pénètre au delà des phénomènes, et elle reconstitue par le raisonnement la réalité extérieure, inaccessible à nos sens.

Elle démontre d'abord l'existence de cette réalité extérieure, et ensuite elle en fait la critique.

Elle démontre la réalité extérieure par l'expérience. Non au début. La preuve de la réalité de l'espace qui est la première en date est, on s'en souvient, une preuve métaphysique. Mais après nous être convaincus que ce grand contenant de l'univers n'est pas la forme générale de nos perceptions et existe en dehors de nous; quand nous passons aux choses contenues en l'espace, les mondes et leurs mouvements, les rayons de lumière, les vagues du son, les courants électriques, la naissance et la poussée des vivants, animaux et plantes; quand, à propos de toutes ces choses extérieures à nous, nous demandons, avec Descartes, si nous avons le droit d'affirmer autre chose que notre propre vision; alors elle nous démontre que quelque chose existe hors de nous, et elle nous explique les lois du monde extérieur. Alors il ne faut plus dire avec Newton[1] : « Nous n'atteignons que les images des choses » ou bien[2] : « Nous nous bornons à voir des figures et des couleurs, à toucher des surfaces, à flairer des odeurs, à goûter des saveurs. Quant aux substances en elles-mêmes nous ne les connaissons par aucun sens. *Intimas substantias nullo sensu cognoscimus.* » L'homme ne les connaît en effet par aucun de ses

---

1. Opt. L. III, Quest. 28.
2. Scolie générale des Principes.

sens ; mais il arrive à les connaître en faisant usage de la raison.

Stuart Mill a défini le système qui nous paraît fondé maintenant sur l'expérience et la critique scientifiques, par ce mot : *Cosmothetic idealism*. Là nous paraît être la vérité. Nous ne voyons, sans doute, que nos perceptions. Mais derrière ces apparences, existe le Cosmos, la réalité extérieure qui nous survit. Et cette réalité la science la découvre.

Des prairies et des bois, des montagnes, des mers, l'or du soleil versé sur les arbres et les eaux, les profondeurs du ciel remplies d'astres, et toutes ces formes et ces couleurs exhalant, pour ainsi parler, du plus humble de leurs détails comme de leur radieux ensemble, la beauté, charme des âmes et joie qui naît pour elles de la contemplation des choses : voilà le premier monde, celui que voient nos yeux, le monde humain. Des atomes groupés en molécules, atomes et molécules identiques par la substance, différents par la forme et par le mouvement ; enveloppant les atomes et emplissant tout l'espace, l'éther amorphe et continu. Voilà le second, celui de la réalité objective. Les lumières sont éteintes, les couleurs et les contours effacés, les sons assourdis : seul se poursuit le mouvement de la grande machine.

Le premier monde périra avec nous quand nous fermerons les yeux. Mais l'idée, le type de la beauté dont nous apportions avec nous le souvenir ne peut périr si vite. De même que la couleur rose ou bleue ne meurt pas en même temps que les pétales desséchés d'une fleur, mais doit reparaître aussi brillante en d'autres objets; de même le beau renaîtra en d'autres visions appartenant à d'autres hommes.

Dans le second monde, la loi se découvre. Loi mathématique éternelle et nécessaire, et cependant appliquée à un monde contingent. Où est la contradiction ? Un éclair de l'éternelle beauté a pu, de la même manière, illustrer pour un instant des spectacles éphémères. Ce qui est éternel ne cesse pas d'être éternel pendant la courte durée des choses mortelles.

Le monde extérieur est contingent puisqu'il pourrait n'être pas, ou être autrement. Quoiqu'il ne naisse pas et ne meure pas avec nous, quand nous ouvrons et fermons nos yeux à la lumière, ainsi que le monde humain, il a cependant un commencement et une fin si la démonstration de Clausius est juste. Mais étant donnée l'existence de ce monde et certains caractères généraux déterminés par l'expérience, la loi mathématique s'empare de lui; et des expériences secondaires ne servent plus qu'à confirmer le physicien dans la voie de recherches où sa raison le conduit.

Ainsi, d'une part, la beauté vit dans le monde des sensations ; d'autre part, la loi mathématique gouverne le monde extérieur. La critique scientifique a mis à part le premier; elle a pénétré les secrets du second.

Avec l'idée du beau, avec l'idée du vrai, nous possédons en nous l'idée du bien. Celle-là ne se manifeste pas dans le monde sensible, et encore bien moins dans le monde physique extérieur. Son unique domaine est la libre conscience de l'homme. Avec elle la science n'a aucune relation, et ici ses procédés expérimentaux restent en défaut; elle a beau, d'après les principes du déterminisme, renouveler les mêmes conditions pour provoquer le même phénomène : la liberté s'en rit, et les conditions identiques sont suivies d'un phénomène différent. Devant la même misère une main s'ouvre et l'autre se retire; devant le même péril un homme se dévoue et un autre s'enfuit.

Ainsi donc la vérité mathématique apparaît dans les lois physiques qui gouvernent le monde extérieur; la beauté est répandue en le monde des sensations qui vit pour nous et avec nous et n'a de réalité qu'en l'âme des créatures vivantes; en la conscience humaine responsable et libre est déposée l'idée du bien.

Et ces trois idées, du vrai, du beau et du bien éclairent, enchantent ou gouvernent les hommes, pendant leur court passage en ce monde; mais elles ne sont pas liées au sort des hommes et du monde; éternelles et nécessaires, elles sont des attributs de Dieu.

TABLE DES MATIÈRES

	Le problème	1
I.	— Histoire.	19
II.	— Sensualisme. — Idées	87
III.	— Scepticisme.	120
IV.	— Matérialisme.	130
V.	— Idéalisme.	146
VI.	— Espace.	164
VII.	— Matière.	224
VIII.	— Théories.	262
IX.	— Lois	284
X.	— Trois éléments.	296
XI.	— Le quatrième élément	334
XII.	— Energie.	357
XIII.	— Transitions.	371
XIV.	— La terre	401
XV.	— L'atome.	442
XVI.	— Science	480

Documents manquants (pages, cahiers...)
NF Z 43-120-13

www.ingramcontent.com/pod-product-compliance
Lightning Source LLC
Chambersburg PA
CBHW071709230426
43670CB00008B/955